북한 선군체육의 기원 연구

1945~1970년

북한 선군체육의 기원 연구

1945~1970년

초판 1쇄 발행 2015년 3월 31일

지은이 | 홍성보
펴낸이 | 윤관백
펴낸곳 | 도서출판 선인

등록 | 제5-77호(1998.11.4)
주소 | 서울시 마포구 마포대로 4다길 4 곳마루 B/D 1층
전화 | 02)718-6252 / 6257   팩스 | 02)718-6253
E-mail | sunin72@chol.com
Homepage | www.suninbook.com

정가   27,000원
ISBN   978-89-5933-876-4   93300

잘못된 책은 바꿔 드립니다.

북한 선군체육의 기원 연구

1945~1970년

홍성보

도서출판 선인

책을 펴내며

= 북한 김정은은 왜 '스포츠'에 몰두할까?

북한의 2인자로 평가되던 장성택이 반혁명죄로 처형되고 보름여 지난 2013년 연말, 강원도 원산 험산준령에서는 '마식령스키장'이 완공되었다. 북한의 최고 권력자 김정은 제1비서가 당·정·군 핵심 인사들을 대동하고 현지를 시찰했다. 1400만 평방미터 부지 일부에 현대식 호텔 등을 갖춘 마식령스키장은 10년 걸릴 공사를 1년에 해치웠다는 진기록도 세운 곳이다. 군인건설자 5천여 명이 연일 공사하는 가운데 현장을 진두지휘한 것은 최룡해 당시 총정치국장이었다. 마식령스키장은 북한의 야심찬 국가사업 가운데 하나다. 스키장 완공 직후 '새로운 주체 100년의 진군속도'로 명명되었으며 '마식령속도전' 구호가 북한 전역을 휩쓸었다. 1950년대 '천리마운동'이나 1970년대 '속도전'과 같은 대중동원의 방식이 2010년대 김정은 시기에는 '스포츠'를 매개로 전개되고 있는 것이다.

김정은이 스포츠에 몰두하는 모습은 이외에도 쉽게 포착되고 있다. 미국 프로농구 출신 스타 로드맨과 평양경기장에서 환담을 나누는가 하면, 북한 축구선수들이 펼치는 국가행사장에도 자주 등장하고 있다. 새로 건설된 미림승마장에서 백마 탄 모습을 공개하는 등 아버지 김정일과는 아주 다른 이미지를 연출하고 있다. 스포츠를 강화하기 위한 국가적 조치들도 이어지고 있다. 김정은이 후계자로 등장한 2011년에는 '축구강국, 체육강국'을 표방했다. 북한의 체육관계자들이 총집결한 '선군체육열성자회의'도 개최했다. 2012년 가을에는 당시 실세로 불리던 장성택을 위원장으로 당·정·군을 포괄하는 '국가체육지도위원회'를 출범시켰다. 경색된 남북관계 속에서도 2014년 인천아시안게임에 대규모 선수단을 파견하는 등 적극적인 모습도 보였다. 북한이 이처럼 막대한 예산과 대규모 인원을 동원하면서까지 스포츠에 열중하는 이유는 무엇일까? 여전히 경제적 어려움을 겪고 있으며, 강대국과의 갈등이 현존하는 상황에서 신기루 같은 '스포츠'에 막대한 국가적 에너지를 쏟아 붇는 이유는 과연 어디에 있을까? 이 책은 이러한 의문으로부터 출발했다.

= 북한 선수들은 왜 군인(출신)이 많을까?

지난 2012년 런던올림픽에서 북한은 금메달 4개와 동메달 2개로 종합순위 20위에 올랐다. 고난의 행군 이후 '체육강국'을 '사회주의 강성대국'의 핵심으로 제시하면서 집중 투자한 결과였다. 경기에 나선 선수들에는 '4·25선수단' 등 인민군대 소속이 적지 않았다. 북한 선수 중에 군인(출신)이 많은 이유는 북한체제의 역사적인 경험과 깊은 관련이 있다. 1994년 김일성 사망 이후 김정일은 '선군노선'을 표방했다. 사회주의국가 몰락과 북미관계의 악화 속에서 군대를 중심으로 위기를 돌파하고자 한 것이다. 스포츠에서도 큰 변화가 있었다. 인민군체육단과 군인선수, 군인체육 종목을 중심으로 엘리트 선수들을 집중 육성하고, 답사 행군 달리기 등 국방체육을 위주로 하는 대중체육을 일반화하였다. 체제 위기로까지 내몰린 극심한 경제난 속에서 사회일반의 체육 활동이 거의 붕괴된 현실과 사뭇 대조되는 모습이었다.

스포츠는 북한이 강대국과 겨뤄 쉽게 성과를 내보일 수 있는 좋은 수단이다. 국제경기 우승은 최고 지도자의 리더십으로 포장되고 있다. 축구, 사격, 권투, 역도 등 승산 있는 종목들이 집중 육성되고 있으며, 선수들에게는 특히 유일사상과 군대정신 등 정신력이 승패의 관건으로 강조된다. 북한 청년 대부분이 군대에 속해 있기 때문에 이들이 좋아하는 스포츠경기는 정치사상교양과 육체교양을 아우르는 좋은 수단이 되기도 한다. 이러한 북한의 '선군체육' 방식은 2011년에 표면화되었다. 하지만 그 뿌리는 1960년대 후반에 북한 전역에서 실시되었던 '국방체육'의 특성을 계승하고 있다. 당시 김일성은 강대국과의 관계 변화 속에서 군사경제와 군대체육을 강화했다. 이 시기 국방을 위한 체육의 방식은 1969년 체육인대회에서 김일성 연설로 총정리되었다. 이후 1970~80년대 김정일이 주도한 '주체적인 체육기술과 사상'의 기본 토대가 되었으며, 2010년대 김정은 시기에 이르러서도 군대를 중심으로 하는 선군체육의 방식에서 주요 종목으로 실시되고 있다.

= 스포츠 속에서 인민의 일상은 어떻게 구성될까?

이러한 북한체육의 현상을 북한 주민 입장에서 보게 되면, 멀게는 1950년대로부터 60여 년의 세월을 '혁명정신'과 '군대체육'이라는 경직된 형태의 신체활동이 일상화되었던 것으로 설명될 수 있다. 북한의 국가권력이 의도했던 체육사업 속에서 인민의 신체와 행동양식이 보이지 않게 구성된 것이다. 이 책은 이에 대한 본격적인 연구에 앞서, 엄밀한 사료를 토대로 역사적인 사실부터 정리하고자 한 것이다. 2010년대 북한에서 일반화되고 있는 선군체육의 기원이 1960년대 국방체육에 있다고 보고, 해방 이후 1970년까지 북한체육의 변화 과정을 살폈다. 해방 직후 인민대중을 규합하기 위한 전인민적 체육으로부터, 전후 복구를 위한 대중동원 방식의 군중적 체육으로 확대, 1960년대 국제적 고립과 군사 중시 속에서 '국방체육'으로 구체화되는 과정을 살펴보았다. 필자의 박사논문을 기본으로 주요 내용을 수정·보완했다. 국가권력과 인민대중의 상호긴장·조응관계에 주목했다.

북한연구의 일차적인 목적이 과거 사실로부터 미래를 예측하려는 것이라면, 북한의 체육사업이 1960년대 '국방체육'으로 굴절되는 과정에 대한 탐구는, 2010년대 지금의 김정은 권력의 선군체육 사업의 특징을 이해하는 차원을 넘어선다. 이는 보다 거시적인 안목에서 김정일 시기 이후 보편화되고 있는 '선군노선'과 같은 북한체제 전반에 대한 통찰력을 더해주는 의미 있는 단서가 될 수 있다. 그동안의 북한연구는 정치·경제·군사·외교 등 거시 담론에 주력해 왔다. 교육·문예·과학 등 미시적인 주제에서 일부 성과도 있었다. 이 책은 이들 미시 주제 지평의 폭넓은 확장을 시도했다.

= 도움 주신 여러분들께 감사드린다.

책으로 되기까지 많은 분들의 도움이 있었다. 경남대학교와 북한대학원대 박재규 총장님과 함택영, 최완규, 신종대, 이우영, 이대근, 이수훈, 윤대규, 심지연, 양무진 교수님, 서강대 김영수, 가천대 이 봉, 계명대 송형석 교수님 모두에게 감사드린다. 책의 출간에 있어 도서출판 선인 윤관백 사장님을 비롯한 직원 분들께 고마움을 전한다. 또한 체육스포츠 연구에 영감을 불어 넣어 준 관악태권 농문늘과 신분방송 선후배 제위들께도 고마움을 전하고 싶다. 무엇보다도 아내와 가족들의 격려가 큰 힘이 되었다. 먼저 가신 부모님의 헌신과 사랑을 작은 책으로나마 대신하고 싶다.

2015년 1월
홍성보

차 례

제1장

서론

1. 연구 목적과 방법

1) 연구 목적

= 대내외 체육활동

체육스포츠는 일반적으로 대내활동과 대외활동으로 구분할 수 있다. 대
내활동이 주로 국민의 체력 증진과 여가선용을 위한 체육행사나 경기대회
를 의미한다면, 대외활동은 다른 나라와의 친선 도모나 국위 선양을 위한
스포츠 교류와 국제 경기대회의 의미로 사용된다. 그렇지만 이 둘은 서로
밀접하게 연관되어 있어서 대내외 활동의 유기적인 구조 속에서 그 내용과
형식을 파악하는 것이 중요하다. 그럼에도 대부분의 연구는 국제 경기대회
의 성적이나 국내 정치적 과정 한쪽에 치우친 경향이 있었다.

북한체육 연구에서도 북한 엘리트 선수들이 국제경기대회에서 거두는
성적에 몰두하거나, 북한의 대내 정치과정에 활용되는 측면 등 한쪽 부분
에 집중되어 왔다.[1] 이러한 연구 결과는 본래 의도와는 다르게 남북의 우
열을 가리기 위한 잣대가 되거나, 체제의 우월성을 강조하기 위한 기본 자

---

1) 이 책은 북한의 '체육정책,' '체육사업,' '체육스포츠 활동,' '체육노선,' '체육방침,'
  '체육사업 지침' 등 다양한 표현을 같은 의미로 사용했다. 체육 관련 북한 원전의
  인용 부분은 원문을 그대로 옮기는 것을 원칙으로 하되, 필요한 경우에는 남한의
  표현 방식으로 바꾸었다.

료로 활용되기도 했다. 그렇지만 북한에서 진행되는 체육스포츠 활동의 전체적인 구조를 파악하기 위해서는, 북한체육의 두 측면인 정치적 과정의 대내활동과 국제외교 차원의 대외활동을 동시에 살펴볼 필요가 있다.

= 북한의 체육활동

북한 스스로도 대내외 체육스포츠 활동을 분리하지 않고 설명하고 있다. 북한은 체육의 기본 사명이 '인민의 체력 증진과 노동력 국방력 향상'에 있는 것으로 간주한다. 체육의 기본 역할도 '인민의 건강과 장수, 국력을 강화'하는 데 두고 있으며, 체육스포츠 활동의 궁극적인 의미는 '조국의 영예와 여러 나라와의 친선관계를 발전'시키고 '주체의 혁명위업을 완성'시키는 데 있는 것으로 설명하고 있다.[2]

개인의 체육 활동이 '국력'의 기초라는 설명은 북한의 최고 권력자 김일성의 연설에서도 여러 차례 확인된다. "어떤 나라든지 그 나라가 강한가 약한가 하는 것은 그 나라 인민들이 육체적으로 정신적으로 얼마나 강한가 약한가"와 관련되어 있다는 것이다.[3] 김정일 시기에 와서도 체육은 주요 국가사업이었다. 대내 체육 활동은 "조국의 부상 발전을 이룩하고 나라의 방위력을 강화하며 인민들의 건강과 민족의 륭성을 보장"하는 것이고, 대외 스포츠 활동은 "조국의 영예를 빛내이며 세계 여러 나라들과의 친선관계"를 발전시키는 것으로 강조했다.[4]

북한이 체육스포츠 활동을 개인의 차원을 넘은 사회적, 국제적 차원으로

---

2) 『광명백과사전 제20권(체육)』 (평양: 백과사전출판사, 2008), 22~32쪽.
3) 김일성, "체육을 대중화하여 전체 인민들을 로동과 국방에 튼튼히 준비시키자: 전국체육인대회에서 한 연설, 1969년 11월 4일," 『김일성저작집 제24권』 (평양: 조선로동당출판사, 1983), 289쪽.
4) 김정일, "체육을 대중화하며 체육기술을 빨리 발전시킬 데 대하여: 체육부문 일군들과 한 담화, 1986년 5월 19일," 『김정일선집 제8권』 (평양: 조선로동당 출판사, 1998), 400쪽.

설명하는 것은, 체육을 단순히 '신체교육이나 체력단련'의 의미로만 보지 않기 때문이다. 북한은 체육을 '인류사회의 발생과 더불어 생겨나고 발전한 사회적 현상'으로 보고, 체육 활동을 통해 인민이 '건강한 체력'을 지닐 수 있도록 하고 있다. '자주적이고 창조적인 활동'을 가능하게 함으로써, '자연과 사회의 주인 역할'을 할 수 있도록 해야 한다는 것이다.

특히 체육 발전이 '그 나라의 발전 수준을 포괄적으로 보여주는 중요한 척도'로 보고, 체육스포츠 발전이 '그 나라와 민족의 정치제도, 경제적 잠재력, 과학기술 발전, 문화수준을 반영'하는 것으로 간주한다. 그래서 '국제경기대회에서의 우승은 곧 나라의 위력을 시위'하는 것이며, '민족의 명예를 떨치는 근거'가 된다는 것이다.5) 이러한 설명 방식은 '체력은 국력,' '스포츠로 국위선양'과 같은 대부분의 근대국가들이 전개하고 있는 '국가주의적 스포츠정책'과도 일맥상통한다,

이처럼 북한에서 진행되는 모든 체육스포츠 활동은 단순한 신체활동이나 오락의 범주를 넘어선다. 북한에서의 체육사업은 노동력, 군사력, 국가위력을 확보하기 위한 주요 국가사업인 것이다. 이런 점에서 이 책은 북한의 체육스포츠 활동이 북한이라는 시공간 속에서 일상적으로 실천되는 구조에 주목했다. '북한권력'이 설정한 단계별 '국가전략' 속에서 대내외 상황 변화에 따른 체육스포츠의 내용과 형식이 변화되는 과정을 살피기 위한 것이다. 그 속에서 북한권력이 왜 그토록 국제경기 성과에 몰입하는지에 대한 이유가 조금은 이해될 수 있을 것으로 보인다.

---

5) 『광명백과사전 제20권(체육)』, 12~13쪽.

2) 연구 방법

= 기존 연구

기존의 연구는 대부분 제한된 북한 자료 속에서 논의를 전개해 왔다.[6] 국제 경기대회에서의 결과 등은 국제기구들을 통해 쉽게 입수할 수 있지만, 북한 내부 자료는 여전히 입수하기 어렵기 때문인 것으로 보인다. 북한의 체육스포츠 정책이나 전문 인력 양성 과정, 체육스포츠 예산 등 여전히 공개되지 않고 있으며, 일부 발표된 자료들도 적지 않게 왜곡되어 있는 현실이 북한 연구를 어렵게 하는 요인이 되고 있다.

지난 성과들은 먼저 역사적인 사실 확인과 계량적인 자료 분석에서 아쉬운 점들이 있었다. 특히 해방 이후 6·25전쟁 이전까지 5년여 기간 동안 북한에서 진행된 체육사업에 대한 자세한 설명이 누락되어 있다. 김순교, 김동선, 정동성 등 주요 선행 연구와 그 내용을 인용한 글 어디에서도, 북한이 소련체육을 수동적으로 받아들여 보급했다는 것 이외에 어떠한 근거 제시나 수용 과정에 대한 설명이 없었다.

기존의 연구는 김일성 부자의 권력유지나 북한체제의 우월성을 과시하

---

6) 북한체육이나 남북스포츠교류를 주제로 한 국내 주요 연구는 다음과 같다.
김순교,『북한 체육의 허상과 실상』(서울: 민족통일중앙협의회, 1984); 박주한, 『남북한 스포츠교류의 사적 고찰과 전망』(서울: 한국체육대학교 대학원 박사학위 논문, 1997); 조현철,『남북스포츠교류의 전개에 관한 사적 연구』(중앙대학교 박사학위논문, 2006); 정동성,『남북한 체육교류의 통합기능에 관한 연구』(경희대학교 박사학위논문, 1997); 박영정,『21세기 북한 공연예술 대집단체조와 예술공연(아리랑)』(서울: 도서출판 월인, 2007); 김동선,『북한 체육의 기본원리와 특성에 관한 연구』(한양대학교 박사학위논문, 1991); 이학래 김동선,『북한의 체육』(파주: 한국학술정보㈜, 2004); 정동길,『북한 체육 스포츠 영웅』(서울: 다인미디어, 2001); 박영옥 등,『남북한 체육환경분석 및 교류확대 방안』(서울: 국민체육진흥공단 체육과학연구원, 2001); 성문정,『북한의 체육실태』(서울: 통일부 통일교육원, 2008).

려는 목적에서 북한체육이 활용되는 측면에 집중되어 온 경향이 있었으며, 올림픽 등 주요 국제경기대회의 성적으로 경쟁력을 가늠하는 방식을 취하고 있다. 이처럼 표면적인 결과에 집중하는 방식으로는 북한 내부에서 진행되는 체육스포츠 활동의 구체적인 모습을 유추하기가 쉽지 않다. 단순 메달비교법은 결과 중심의 평가 방식이기 때문에 대내 정치과정의 차원과 대외 외교안보의 차원과 같은 질적인 측면이 잘 드러나지 않는다.

= 연구 방법

기존의 연구 성과를 보완하는 차원에서 이 책은 다음과 같은 내용에 중점을 두었다. 먼저 '국가전략'이라는 큰 산맥 속에서 '체육정책'이라는 산자락을 살펴보았다. 동전의 양면처럼 서로 연결되어 있는 대내외 체육스포츠 활동을 유기적으로 분석했다. 시기별 국가전략 속에서 선순환의 구조로 이어지는 북한체육의 내용과 형식의 변화를 살폈으며, 그 속에서 북한권력과 인민대중이 서로 조응 긴장하는 관계를 가늠해 보았다. 이를 위한 이론적 근거로서 이 책은 북한의 체육스포츠 문제에 '국가권력(state power)'과 '헤게모니' 개념을 적용했다. 북한의 국가권력이 체육사업을 통해서 '국가적 역량(대내적 차원)'을 확보해 나갔으며, 국제 경기대회를 통해서 '국력(대외적 차원)'을 과시해 가는 과정을 다음과 같이 설명했다.[7]

(1) 먼저 국내외 환경 변화에 대응하기 위한 북한의 '국가전략' 속에서 북한체육을 살펴보았다.[8] 북한체육의 대내외 과정을 총체적으로 분석하기

---

7) 이하 자세한 내용은 이 책의 「이론」 부분 참조.
8) 북한에서 '전략'의 의미는 일정한 혁명단계에서 로동계급이 어느 계급을 청산·고립·동맹할 것인가를 규정하고 이를 조직하는 것이다. 리동조, "근로인민대중의 역할에 기초한 혁명의 전략과 전술," 『철학연구』 (평양: 과학백과사전출판사). 이 책은 북한의 '국가전략'을 '혁명전략'과 같은 것으로 보고 당의 단계별 노선을 국가전략의 주요 내용으로 간주했다.

위한 이론적 기초로서, 그람시의 〈국가=국가기구+시민사회〉라는 지배체계로서의 국가관을 적용했다. 이를 통해 국가기구의 강제력과 지배계급의 헤게모니가 결합된 〈총체적 국가지배력〉이 체육사업 속에서 실현되는 구조를 파악했다.9)

(2) 북한체육이 체제유지나 선전수단으로 활용되는 기능적인 차원보다는 보다 거시적인 질적 분석을 시도했다. 대내 체육활동과 대외 체육활동에 통합적으로 접근하기 위해서, 대내외 활동을 연결하는 가장 현실적인 '척도'로서 국내 체육행사대회의 결과(성적)와 이를 토대로 하는 국제 스포츠교류경기의 결과(성적)를 기본 자료로 활용했다.

(3) 이어 대내활동에서 국가역량(대내적 차원)의 요소인 〈강제+동의〉 기제를 경험적으로 〈국내 체육행사대회〉로 설정하고, 그 속에서 이뤄지는 〈대중체육과 종목체육〉 활동의 결과(성적)를 〈국가역량〉의 '척도'로 설정했다.10) 그리고 시기별 국내 체육행사대회의 성과를 국가적 강제에 대한 인민의 동의 수준으로 보고 이를 〈국가역량〉의 수준과 구성 요인으로 간주했다.

(4) 대외활동에서는 국력(대외적 차원)의 요소인 〈잠재력×동원능력〉 기제를 경험적으로 국제 스포츠교류경기로 보고, 그 속에서 이뤄지는 스포츠교류와 국제경기대회의 결과(성적)를 〈국력〉의 '척도'로 설정했다. 이때

---

9) 안토니오 그람시 지음, 이상훈 옮김, 『그람시의 옥중수고1』 (서울: 기획출판 거름, 2006), 308~309쪽. 이 책은 '국가권력' 개념을 질적 차원에서 국가사회와 인민사회가 결합된 '총체적 국가지배력으로 본다. 또한 양적 차원에서는 국가의 강제와 인민의 동의 수준인 '국가역량' 및 이에 대한 동원 배분 능력인 '국력'으로 개념화했다.

10) 북한은 체육을 대중체육 활동 및 종목별 체육 활동으로 구분하고 있다. '대중체육'은 대중국방체육, 청소년체육, 집단체조, 근로자체육, 가정체육 및 녀성체육, 대중체조 및 태권도, 체육월간과 체육절 및 체육의 날 등이다. '종목체육'은 국방(실용)체육, 민족체육, 구기, 격투, 륙상, 체조, 력기, 수영 및 해양체육, 겨울철체육 등이다. '국방체육'이라는 용어는 대중체육 활동의 '대중국방체육'과 종목별 체육 활동의 '국방실용체육'이 합쳐진 개념으로 본다. 이에 대한 자세한 내용은 『광명백과사전 제20권(체육)』, 94~141, 203~776쪽 참조.

〈잠재력〉의 근거는 국내 체육행사대회의 결과(성적)에 의존하며, 〈동원능력〉은 국제 스포츠외교 성과로부터 영향 받는 것으로 보았다. 국제 경기대회 참가 결과인 대외 성과는, 다시 국내에서 인민의 〈동의〉를 이끌어내기 위한 국가적 〈강제〉의 동인이 되는 선순환의 구조로 접근하였다.

2. 연구 내용과 구성

1) 연구 내용과 자료

= 연구 내용

이 책은 해방 이후 지금까지 북한의 체육사업을 크게 두 단계로 나누어 접근했다. 먼저 1945년 해방 이후 1970년 제5차 당 대회까지를 전반기로 보았다. 이어 1971년부터 김정일이 사망한 2011년까지를 후반기로 설정했다. 이 책에서 소개하는 내용은 전반기에 해당되는 1945년부터 1970년까지 북한의 대내외 체육스포츠 활동에 관한 것이다.

1970년 제5차 당 대회를 전후반 체육사업의 분기점으로 본 이유는, 이를 계기로 북한 체육사업의 흐름이 크게 변화했기 때문이다. 북한은 1969년 11월의 '전국체육인대회'에서 해방 이후 20여 년간 이어져 온 북한체육의 성격을 '국방체육을 위주로 하는 대중체육'으로 총 정리한 데 이어,[11] 1970년 11월 제5차 당 대회를 통해 그 내용을 당의 기본 노선으로 공식화하였다.[12]

---

11) 김일성, "체육을 대중화하여 전체 인민들을 로동과 국방에 튼튼히 준비시키자: 전국체육인대회에서 한 연설, 1969년 11월 4일,"『김일성저작집 제24권』, 289쪽.
12) 제5차 당 대회에서 김일성이 보고한 내용은 "체육을 대중화하고 국방체육을 널리 발전시켜 모든 근로자들의 체력을 더욱 증진시키며 전체 인민을 로동과 국방에 튼튼히 준비"시키는 것이었다. 김일성, "조선로동당 제5차 대회에서 한 중앙위원

그러나 북한체육은 이후부터 처음 출전하는 1972년 뮌헨올림픽에 대비해 스포츠 종목 육성에 역점을 두었다.

후계자 김정일이 북한체육의 전면에 등장한 것도 바로 이 시기였다. 1972 년 6월 26일 김정일은 4·25체육선수단원들과 담화하는 자리에서 '체육을 통한 국위선양'을 강조했다. 3개월 후인 1972년 9월 6일 김일성은 당 중앙위 원회 정치위원회에서 '체육종목들의 수준을 높이기 위한 방안'들을 제시했 다. 이후 북한의 체육정책은 전문 스포츠 종목의 기술 향상에 큰 비중을 두 었다. 국제경기에서 우승할 수 있는 스포츠 종목 육성에 전 국가적인 역량 을 결집시켜 나갔던 것이다.[13]

해방이후 지금까지 북한의 체육정책은, 북한이 주장하는 '사회주의(혁명) 건설 단계'를 준용하면, [표 1-1]과 같이 5단계로 구분할 수 있다. 국가건설 (1945~1950), 6·25전쟁(1950~1953), 국가재건(1953~1960), 국가발전(1961~1970), 주체사상(1971~1994), 우리식(1994~1997), 선군정치(1998~2011) 시기 등이다.[14] 각 시기(기간)마다 북한권력이 역점을 두어 추진했던 체육사업의 기본 방 식은 인민체육(전인민적인 체육), (국방체육), 군중체육(전군중적인 체육),

---

회 사업총화보고, 1970년 11월 2일," 『김일성저작집 제25권』, 284쪽. 이어 1972년 12월 27일 제정된 '사회주의 헌법'의 법 조항으로 명시되었다. 제3장 제47조, "국 가는 근로자들의 체력을 끊임없이 증진"시키며, "체육을 대중화하고 국방체육을 발전시켜 전체 인민을 로동과 국방에 튼튼히 준비"시킨다. "조선민주주의인민공 화국 사회주의 헌법, 1972년 12월 27일,"『김일성저작집 제27권』, 625쪽.

13) 김정일, "4·25체육선수단앞에 나서는 과업에 대하여: 4·25체육선수단 성원들과 한 담화, 1972년 6월 26일,"『김정일선집 제2권』, 387~395쪽; 김일성, "체육사업을 발전시킬 데 대하여: 조선로동당 중앙위원회 정치위원회에서 한 연설, 1972년 9 월 6일,"『김일성저작집 제27권』, 382쪽. 1971년부터 2011년까지 북한 체육사업의 변화 과정에 관한 내용은 별도의 책으로 소개할 예정이다.

14) 북한이 설명하는 사회주의 (혁명) 건설 단계는 반제반봉건 민주주의 혁명 수행 (1945.8~1947.2), 사회주의 혁명단계로의 이행(1947.2~1950.6), 전쟁승리를 위한 투쟁(1950.6~1953.7), 사회주의 기초건설(1953.7~1960), 사회주의 전면건설에로의 이행(1961~1970), 3대 혁명 추진(1970~1980), 사회주의 완전승리를 촉진하기 위한 투쟁(1980~) 등이다. 조선로동당 중앙위원회 당력사연구소, 『조선로동당력사』 (평양: 조선로동당출판사, 1991).

국방체육(국방을 위한 체육), 주체체육(주체적인 체육기술과 사상), (주체/
선군체육), 선군체육(선군시대 체육 방식) 등이다.

[표 1-1] 북한 체육정책의 시기 구분

시기 구분		체육정책	(혁명)건설 단계
전반기	국가건설(1945~1950)	인민체육 방침	인민민주주의혁명 및 과도기
	(6·25(1950~1953))	(국방체육)	(전쟁기간)
	국가재건(1953~1960)	군중체육 방침	사회주의 기초 건설 단계
	국가발전(1961~1970)	국방체육 방침	사회주의국가 건설 단계
후반기	주체사상(1971~1994)	주체체육 방침	주체혁명 시기
	(유훈(1994~1997))	(주체/선군체육)	(우리식)
	선군정치(1998~2011)	선군체육 방침	선군정치 시기
	(2012~ 현재)	(선군체육)	(김정은)

1945년부터 1950년까지는 국가건설 시기이다. 해방 이후 반제반봉건 민
주주의 혁명과 사회주의 과도기 단계에 해당된다. 북한은 인민민주주의 혁
명과 사회주의 과도기 전략 속에서 엘리트 선수 중심보다 인민대중의 자발
적 참여를 유도하기 위한 '인민체육'(전인민적인 체육 방식)에 역점을 두었
다. 6·25전쟁 이후는 '국방체육'으로 전환되었다.[15]

1953년부터 1960년까지는 국가재건 시기이다. 전후복구와 사회주의 기초
건설 단계에서 북한은 인민의 체력, 정신력, 기술력 향상을 도모했다. 중공
업 우선주의와 반종파 투쟁 속에서 혁명전통이 강조되었다. 북한의 체육활

---

15) 6·25전쟁 시기, 즉 북한이 설명하는 '조국해방전쟁' 시기를 '사회주의혁명단계로
   의 이행' 시기로 보는 견해도 있다. 현성일,『북한의 국가전략과 파워엘리트: 간
   부정책을 중심으로』(서울: 선인, 2007), 66쪽; 정성장, "혁명전략", 세종연구소 북
   한연구센터 엮음,『북한의 국가전략』(서울: 한울, 2003), 42쪽. 이 책에서는 국가
   건설 시기의 인민체육 방침을 선명히 하고 6·25전쟁 시기에 전개되었던 국방체
   육 활동과 구별하기 위해 6·25전쟁 시기를 국가건설 시기에서 분리해 [보론]으로
   기술했다.

동도 사회주의 경쟁과 집단주의 원칙에 입각한 '군중체육'(전군중적인 체육 방식)이 중심을 이뤘다.

1961년부터 1970년까지는 국가발전 시기이다. 당시 '국방체육'(국방을 위한 체육 방식)으로 흐른 것은 주변 강대국들과의 관계 변화 속에서 설명될 수 있다. 북한권력은 '국방경제 병진노선'을 선택했고, 체육의 목적도 '조국과 인민을 수호하기 위한 군사력 배양'에 역점을 두었다. 형식과 내용에서도 '대중국방체육', '국방실용체육' 등으로 변형되었다.

1971년부터 1994년까지는 주체사상 시기이다. 김정일로의 권력 승계 속에서 유일사상체계와 '주체사상'이 확립되었다. '사상 기술 투지 속도(전)'을 핵심으로 하는 3대혁명운동과 '주체체육'(주체적인 체육기술과 사상)이 일반화되었으며, 집단체조와 전문선수 육성이 중심 과제였다. 국제경기대회에서 남과 북이 본격적으로 격돌하기 시작했다. 1994년 김일성 사망 이후 1997년까지 유훈통치 기간 동안 북한체육은 전반적으로 침체 상태였다.

1998년부터 2011년까지는 선군정치 시기이다. 두 차례 핵실험으로 북한은 국제적인 표적이 되었다. '국방경제 병진노선' 속에서 군대가 우선시되는 '선군정치'가 일반화되었다. 체육활동에서도 혁명적 군인정신이 강조되 있으며, 선수들 대부분은 군인(출신)들로 채워지는 등 '선군체육'(선군시대 체육 방식)이 일반화되었다. 일반 주민들의 체육 활동은 형해화된 반면, 국제경기에 우승하기 위한 승산종목을 집중 육성했다. 2011년 김정일 사망 이후 김정은 시기에도 '선군체육' 방식이 이어지고 있다.

= 연구 자료

북한 연구의 일차적인 목적은 북한의 여러 현상들을 체계적으로 분석·설명하고, 앞으로 전개될 상태를 예측하려는 데 있을 것이다.[16] 북한을 객관적으로 분석하려면 보편성에 대한 이해와 함께 북한사회의 변화와 발전 속에서 형성되고 표출된 특수성에 대한 역사적 이해가 필요하다.17) 북한에서 발간된 1차 자료를 중심으로 접근하는 것이 중요한 이유이기도 하다.18) 북한체육 연구에서도 비교역사적인 접근 방식이 유용하다고 할 수 있다.

이 책은 북한에서 발간된 1차 자료를 중심으로 북한의 체육사업을 검토하였다. 주로 활용한 북한의 공간문헌은 『로동신문』, 『인민체육』(1949~1950년판), 『조선중앙년감』, 『김일성저작집』, 『김정일선집』, 『조선체육사』(1992년판), 『광명백과사전 20(체육편)』(2008년판), 통일부 『북한 주간동향 분석』(1991~2013년) 자료 등이다. 1949~1950년 당시 북한에서 발간된 『인민체육』 잡지와 1950년대 후반 발간된 『로동신문』을 토대로 해방 직후와 전후 체육사업의 차이점을 비교했다. 1960년대 국방경제 병진 노선 시기, 1970~1980년대 유일사상체계와 주체사상 확립 시기, 뒤 이은 1990~2000년대 선군정치 시기 등 변화된 내용들도 『로동신문』과 『조선중앙년감』 내용을 큰 줄거리로 삼았다.19)

---

16) 최완규, 『북한은 어디로』(마산: 경남대 출판부, 1996), 20쪽.

17) 북한은 맑스-레닌주의를 지도사상으로 삼았던 소련의 지원과 영향 속에서 사회주의 체제를 구축했다. 그런 점에서 사회주의 체제의 일반성과 보편성을 토대로 하고 있다. 하지만 분단과 6·25전쟁, 남북대립이라는 독특한 상황이 전개되면서, 주체사상에 입각한 '사상에서의 주체, 정치에서의 자주, 경제에서의 자립, 국방에서의 자위' 노선을 추구하는 등 동구 사회주의와는 다른 독창적이고 독자적인 발전 과정을 거쳐 왔다. 심지연, "북한연구에 대한 역사적 접근," 경남대학교 북한대학원 엮음, 『북한연구방법론』(서울: 한울, 2003), 239~240쪽.

18) 특히 6·25전쟁 이후 사회주의 기초 건설이 본격화되고 소련식 맑스-레닌주의로부터 탈피하려는 과정에서 북한이 체육사업의 내용과 형식을 어떻게 변형시켜 나갔는지 파악할 필요가 있다. 이 책에서는 국가재건 시기 군중체육 사업 과정에서 이전과 다르게 전개된 것으로 분석되었다.

19) 북한연구에서 가장 어려운 점은 북한 당국이 내놓은 공간문헌 외에는 사실상 동원할 수 있는 1차 자료가 거의 없다는데 있다. 그럼에도 동원 가능한 가장 중요한 자료로서 『로동신문』과 같은 공간문헌을 적극적으로 활용하는 이유는, 공간문헌이 북한 당국이 주민들에게 전달하고자 하는 정책의 방향과 성격, 주민들의 체제에 정체성을 확보할 수 있는 담론을 가장 충실하게 담고 있기 때문이다. 류길재, "김일성 김정일의 문헌을 어떻게 읽은 것인가," 경남대학교 북한대학원 엮음, 『북한연구방법론』, 46~47쪽.

특히『인민체육』과『광명백과사전』내용은 북한체육 연구에서 이 책이 처음으로 소개하는 것이다. 북한체육의 초기 성립 과정이나 1990년대 주체적 체육 이론의 구조를 살펴보는 데 유용한 자료가 될 것이다.『김일성저작집』과『김정일선집』에서 체육관련 내용을 발췌해 국가전략에서 재구성한 것도 이 책이 처음으로 시도한 것이다. 시기별 북한 체육사업의 변화 내용을 북한권력의 의도 속에서 살필 수 있는 구체적인 자료를 담고 있다. 체육 스포츠 활동의 구체적인 사례에도 관심을 두어 북한권력이 체육사업의 효율을 높이기 위해 어떤 방식으로 강제하였고, 이에 대해 인민은 어떻게 반응하였는지 조응 긴장관계를 살피고자 했다. 그럼에도 직간접적인 사실 확인이 어려운 물리적인 한계로 인하여 이 부분은『로동신문』이나『조선체육사』등 북한 공간문헌의 행간을 살피는 것으로 만족하였다.

2) 이 책의 구성

이 책에서 다룬 내용은 해방 이후 1970년까지 북한체육의 전반기 사업에 관한 것이다. 크게 세 부분으로 구성되었는데, 도입부에서는 연구 목적과 방법에 이어 관련되는 이론을 조금 설명하였다. 세 개의 장으로 이뤄진 본론에서는 단계별 국가전략 속에서 전개된 북한 체육사업의 변화 내용을 분석하였다. 마무리 부분에서는 전반기(1945~1970) 사업을 요약하고, 이때까지 북한체육사업의 특징과 경향을 요약했다.

제1장 서론에서는 연구의 목적과 기존 연구의 한계를 극복하기 위한 새로운 접근 방법을 소개했다.

제2장은 국가전략과 체육정책의 연관성을 살피기 위한 예비 단계로서, 강제와 헤게모니의 종합이라는 그람시의 '국가권력' 개념을 중심에 두었다. 시기별 체육사업의 내용과 형식의 변화를 대내외 활동의 유기적인 흐름 속에서 보기 위한 길잡이로 삼았다.

제3장은 본론의 시작 부분으로 1945년부터 1950년까지 국가건설 시기 인민체육의 내용이다. 인민체육 사업의 내용과 형식, 대내외 과정을 설명했다. 국가건설 전략에 따른 체육지도위원회 및 경기분과위원회 구성, 체육간부 육성, 체육단체 설립, 체육시설 및 기자재 확충 등 기본적인 사업체계 구축 과정을 정리하였다. 이 시기 대내활동은 체육의 대중화와 생활화, 학교체육사업의 개선 강화, 국방체육 보급 등을 포함했다. 남북체육경기대회나 세계청년학생축전 등 국제 교류경기의 내용도 소개했다. 1949년 각 도 체육과장 등 연석회의와 1950년 교육성의 1949년도 체육사업 총결 내용 속에서 북한권력이 평가한 부분을 확인했다. 6·25전쟁 기간은 별도로 정리했다.

제4장은 1953년부터 1960년까지 국가재건 시기 북한권력이 의도한 군중체육의 내용과 형식을 소개하고 대내외 전개 과정을 순차적으로 설명했다. 전후 체육 지도체계 복구와 사업체계 확립, 체육 지도사업 강화와 군중체육 활성화, 군중체육 발전 및 스포츠기술 수준의 발전 등을 포함했다. 이 시기 대내활동은 군중체육 활성화, 민족체육 장려, 체육기술 혁신운동 등이 중심을 이뤘다. 종목체육 기술이 급격히 향상되었고, 국제교류경기에서 두각을 나타낸 점도 소개했다. 사회주의국가들과 연계 강화, 국제체육기구 가입, 대남 유일팀 공세 등도 설명했다. 자체 평가 내용은 1958년 전국체육열성자회의와 1962년 전국체육인대회 관련 문건 등에서 확인했다.

제5장은 1961년부터 1970년까지 이른바 국가발전 시기에 국방경제 병진노선 속에서 국방체육으로 변형되는 과정을 중심에 두었다. 전인민적 체육방침에서 갑작스러운 국방체육으로의 개편, 이후 정리된 주체 체육방침과 국방체육을 위한 사업체계 정비 등의 내용이 북한체육의 기본 노선으로 지금도 이어지고 있는 점을 확인했다. 이 시기 대내활동은 학교체육, 인민체력검정, 집단달리기, 국방체육종목 확대 등이 중심을 이뤘다. 대외활동은 신생독립국가들과의 관계 발전, 국제경기연맹 가입, 남북체육회담 개최 등

의 흐름으로 정리했다. 이 시기 대외활동에서 거둔 성과들에 대한 북한권력의 자체 평가 내용은 1969년 전국체육인대회 내용 속에서 확인했다.

이상의 내용을 종합한 제6장에서는 전반기 사업을 총 정리하고 북한 체육사업의 몇 가지 특징을 도출하였는데. 남한이나 다른 나라들과 스포츠 경쟁을 확대한 이유, 물질적인 토대 구축보다 사상교양에 중점을 두었던 이유, 혁명정신을 강조하는 국방체육이나 국방체육 중심의 대중체육이 보편화된 이유 등을 정리했다.

제2장

이론

1. 국가, 스포츠, 헤게모니

1) 근대국가와 체육스포츠

근대적 신체의 가장 중요한 특징 중의 하나는 신체가 국가권력의 정밀한 검사대상이 되고 보다 좋은 신체와 건강이 훈련에 의해 육성되는 점이다. 개인의 신체에 대한 근대국가의 관심은 '체육'이라는 개념으로 일반화되었다.[1] 근대국가는 체육스포츠 활동에서 인간의 신체에 대한 객관적인 관찰을 해왔다. 그 속에서 신체 사용의 기술을 개발해 왔고, 개발된 신체 사용의 기술은 표준화를 지향했다. 표준화된 신체의 기술과 규칙은 제도적인 질서를 통해 일반화되었다. 신체적인 표현이나 움직임을 일반화할 수 있는 규칙과 코드가 국가적 차원의 가치 속으로 통일되었다.[2] 이를 통해서 국가

---

1) 미즈노 나오끼 외 지음, 정선태 옮김,『생활 속의 식민지주의』(서울: 도서출판 산처럼, 2007), 90~96쪽.

2) 김상환, "스포츠, 근대성 그리고 정치,"『철학과 현실』(서울: 철학문화연구소, 2002), 45~46쪽; 체육스포츠가 정치적 목적에 종속된 대표적인 사례로 흔히 1936년 베를린 올림픽을 든다. 베를린 올림픽은 히틀러가 아리안 민족과 독일 제3제국 체제의 우수성을 전 세계에 과시하기 위해 철저한 계획 아래 마련한 대회였는데 상당한 성공을 거둔 것으로 평가된다. 정준영,『열광하는 스포츠 은폐된 이데올로기』(서울: 책세상, 2005), 78쪽; 독일 나치는 단순한 군중심리를 신봉한 세력이었다. 히틀러는 "모든 효과적인 프로파간다는 몇 가지 사항에 집중해야 할 것이며 아주 간단한 슬로건 형태로 만들어 계속 활용함으로써 누구라도 이 말을 들으면 원래 의도한 바를 바로 연상할 수 있어야 한다"고 주장하였다. 미하엘 쿤치크 지음, 윤종석 등 옮김,『국가 이미지 전쟁』(서울: 커뮤니케이션북스, 2008), 78~79쪽.

가 필요로 하는 군사력과 시장이 요구하는 노동력을 담당할 양질의 신체를 양성해 나갔다.

현실 사회주의의 지평을 연 볼셰비키의 경우도 새로운 체제의 이념과 가치에 동조하는 새로운 인간형 창출을 위해 체육을 활용하고자 했다.[3] 생산성 향상을 위해 '노동체조' 등 체력단련을 위한 '신체문화' 프로그램을 보급했다. 소비에트 러시아에서 '스포츠'라는 단어는 자본주의 사회의 승리 지상주의 문화와 연결된다는 느낌을 주기 쉬웠다. 모든 종류의 신체운동을 지칭하는 '신체문화'라는 개념이 대신 등장했는데, 사회주의 체제에 걸맞은 건전한 정신 함양을 위한 것으로 설명되었다. 그렇지만 아이러니하게도 정작 노동자들은 이전부터 즐겨오던 작업장끼리의 운동시합이 더 흥미 있었다.

1920년대 스탈린의 '일국 사회주의론' 등장 이후 소비에트 '신체문화' 정책은 '스포츠 경기' 중심으로 급선회하였다. 1차 경제개발계획이라는 급속한 산업화 전략이 채택되면서 빠른 시일 내에 사회주의 러시아의 생산력을 자본주의 국가의 그것을 능가하도록 했다. 생산부문의 '경쟁'이 시대의 필요성으로 합리화되면서, 전인적 소비에트 인간형을 양성하려는 장기적인 목표는 흐지부지되었다. 국가의 전폭적인 지원 아래 체제의 우수성을 증명하기 위한 선수양성이 진면에 등상했다. 공장 노동자들에게도 작업장끼리의 스포츠 경기가 장려되었다. 엘리트 선수들에게는 체제의 우월성을 증명하게 하는 사명이 부여되었다. 2차 세계대전 종전 이후 두 번째 열리는 1952년 헬싱키 올림픽에 처음 출전한 소련 대표팀은 미국 다음가는 종합 2위의 성적을 올렸다. 소련에게는 국가적 자긍심을 안겨주었고, 서방 국가들에게는 커다란 충격을 준 일대 사건이었다.

---

3) 박원용, "신체문화에서 선수 양성공장으로: 소비에트 러시아의 체육정책 변화," 한국서양사학회, 『서양사론』 제91호, 2006, 193~218쪽; 박원용, "소비에트 인간형의 창조: 네프기 신체문화 정책을 중심으로," 임지현 등 엮음, 『대중독재 제3권: 일상의 욕망과 미망』(서울: 책세상, 2007), 449~491쪽.

북한에서도 사회주의 건설을 위한 인재 양성에서 체육을 적극적으로 활용했다. 해방 이후 인민대중의 자발적인 참여 속에 체육을 대중화하고자 했다. 인민의 체력과 정신력, 기술력을 배양함으로써 국가건설에 필요한 노동력과 국방력, 국가위력을 확충하기 위한 것이었는데, 체육스포츠 활동으로 "조국의 부강발전과 나라의 방위력 강화"에 이바지하자고 역설했다. 체육은 "인민의 건강"과 "조국의 영예"를 빛내기 위한 중요한 사업이 되었다.[4] 이처럼 북한에서도 체육사업은 해방 직후부터 '국가적 이익'에 적극적으로 기여하기 위한 것이 되었다.[5] 그렇다면 과연 인민의 구체적인 생활양식을 규범하여 국가적 이익을 최대화하고자 하는 '국가'라는 존재는 과연 어떻게 설명되어야 할까?

2) 국가, 국가권력

국가는 사회라는 층위에 존재한다. 국가는 하나의 관계, 즉 지배관계를 의미한다. 그렇기 때문에 대부분의 국가주의자들이 주장하는 것처럼, 국가를 분명한 경계를 가지고 시민사회의 외부나 상부에 존재하는 독립된 실체나 행위자로 볼 수는 없다. 국가의 자율성과 국가권력이 혼용되고 있는 것처럼, 국가주의자들이 설명하는 국가는 결국 '정치' 또는 '정부'를 의미하기 때문이다. 이와 달리 '국가'는 자신의 제도적인 표현인 정부나 법 또는 관료제뿐만 아니라, 공동체의 통념(또는 이데올로기)을 필요로 하며, 시민사회와 상호 침투 관계에 있다.[6]

국가(기구)는 최소한의 국가권력으로 이해되는 조직화된 폭력을 독점하

4) 『조선대백과사전』(평양: 백과사전출판사, 1996), 418쪽.
5) 국가이익은 구영록, 『한국의 국가이익: 외교정치의 현실과 이상』(서울: 법문사, 1996), 19~36쪽 참조.
6) Samuel P. Huntington, *Political Order in Changing Societies* (New Heaven: Yale University Press, 1968), p.1.

지만, 어떤 국가에서도 전적으로 강제에만 의존하지 않는다. 국가는 '권위 (authority)'나 베버가 말한 '정당화된 강제'에 의해 통치되는 것이 마땅하기 때문이다. 강제력 행사나 그 위협이 지속되고 안정이 될 때 백성(국민/인 민)들의 '습관적인 복종'이 생겨나고, 국가권력에 어느 정도의 권위를 부여 하기도 한다. 그렇지만 이 같은 소극적인 정통성보다, 주민들의 '자발적인 동의'라는 적극적인 정통성, 또는 그람시가 말하는 '헤게모니'를 갖춘 국가 만이 보다 강력하고 안정된 국가라고 말할 수 있다.7) 대중(국민/인민)의 '자발적인 동의'가 완벽하게 준비된 상황에서 "대중 스스로가 자신의 습관 과 의지와 신념을 (국가의) 방침과 목표에 순응시키는 쪽으로 변화"시키고 그 "방침을 삶 속에서 실천"하게 되는 것이다.8)

3) 국가권력과 헤게모니

이 책은 북한의 체육사업을 '국가권력'(state power)과 '헤게모니' 개념으로 접근해 보았다. 특히 (1) '국가지배력'이라는 지배 권력의 질적인 차원과, (2) '자원동원능력'이라는 양적인 차원을 동시에 살펴보았다. 지배의 성격과 관련해서는 국가와 시민(인민)사회를 대립적인 구도로 보지 않고, 대신 국 가를 사회 속의 '지배의 총체적 체계'로 이해하는 구조적 마르크스주의의 시도인 '강제와 헤게모니' 개념으로 이해했다. 그리고 '습관적인 복종'이나 '자발적인 복종'을 설명하기 위한 '헤게모니' 이론이 북한에도 적용 가능한 지 여부를 검토해 보았다.9)

---

7) 최장집, "그람시의 헤게모니 개념," 『한국정치학회보』, 제18집(1984), 19~40쪽.
8) 안토니오 그람시 지음, 이상훈 옮김, 『그람시의 옥중수고 1』(서울: 기획출판 거름, 2006), 314쪽.
9) 이 책은 체육스포츠 문제에 대한 논의의 지평을 넓히기 위해 군사안보 부문의 선 행 연구를 적극 차용했다. 스포츠 부문과 군사 부문은 특히 적군과 아군을 엄격 히 구분하고 상대방 제압이 궁극적인 목표라는 점에서 본질적으로 많은 유사점

= 국가권력의 질적 측면: '국가지배력'

(1) '국가지배력'이라는 질적인 차원에서는, [표 2-1]과 같이, 국가란 "단지 정부의 장치일 뿐만 아니라 '사적인' 헤게모니 장치, 또는 시민(인민)사회이 기도 하다"는 그람시의 종합 테제, 즉 '국가=국가사회+인민사회'라는 개념 을 차용했다.10) 그람시의 명제는 국가에 대한 '관계론적 개념 규정'이라는 점에서 정치체계(political system) 개념과도 유사하다.11) 국가와 시민사회 (인민사회)는 사실 상호침투 연관되어 있다. 그래서 오늘날의 국민국가는 '국가사회+시민사회(인민사회)'로 부르는 것이 보다 적절할 것이다. 국가행 위로서의 체육스포츠 정책은 국가(기구)가 다른 국가와의 관계 속에서 독 자적으로 수행하는 차원이 아니라, 논리적으로 살펴보면 국가에 선행하는 전반적인 '사회세력'의 상호작용이 낳은 산물로 설명될 수 있다.12)

[표 2-1] 국가권력, 체육정책 질적 측면 = '국가지배력(총체적지배능력)'

국가권력		
국가사회	→	인민사회
당/수령/내각/체육위→(체육)교시/결정	←	단체/소조→(체육)활동
체육정책		

이 있기 때문이다. 두 부문의 가장 큰 차이라고 한다면, 인명 살상을 허용하는 실 제 전투상황을 전제로 하는가, 아니면 스포츠 경기라는 가상의 놀이 속에서 우열 을 가리기 위한 경기 방식을 취하는가에 달려있다고 할 수 있다, 그런 점에서 이 책의 이론 부분은 다음 글의 요지를 원용하였다. 함택영,『국가안보의 정치경제 학: 남북한의 경제력 국가역량 군사력』(서울: 법문사, 1998), 21쪽.

10) 안토니오 그람시 지음, 이상훈 옮김,『그람시의 옥중수고 1』, 308~309쪽.

11) 데이비드 이스튼 著, 李容弼 譯,『政治生活의 體系分析』(서울: 법문사, 1988) 참조.

12) 이 부분은 다음 논문의 주요 개념을 체육스포츠 부문에 적용한 것이다. 로버트 콕스, "사회세력, 국가, 세계질서: 국제관계이론을 넘어서," 김우상 등 편역,『국 제관계론 강의 2』(서울: 도서출판 한울, 2009), 449~493쪽.

= 국가권력의 양적 측면: '자원동원능력'

(2) '자원동원능력'이라는 양적인 차원, 즉 계량화할 수 있는 국가권력의 양적인 차원에서는 [표 2-2]와 같이, 국제정치학에서 말하는 대외적인 '국력'과, 비교정치학이나 정치경제학에서 설명하는 대내적 차원의 '국가역량' 등 두 가지 측면을 함께 고려했다. 그람시의 확장적 국가 개념에서 보면, '국가역량'은 국가가 독점하는 '강제'와 '헤게모니'로 구성된다. 헤게모니는 전술적 기만뿐만 아니라, 보다 적극적으로 피지배자의 자발적인 동의를 이끌어낼 수 있는 지배세력의 '지도력'과 '양보'를 요구한다. 국가권력의 총체적 역량은 체육스포츠 부문의 수준도 결정한다. '강제와 동의'의 결합으로 이뤄지는 국가권력의 질적 구성 형태가 체육스포츠 사업에 필요한 자원 배분도 결정하기 때문이다. 국가권력이 취약할 경우 체육스포츠 부문이 이를 보완해 주기도 한다. 그렇기 때문에 일정 수준의 국가권력에서는 강제의 비중이 높아질수록 체육스포츠 사업에 대한 배분도 높게 나타난다.[13]

[표 2-2] 국가권력, 체육정책 양적 측면= '자원동원능력(대내외순환과정)'

국가권력				
대내	국가역량 =국가강제+인민동의	→	국력 =자원잠재력×동원배분능력	대외
	대중/종목 → 국내 체육행사대회 → 결과(국내기록)	←	교류/외교 → 국제 스포츠경기대회 → 결과(국제기록)	
체육정책				

---

13) 이상의 내용은 다음 글의 요지를 체육스포츠 부문에 적용한 것이다. 함택영, 『국가안보의 정치경제학』, 18-24, 88~143쪽.

= 헤게모니 이론의 북한 적용

그렇다면 강제와 헤게모니 이론이 북한에도 적용될 수 있는지 여부를 살펴보자. 분명히 북한에는 '경제적' 차원의 지배계급이 없지만, 국가사회주의 체제는 개념 정의상 계급사회라고 말할 수 있다. 그것은 이 체제가 '프롤레타리아 독재 또는 과도기 인민민주주의'이기 때문만이 아니다. 오히려 '국가'가 계급사회의 산물, 즉 본질적으로 보면 계급관계의 또 다른 형태이기 때문이다. 국가를 '소외된 정치'로 비유하는 것은 특히 자본과 강제가 당/국가 관료제에 고도로 축적되고 집중되어 있는 국가사회주의를 이해하는 데 유효한 측면이 있다. 사회주의 사회에서의 지배계급의 개념을 강제적 수단과 함께 생산의 통제 수단까지 축적한 '국가계급(state classes)'으로 본다면, 프롤레타리아 독재라는 사회주의국가는 프롤레타리아 계급에 대한 독재는 아니라 하더라도, 이는 최소한 '프롤레타리아 대행통치'가 된다.14) 그렇기 때문에 총체적인 국가개념에 따른 강제와 헤게모니 이론의 북한 체육사업에도 적용이 가능하다.

2. 국가전략과 체육사업

1) 국가전략 요인과 체육사업 목표

근대적인 개별 국가들은 대부분 나름의 국가전략을 세우고 그 속에서 주요 국가사업을 체계적으로 전개해 나가는 것이 일반적이다. 북한에서도 대내외 환경 변화에 따라 국가권력의 의도에 따른 단계별 국가전략을 수립해

---

14) Ollman, Bertell, *Dialectical Investigations* (London: Routledge & Kegan Paul, 1993), pp.109~112; 함택영, 『국가안보의 정치경제학』, 138쪽 재인용.

각종 사업을 전개하고 있다. 다만 북한에서는 '전략'의 의미를 "일정한 혁명단계에서 노동계급이 어느 계급을 청산·고립·동맹할 것인가를 규정하고 이를 조직하는 것"으로 설명하고 있다.15) '주체의 전략전술'을 설명하는 대목에서는 "근로인민대중을 중심"에 놓고 "그들의 역할에 기초"한 것으로, "인민대중의 힘이 혁명과 건설에 나서는 모든 문제해결에서 기본"인 것으로 규정하고 있다.16) 그런 점에서 북한의 '혁명전략'은 정치·경제·안보·대남·대외 등 각 분야의 정책들에 대한 종합적이고 체계적인 계획과 구상으로 볼 수 있다.17) 사실상의 '국가전략'과 같은 지위에 놓여 있는 것이다. 국가전략이 중장기적이고 방향성을 갖춘 종합적인 성격을 띤다면,18) 체육사업은 단기적이고 미시적이며 전략이행적 성격을 띠는 것이다. 그런 점에서 체육사업의 목표는 정치군사(안보), 경제건설, 국제관계(통일외교) 등 국가전략의 요인들을 충족시키기 위한 것으로서, [표 2-3]과 같은, 노동력, 군사력, 국가위력을 확보하기 위한 과정으로 설명될 수 있다.

[표 2-3] 국가전략 요인과 체육사업 목표

국가전략 요인	체육사업 목표
정치군사(안보) 경제건설 국제관계(통일외교)	(정치)군사력 노동력 국가위력

---

15) 『정치용어사전』(평양: 사회과학출판사, 1970), 443쪽; 북한은 사회주의 (혁명)건설단계를 반제반봉건 민주주의 혁명 수행(1945.8~1947.2), 사회주의 혁명단계로의 이행(1947.2~1950.6), 전쟁승리를 위한 투쟁(1950.6~1953.7), 사회주의 기초건설(1953.7~1960), 사회주의 전면건설에로의 이행(1961~1970), 3대 혁명 추진(1970~1980), 사회주의 완전승리를 촉진하기 위한 투쟁(1980~)으로 설정하고 있다. 당력사연구소, 『조선로동당력사』(평양: 조선로동당출판사, 1991).

16) 리동조, "근로인민대중의 역할에 기초한 혁명의 전략과 전술," 『철학연구』(평양: 과학백과사전출판사), 2001년 제4호, 22쪽; "혁명의 결정적시기를 앞당겨나가는 주체의 전략전술," 『교원선전수첩』(평양: 교원신문사), 2004년 제3호, 64~65쪽.

17) 현성일, 『북한의 국가전략과 파워엘리트: 간부정책을 중심으로』, 17쪽.

18) 백학순, "책머리에," 세종연구소 북한연구센터엮음, 『국가전략』, 5쪽.

2) 북한 체육사업의 내용과 형식

국가역량으로 표현되는 강제와 동의의 총체적 개념에서 볼 때, 북한체육의 동원 능력은 대중체육 활동과 종목체육 활동의 실천 과정에 속한다. 이때 대중체육은 노동력, 군사력 측면에 더 밀착되어 있지만, 종목체육은 국가위력의 측면과 더 깊은 관계에 있다. 북한에서 대중체육 활동은 기초체력 뿐만 아니라 집단체조나 달리기, 답사 행군 등 혁명정신을 함양하기 위한 사상교양사업과 밀접하게 연관되어 진행된다. 물론 종목체육 활동에서도 기술력 향상에 집중하면서 사상교양사업도 큰 비중을 두어 진행하고 있다. 북한의 체육사업은, [표 2-4]와 같은 목표를 수행하기 위한 내용과 형식으로 구성되어 있다고 할 수 있다. 내용적인 측면에서는 (신)체력, 정신력, 기술력을 배양하기 위한 수단이며, 형식적인 측면에서는 대중체육 활동과 종목체육 활동으로 구체화되고 있다.19)

[표 2-4] 북한 체육사업의 목표와 내용, 형식

목표	내용	형식
(정치)군사력 노동력 국가위력	(혁명)정신력 (신)체력 (경기)기술력	대중체육 (국방체육) 종목체육

---

19) '대중체육'은 대중국방체육, 청소년체육, 집단체조, 근로자체육, 가정체육 및 녀성체육, 대중체조 및 태권도, 체육월간과 체육절 및 체육의 날 등을 포함한다. '종목체육'은 국방(실용)체육, 민족체육, 구기, 격투, 륙상, 체조, 력기, 수영 및 해양체육, 겨울철체육 등을 포함한다. 『광명백과사전 제20권(체육)』, 94~141, 203~776쪽 참조. 이 책에서는 '국방체육'을 대중체육 부문의 '대중국방체육' 활동과 종목체육 부문의 '국방실용체육' 활동을 합친 개념으로 설명했다.

3) 북한체육의 대내외 과정과 구조

= 북한체육의 대내외 과정

북한의 대내외 체육스포츠 활동은 [표 2-5]와 같은 구조 속에서 실현된다고 할 수 있다. 먼저 어느 시기(t-1)의 대내과정에서 강제와 동의가 실현되어 나타나는 체육의 형식을 대중체육/종목체육t-1이라고 할 때, 그 결과는 국내 체육행사대회에서의 '성과(대회/인원/기록)'로 나타난다. 이 시기 대내 활동의 성과는 같은 시기 국제 스포츠교류경기t-1 활동에서 잠재적 동원 능력의 토대가 된다. 이어 대외활동의 국제 경기대회에서의 '성과(대회/인원/기록)'로 표출되고, 이러한 성과는 다시 다음 시기(t)의 대내과정에서 대중체육/종목체육t 활동을 강제하기 위한 국가권력의 동력이 되고 이에 반응하는 인민대중의 동의 수준에 영향을 미친다.

이러한 북한체육의 대내외 과정은 다음과 같은 구조로 설명할 수 있다. (1) 대내적 국가역량은 국가사회 및 인민사회의 추출능력인 대중체육 및 종목체육 활동이다. 그 결과는 국내 체육행사대회에서의 성과(국내기록)로 나타난다. (2) 대외적 국력으로 나타나는 잠재력과 동원능력 부분은 국내 활동의 성과를 바탕으로 하는 대외 스포츠교류외교와 국제경기대회이다. 그 결과는 국제 스포츠경기대회에서의 성과(국제기록)로 표출된다. 그렇기 때문에 북한의 체육스포츠 활동은 강대국 관계 등 대외적 변수뿐만 아니라, 국내 정치과정에서의 국가 또는 체제의 대내적 결속력에 의해 좌우되는 등 국내외적 요인이 종합적으로 구성되는 것으로 설명될 수 있다.

[표 2-5] 북한체육의 대내외 과정

대내 과정		
대중/종목	→	행사/대회
↑ 결과(국제기록)		결과(국내기록) ↓
경기/대회	←	교류/외교
대외 과정		

= 북한 체육사업의 구조와 동인

이상의 내용을 토대로 이 책에서는 북한의 전반기(1945~1970) 체육사업의 구조와 동인을 [표 2-6]과 같은 내용으로 설명했다. 먼저 국가건설, 국가재건, 국가발전 등 각 시기마다 (1) 국가전략과 체육사업 (2) 국가/인민 차원 체육활동(질적 측면) (3) 체육정책의 대내외 과정(양적측면), (4) 시기별 성과와 평가, (5) 헤게모니 결과 등 다섯 가지 항목을 설정했다.

(1) 전반기 국가전략은 국가건설 시기 반제반봉건 민주주의혁명 및 사회주의 과도기 전략, 국가재건 시기 전후 복구 및 사회주의 기초 건설 전략, 국가발전 시기 사회주의의 전면적 건설 전략 등으로 구성된다. (2) 전반기 체육활동의 내용 형식과 관련된 국가적 인민적 차원의 체육활동은 각각 당(수령) 및 내각(체육위원회)의 결정, 체육단체 및 체육소조 활동 등이다. (3) 전반기 체육활동의 대내 과정과 대외 과정의 내용을 각각 대중체육 종목체육 활동과 그 성과(대회/인원/기록), 스포츠외교경기 활동과 그 성과(대회/인원/기록)가 된다. (4) 체육사업에 대한 북한권력의 자체 평가 내용은, 시기별 전국체육인대회 및 당 대회 보고 내용에서 확인했다. 시기별 (5) 헤게모니 결과는 정치군사, 경제건설, 국제관계 부문의 기본 전략과 비교했다.

[표 2-6] 북한의 국가전략과 체육사업(1945~1970)

시기 / 체육사업	국가건설 시기 (1945~1950)	→	국가재건 시기 (1953~1960)	→	국가발전 시기 (1961~1970)
국가	당/수령/내각/체육위	→	당/수령/내각/체육위	→	당/수령/내각/체육위
인민	단체/소조	→	단체/소조	→	단체/소조
↓↑	↓↑		↓↑		↓↑
대내	대중종목/행사대회	→	대중종목/행사대회	→	대중종목/행사대회
대외	교류외교/경기대회	→	교류외교/경기대회	→	교류외교/경기대회
↓↑	↓↑		↓↑		↓↑
성과	체육인대회 총화-1	→	체육인대회 총화-2	→	체육인대회 총화-3
평가	인민체육	→	군중체육	→	국방체육
↓↑			↓↑		↓↑
헤게모니 결과 — 정치 군사	당군정건설/통일전선	→	당국가건설/반종파	→	수령제구축/유일사상
헤게모니 결과 — 경제 건설	사회주의경제체제구축	→	중공업중심/동원체제	→	국방경제병진/협동화
헤게모니 결과 — 국제 관계	민주기지/진영외교	→	민주기지/다변화외교	→	남조선혁명/자주외교
국가전략	반제반봉건 민주주의혁명 및 사회주의과도기 전략	→	전후 복구 및 사회주의 기초 건설 전략	→	사회주의의 전면적 건설 전략

제3장

국가건설 시기(1945~1950)

: 인민체육

1. 국가건설 전략과 인민체육 사업

1) 국가건설 전략

(1) 반제반봉건 민주주의 혁명과 사회주의 과도기 전략

해방 후 북한에서는 새로운 국가 건설을 위한 건당, 건국, 건군이 주요
당면 과제였다. 이 가운데 가장 먼저 당 창립대회가 1945년 10월 10일부터
13일까지 평양에서 개최되었다.[1] 김일성은 당 창립대회 보고에서 '민주주
의인민공화국'의 창립을 당의 기본 정치과업으로 제기했다. '반제반봉건민
주주의혁명'을 위한 4대 당면 과제로는 '민주주의적 민족통일전선 형성, 반
동세력과 일제사상 잔재 제거, 각 지방인민위원회 조직 및 민주주의적 개
혁 실시, 공산당 및 사회단체 강화' 등을 제시했다.[2] 이때 채택된 당의 정치
노선은 당과 인민의 "투쟁강령"이자 "확고한 지도적 지침"이 됐다.[3]

---

1) 북한은 이때 결성된 당의 명칭을 공식적으로 '북조선공산당 중앙조직위원회'로
부르고 있다. 조선로동당 중앙위원회 당력사연구소,『조선로동당력사』(평양: 조
선로동당출판사, 1991), 171쪽. 그러나 이 대회 마지막 날인 10월 13일 '서북5도당
책임자 및 열성자대회'에서 결정한 명칭은 '조선공산당 북부조선분국'이었다. 당
시 북한주둔 소련군 사령부는 박헌영이 창설한 조선공산당 본부가 미군정 하의
서울에 있었기 때문에 점령 지역인 평양에 독립적인 분국을 설립하는 것을 지원
하였다. 중앙일보 특별취재반,『비록 조선민주주의 인민공화국』(서울: 중앙일보
사, 1992), 105~111쪽 참조.
2) 김일성, "우리나라에서의 맑스-레닌주의당 건설과 당의 당면과업에 대하여: 북조
선로동당 중앙조직위원회 창립대회에서 한 보고, 1945년 10월 10일,"『김일성저작
집 제1권』, 320쪽.
3)『조선로동당력사』, 178쪽.

중앙정권기관 설립 방안도 추진되었다. 1945년 11월 '5도 행정국'이 출범한 데 이어, 1946년 2월 8일부터 9일까지 평양에서 열린 '북조선 각 정당 사회단체, 각 행정국 및 각 도·시·군 인민위원회 대표 확대협의회'가 열렸다. 이 자리에서 북한 최초의 중앙정권기관인 '북조선임시인민위원회'가 수립되었다. 새로 구성된 북조선임시인민위원회에는 김일성 위원장 등 공산당이 다수를 차지했다. '5도 행정국'에 참여했던 온건 민족주의 세력이 대거 탈락함으로써 공산당의 영도권이 확립되었다.[4] 혁명수행의 참모부인 당이 창건되고 혁명수행의 집행기관인 '임시인민위원회'가 조직되자 김일성은 소련 군정의 적극적인 지원 하에 인민 민주주의 개혁, 즉 반제·반봉건적 성격의 제반 민주개혁을 추진해 나갔다.

가장 먼저 '임시인민위원회'는 1946년 3월 5일 '토지개혁 실시에 대한 임시조치법'을 공포하였다. 이어 '무상몰수 무상분배' 원칙에 따라 100만여 정보의 토지를 72만 가구에 무상으로 분배하는 토지개혁이 한 달도 안 되는 짧은 기간에 완료되었다. 그 결과 북한에는 계급으로서의 지주는 더 이상 존재하지 않게 되었다. 산업국유화도 민주개혁의 주요 대상이었다. 1946년 8월 10일 공포된 '중요산업 국유화법령'에 따라 당시 전체 산업의 90% 이상에 달하는 1,034개소의 일본인 소유 산업, 교통운수, 체신, 은행 등이 국가소유로 전환되었다. 6월 24일 '노동자 및 사무원에 대한 노동법령,' 7월 30일 '남녀평등권에 대한 법령' 등도 각각 공포되었다. 북한 지역에는 '인민민주주의 제도 및 혁명적 민주기지'가 들어서게 된 것이다.[5]

'반제반봉건 민주주의 혁명'이 완수되자 북한은 사회주의 혁명과업을 수행할 수 있는 프롤레타리아 독재정권 수립에 착수했다. 빈농을 비롯한 다

---

4) 김주환, "해방 후 북한의 인민민주주의혁명과 사회주의 혁명," 김남식 외,『해방 전후사의 인식 제5권』(서울: 한길사, 1989), 259~267쪽. 인민위원회 수립 과정은 류길재,『북한의 국가건설과 인민위원회의 역할, 1945~1947』(고려대 정치외교학과 박사학위 논문, 1995) 참조.
5)『조선로동당력사』, 196~198, 201쪽.

수 인민들의 지지를 확보한 기존의 인민정권을 강화하는 차원에서, 주민들의 '선거'라는 합법적 형식을 통해 진행되었다. 1946년 11월 3일 도 시 군 인민위원회 선거가 실시되었고, 1947년 2월 17일 소집된 도·시·군 인민위원회 대회에서 북한의 최고주권기관인 '북조선인민회의'가 창설된다. '북조선인민회의'는 1차 회의에서 중앙정권기관인 '북조선인민위원회'를 구성했다. 북한의 첫 프롤레타리아 독재정권으로서 북조선인민위원회는 사회주의로 넘어가는 과도기 임무를 수행해 나갔다.[6] 1947년부터 계획경제를 실시했으며, 사회주의적 생산관계인 국영부문의 비중을 높여 나갔다.

이 시기 북한의 대남전략은 '북조선민주기지건설' 주장으로 요약될 수 있다. 소위 민주기지론은 1946년 11월 도·시·군 인민위원회 선거 과정에서 공식화되었다. 이듬해 2월 수립된 북조선인민회의에서 채택된 11개조 정강에도 '한반도 전체의 사회주의적 통일을 위한 민주기지'로서의 북한의 역할과 의무가 강조되었다.[7] 남한에서의 단독선거 실시와 단독정부 수립이 가시화된 1948년 4월 시점에서 북한은 평양에서 '남북 조선정당 사회단체 대표자연석회의'를 개최하고 '민주주의 인민공화국 수립'을 결정하였다. 1948년 8월 '남북조선총선거'에 이어, 9월 다시 평양에서 '조선민주주의인민공화국 최고인민회의' 제1차 회의를 열어 헌법을 채택했다. 이를 근거로 북한은 1948년 9월 9일 공화국 창건을 공식 선포하기에 이른다. 이전까지 사실상 중앙정부 역할을 해 온 '북조선인민위원회'는 '내각'으로 개편되었으며, 김일성이 내각수상과 국가수반으로 선출되었다.[8]

1948년 2월 8일 혁명의 무력이라고 할 수 있는 '인민군 창건 기념식'이 열

---

6) 김일성, "조선민주주의인민공화국은 우리인민의 자유와 독립의 기치이며 사회주의, 공산주의 건설의 강력한 무기이다: 조선민주주의인민공화국 창건 스무돐 기념 경축대회에서 한 보고, 1968년 9월 7일," 『김일성저작집 제22권』, 418쪽.

7) 백학순, "대남전략," 세종연구소 북한연구센터, 『북한의 국가전략』 (서울: 도서출판 한울, 2003), 155~161쪽 참조.

8) 『조선로동당력사』, 246~251쪽.

렸다.[9] 해방 직후부터 정규화된 인민군대 건설을 국가건설의 주요 과제로 설정하였고, 평양학원, 중앙보안간부학교, 조선항공협회, 수상보안간부학교, 보안간부훈련소들에서 육성된 군사정치 간부와 정규무력의 핵심들이 인민군대의 기초가 되었다. 창건 이후 인민군대의 군사정치훈련을 강화해 나갔으며, 국방공업을 설립해 군대 장비도 개선해 나갔다. '인민자위대'와 '조국보위후원회'를 조직해 인민군대 '원호사업'과 유사시 상황에 대비했다.[10] 빨치산 출신 대부분이 인민군대에 집중 배치되었으며, 이는 안보와 통일문제에서 김일성의 전략이 어느 분야보다 일사불란하게 실행될 수 있는 조건이 되었다.[11]

사회주의 제도 도입과 민주기지 축성을 기초로 북한은 1949년 중반부터 남한과 북한의 혁명역량을 결속시키기 위한 조치들을 취하기 시작했다.[12] 1949년 6월 26일 남과 북의 통일전선 조직을 통합하여 '조국통일민주주의전선'을 출범시켰다. 1949년 6월 30일에는 '남북조선로동당 중앙위원회 연합전원회의'가 개최되어 '조선로동당 중앙위원회'를 구성하였다.[13] 이 시기 대외전략은 소련 등 사회주의국가들과의 수교를 통한 정치 경제 군사 외교적인 지원을 확보하는데 집중되었다. 내전 중인 중공에 대한 병력과 군수지원을 통한 북한과 중국 사이의 '혈맹관계'의 기초를 나시는데도 역점을 두었다.[14] 1948년과 1949년 소련군과 미군이 철수한 데 이어 1949년에 중화인

9) 김일성, "조선인민군 창건에 즈음하여: 조선인민군 열병식에서 한 연설, 1948년 2월 8일,"『김일성저작집 제4권』, 99쪽. 김일성은 연설에서 인민군대 창건을 통해 민주기지의 위력이 더욱 강화되었다고 주장하였다.
10) 『조선로동당력사』, 233, 256쪽.
11) 1948년 인민군 창설 당시 군 지휘계통은 민족보위상 최용건, 총참모장 강건, 문화부사령관 김일, 제2사단장 최현 등 모두 김일성 측근들이 장악하였다. 포병사령관 무정이 유일하게 연안파였다. 이에 비해 박헌영과 리승엽 등 남로당 출신들은 외교와 대남분야에 포진했다. 최완규,『북한은 어디로』, 139~140쪽.
12) 심지연, "북한연구에 대한 역사적 접근," 245쪽.
13) 조국통일민주주의전선 결성 및 남북로동당 합당에 대한 자세한 내용은 서동만,『북조선사회주의체제 성립사 1945~1961』(서울: 선인, 2005), 228~238쪽 참조.

민공화국이 출범하자 북한은 대소 일변도의 대외전략을 부분적으로 수정
하였다. 대륙 쪽에 강력한 두 개의 우방 국가들을 가지게 됨으로써 군사력
을 남쪽으로 집중시킬 수 있게 되었다. 중국 내전에 참전했던 조선인 병사
들을 받아들임으로써 국방력이 더욱 강화되었다.[15]

북한의 선제공격으로 발발한 6·25전쟁을 김일성은 민족해방전쟁, 조국
해방전쟁으로 규정하고 승리를 위해 총력을 기울일 것을 호소했다.[16] 그러
나 전쟁으로 북한은 특히 중공업 부문에 막대한 손실을 입었다. 북한 전역
에서 8,700여 개의 공장과 70만 호의 가옥, 5,000여 개의 학교건물이 파괴되
었으며, 공업 총 생산은 전쟁 전에 비해 40% 이상 감소했다.[17] 이러한 상황
속에서 북한은 전후 복구과정에서 중공업 위주의 경제건설 노선과 농업과
개인 상공업 부문의 사회주의적 개조에 집중했다.

(2) 국가건설을 위한 체육의 방향

반제반봉건 민주주의혁명과 사회주의 과도기 과업을 수행하는 과정에서
북한권력은 체육사업의 다음과 같은 측면에 중점을 두었다.[18] 1946년 10월
6일 김일성의 연설은 북한체육의 기본 방향이 되었다. "지난날 일본제국주
의는 조선의 청년, 학생들에게서 온갖 자유와 권리를 빼앗았으며 그들에게
배울 기회도 몸을 단련할 여유"도 주지 않았기 때문에, "체육이란 다만 특권
계급의 놀음거리"거나 "일본제국주의자들의 침략전쟁에 복무하기 위한 전
투훈련에 지나지 않았다"고 설명했다. 그리고 앞으로 체육은 "조선의 자주

---

14) 정규섭, 『북한외교의 어제와 오늘』(서울: 일신사, 1997), 27~33쪽.
15) 정성장, 임재형, "대외전략," 세종연구소 북한연구센터 엮음, 『북한의 국가전략』, 234쪽.
16) 김일성, "모든 힘을 전쟁의 승리를 위하여: 전체 조선인민에게 한 방송연설, 1950 년 6월 26일," 『김일성저작집 제6권』, 9쪽.
17) 이종석, 『현대북한의 이해』(서울: 역사비평사, 2000), 73쪽.
18) 통일연구원, 『김일성저작집 CD롬』(서울: 통일연구원, 2001). 검색 조건을 '체육' 으로 입력한 결과 총 136개의 연설/담화 문건이 검색되었다. 이 가운데 국가건설 시기(1945~1950년)에 속하는 15개 문건을 대상으로 했다.

독립과 민주주의적 발전을 위한 건국사업의 중요한 고리로서 발전"되어야 한다고 주장했다.

김일성은 '체육의 대중화' 방침을 제시했다. "체육을 대중화하여 광범한 대중 속에 널리 보급하여야만 우리 민족의 전반적인 건강증진을 보장할 수 있으며 전체 인민들로 하여금 튼튼한 체질과 건강한 사상"을 가지게 할 수 있기 때문에, "모든 청년학생들과 근로자들이 늘 체육사업에 적극 참가하게 하며 대중 속에서 체육을 생활화하기 위하여 노력"해야 한다고 역설했다. 김일성은 이어 토지개혁 등 제반 '민주개혁'의 성과를 소개한 뒤, 한 달 후 진행될 '도·시·군 인민위원회 위원선거'에 체육인들이 적극적으로 참여하도록 했다.[19]

새로운 국가건설에 필요한 노동력과 군사력, 국가위력을 확보하기 위해서였다. 특히 혁명군대의 군사력을 강화하기 위해 체육 활동이 중요하다는 언급을 많이 했다. 1946년 평양학원개원식 연설 및 보안간부훈련소 군인들과의 담화, 1947년 평양학원 제3기 졸업식 축하연회 연설, 1948년 경비대문화일군회의 연설 등에서였다.[20] 김일성은 경비대문화일군회의 연설에서, "미 제국주의자들은 자기 군대를 남조선에서 영구 주둔"을 꾀하고 있는 이러한 정세 속에서 경비대는 "더욱 긴장되고 동원된 태세를 견지하며 원쑤들의 침해로부터 조국과 인민의 생명재산을 튼튼히 수호할 것을 요구"하기 때문에, 사상교양사업, 군사훈련과 함께 체육훈련을 강화하여 모든 군인들

---

19) 김일성, "체육을 대중화하기 위하여: 체육인대회에서 한 연설, 1946년 10월 6일", 『김일성저작집 제2권』, 467~470쪽.

20) "평양학원개원식을 축하하며: 평양학원 개원식에서 한 연설, 1946년 2월 23일," 『김일성저작집 제2권』, 70쪽; "혁명군대를 건설하기 위하여: 보안간부훈련소 제1소 1분소 군인들과 한 담화, 1946년 10월 7일," 『김일성저작집 제2권』, 471쪽; "참다운 인민의 군대, 현대적인 정규군대를 창건하자: 평양학원 제3기 졸업식 축하연회에서 한 연설, 1947년 10월 5일," 『김일성저작집 제3권』, 461쪽; "부대의 당정치사업을 강화하기 위하여: 경비대문화일군회의에서 한 연설, 1948년 10월 21일," 『김일성저작집 제4권』, 459쪽.

이 체력을 튼튼히 단련하라고 주문했다.

체육은 학교에서도 역점 사업이었다. 학교는 '혁명과 건설의 예비인력 양성소'였기 때문이다. "학생들이 공부를 잘하고 사상이 건실하다고 하여도 몸이 건강하지 못하면 건국사업에 적극 기여할 수 없으며, 특히 학생시절은 신체가 발육하는 시기이기 때문에 체육교육을 잘 하는 것이 중요"했다. "체육교육을 다양하게 진행하여 학생들을 체육에 취미를 붙이고 몸을 튼튼히 단련"하고 "운동장도 잘 닦아놓고 철봉을 비롯한 각종 체육기재도 충분히" 갖추도록 했다.[21] 체육은 특히 민청 활동의 주요 수단이었다. 소년단 지도 사업에서 "어린이들이 즐기는 학습, 체육, 놀음놀이 또는 담화를 조직하는 사업에 능력 있는 일군들을 배치"하도록 했다.[22] 체육은 청년의 활동을 독려하기 위한 목적에도 활용되었다. 청년들이 체육 종목으로 "세계청년축전에 참가하여 나라의 영예"를 과시하도록 하였다. 인민경제계획을 완수하기 위한 "강한 체력과 열렬한 애국정신을 가진 씩씩하고 용감한 투사"가 될 수 있게 자기 몸과 마음을 꾸준히 단련하도록 했다. "나라의 기둥인 청년들이 정신적으로나 육체적으로 튼튼하여야만 우리 조국도 튼튼하여질 것이며 그 누구도 얕볼 수 없는 떳떳한 독립국가"가 될 수 있다고 설명했다.[23]

체육사업을 위한 당적 지도도 강화되었다. "체육을 발전시켜 전체 인민이 육체적으로 튼튼히 준비되어 있으면 그 나라는 강한 나라로 될 것이므로 각급 당 단체들은 체육의 중요성을 똑똑히 인식하고 체육사업에 구체적인 지도와 방조"하도록 했다. 특히 "체육을 급속히 발전시키기 위해 체육을 대중화"하도록 했다. "선수본위로 하는 경향을 극복하고 전체 인민이 누구

---

21) "평양제2인민학교 교원, 학생들과 한 담화, 1947년 7월 4일," 『김일성저작집 제3권』, 342쪽.
22) "민주조선건설에서 청년들의 임무: 도당위원회 청년사업부장, 도민청위원회 위원장련석회의에서 한 연설, 1946년 5월 30일," 『김일성저작집 제2권』, 236쪽.
23) "앞날의 조선은 청년들의 것이다: 세계청년축전에 참가할 대표단 환송체육대회에서 한 연설, 1947년 6월 23일," 『김일성저작집 제3권』, 333쪽.

나 다" 하도록 했다. 그래서 "공장, 농촌, 학교 할 것 없이 모든 곳에서 체육사업"이 진행되도록 "누구나 다 할 수 있는 체육종목"을 보급하도록 했다.[24]

이처럼 국가건설 시기 북한체육은 군대부문과 청년학생층에 집중되었다. 체육활동 속에서 '나라의 영예'를 떨치고 '인민경제계획을 완수'하기 위한 '강한 체력과 열렬한 애국정신'을 가질 수 있도록 몸과 마음을 단련하도록 했다. 특히 "선수본위 경향을 극복하고 대중체육을 발전시켜 인민을 육체적으로 튼튼히 준비"하도록 하는 '인민체육(전인민적인 체육)' 사업이 폭넓게 진행되었다. 이를 통해 북한권력이 의도한 바는, '강한 체력'과 '열렬한 애국정신'을 핵심으로 하는 사회주의 국가건설에 필요한 사회주의 인간형의 창출이었다.

당시 북한권력의 의지가 '인민체육'으로 구체화된 것은 김일성 교시에서도 확인되는 점이다. 교시의 대상과 목적, 체육 내용과 형식을 [표3-1]과 같이 정리해 본 결과, 교시의 대상은 군대부문(7)이 가장 많았고, 당 조직(4)이나 정부(3) 부문이 골고루 등장했다. 교시의 목적은 경제건설(3)보다 정치군사(안보)(10) 부문이 훨씬 많았고, 국제관계(경기)(1) 부문도 있었다. 이러한 사실을 통해서 볼 때 이 시기 북한체육은 정치군사(안보) 측면에 집중되었으며, 군대부문에서도 많이 강조되었던 것으로 볼 수 있었다. 체육의 내용에서는 체력(8)에 대한 강조가 많았지만, 정신력(6)과 기술력(4) 부분도 적지 않았다. 체육의 형식에서는 대중체육(4)이 종목체육(1)보다 더 강조되었다. 기술력에서는 체육시설 등이 포함된 것을 감안하면 당시 인민의 체위향상에 관심이 많았으며 이를 위한 대중체육의 형식을 폭 넓게 보급하고자 했던 것으로 설명될 수 있다.

체육사업의 목적이 경제건설(3)보다 정치군사(안보)(10)에 더 집중된 이유는 청년층이 결집된 혁명군대 건설에 관심이 집중되었기 때문이다. 그럼

---

24) "생산에 대한 공장당단체들의 지도를 강화할 데 대하여: 북조선로동당 중앙위원회 상무위원회에서 한 결과, 1947년 7월 31일," 『김일성저작집 제3권』, 358쪽.

에도 경제건설의 목적도 적지 않았던 것은 당면한 인민경제 건설에 필요한
'노동력' 확보 차원으로 여겨진다. 체육의 내용면에서 기술력(4)보다 정신력
(6)을 더 많이 강조한 이유는, 새로운 국가건설에 필요한 사회주의 인간형
창출에 역점을 두었기 때문으로 볼 수 있다. 이처럼 국가건설 시기 북한 체
육사업의 기본 방침은 전체인민이 참여하도록 하는 전인민적인 체육이었
던 것으로 설명될 수 있다.

[표 3-1] 국가건설을 위한 체육의 방향

	김일성 교시	대상	목적	체육 내용	체육 형식
1	1946.2.23	평양학원	무력건설	몸튼튼	체육훈련
2	1946.5.30	도당/민청조직	민주건설	정신/육체	체육
3	1946.10.7	보안간부			체육훈련장
4	1946.10.6				
5	1947.4.25	보안간부	군대간부	지휘관 능력	체육
6	1947.7.4	인민학교	건국사업	체육교육/시설	몸튼튼
7	1947.7.31	당단체	강한나라	육체튼튼	체육사업
8	1947.10.5	평양학원	정치문화사업	낙천기백	체육/군중(휴일)
9	1947.9.28	휴양소일군	문화휴식	유쾌건강	체육시설
10	1947.6.23	청년축전대표	경제완수/영예	정신육체	
11	1948.3.19	인민위		근로자건강	체육/시설/체조
12	1948.10.21	경비문화일군	정치/전투력	체력	체육훈련/시설
13	1948.11.22	당단체일군직맹	문화교양사업	조직동원	군중체육
14	1949.7.29	인민군	군사준비	몸튼튼체력단련	경기/대중체육
15	1950.3.14	경비대	경비강화	체력대담용	체육훈련

		정치군사	경제건설	국제관계	소계
대상/목적	군	7			7
	당/단체	3		1	4
	정/학교		3		3
	소계	10(조직)	3(건설)	1(경기)	(중복)

내용	정신력	6	정신/조직능력/낙천기백/조직동원
	체력	8	몸/육체/건강/체력
	기술력	4	훈련장/시설기재/시설
형식	대중체육	9	군중/체조
	종목체육	4	체육경기
	공통	1	체육/체육훈련/체육교육/체육사업

2) 인민체육 사업

국가건설 시기 북한권력이 의도했던 인민체육의 방침은 국가와 인민의
조응 긴장 속에서 아래와 같은 내용으로 구체화되었다. 먼저 국가 차원에
서는 '지도체계 구축, 체육간부 양성, 체육시설기재 확충'에 집중되었으며,
이어 인민 차원에서는 '체육단체와 소조 활동, 종목별 분과위원회 설립' 등
으로 체육스포츠 활동의 참여의 폭을 넓혀 나갔다. 해방직후 전인민적인
체육 사업을 원활하게 진행하기 위해 민청 등 당 단체들을 적극 활용했다.

(1) 체육지도체계 구축과 체육의 대중화

= 1946년 10월 6일 '북조선체육동맹' 결성, 김일성 연설 "체육을 대중화"

국가적 차원의 조치들 가운데 북한권력이 가장 중요하게 여겼던 것은 인
민체육을 추진하기 위한 체육지도체계 구축이었다. 해방 직후 북한에는 체
육회, 체육인동우회, 체육련맹, 체육후생련맹 등 다양한 성격의 체육단체들
이 난립해 있었다. 1945년 11월 1일에 결성된 '북조선체육동맹'은 북한이 반
제반봉건민주주의 혁명을 추진하는 과정에서 체육부문의 역량을 결집시키
는 구심체 역할을 했다.[25] 당시 체육동맹 조직은 위원장, 부위원장, 총무부,
학교체육부, 일반체육부, 경기행사부, 기술부 등으로 구성되었으며, 각 도·
시·군에도 산하 체육단체가 조직되었다. 여기에는 축구, 농구, 정구, 정구,
야구 등 여러 종목의 체육인들이 참여했다.[26]

북조선체육동맹은 1946년 10월 6일 '전국체육경기대회'를 개최했는데, 이

---

25) 『조선전사 제24권』, 474쪽.
26) 체육동맹이 체육위원회로 개편된 1946년 12월 당시 체육동맹 위원장은 림춘추였
    다. "체육문화사업에 대하여: 북조선로동당 중앙상무위원회 제17차 회의 결정서,
    1946년 12월 17일," 『북한관계사료집 제30권』 (서울: 국사편찬위원회, 1998), 79쪽.

를 계기로 북한의 첫 '체육인대회'가 북조선임시인민위원회 청사 앞 광장에
서 진행되었다.[27] 이날 김일성은 북한체육을 전인민적으로 발전시키자고
주장했다. 이어 다음 달 실시되는 '도·시·군 인민위원회 위원선거'에 체육
인들이 적극 참여하라고 독려했다.[28] 1946년 11월 3일 북한에서 처음 실시
된 도·시·군 인민위원회 선거는 새로운 국가건설을 위한 중요한 행사였
다. 이미 토지개혁과 중요 산업의 국유화 등 '반제반봉건 민주주의 혁명'이
완수된 상황에서 사회주의 혁명 과업을 주도해 나갈 프롤레타리아 독재 정
권 구성을 위한 선거였다. 선거 결과 공산계열 후보들이 대거 당선되었고,
이듬해인 1947년 2월 17일 '북조선인민위원회'가 구성됨으로써 본격적인 사
회주의 계획경제를 추진할 수 있게 되었다.

[표 3-2] 1946년 체육인대회 김일성 연설 개요

김일성, 〈체육을 대중화하기 위하여〉 -체육인대회 연설, 1946.10.6-		
체육의 성격	일본제국주의	몸 단련/ 배울 기회 박탈
		특권계급 놀음거리/ 침략전쟁 전투훈련에 불과
	민주조선	몇몇 개인선수 중심/ 몇몇 사람 놀음거리 탈피
		자주독립/민주주의 건국사업의 중요 고리
체육의 방향	전인민적 체육	민주건설 건국투사 양성, 인민을 육체적/정신적 단련
	체육을 대중화	대중화/생활화로 대중에 보급, 전반적 건강증진 보장
		전체인민 튼튼한 체질과 건강한 사상
		모든 청년·학생·근로자 대중 속에서 체육을 생활화
체육의 사명	건국일군 양성	민주주의민족통일전선 결성/ 북조선임시인민위원회 수립
		민주주의적 개혁사업: 토지/로동/산업/남녀/현물세

27) 당시 북한에서 열린 대표적인 지방 행사는 1946년 3월 16일 함경남도 여러 지방
체육대표 500여 명이 참가한 열성자대회, 1946년 8월 22일 함경북도 경성군 체육
동맹과 희천군(지금의 자강도 희천군)동맹 결성 등이었다. 북조선체육동맹은 전
조선중등축구대회, 전국권투대회, 북조선륙상경기대회 등도 조직했다. 조남훈,
『조선체육사2』 (평양: 금성청년출판사, 1992), 66쪽.
28) 『광명백과사전』, 157쪽: 김일성, "체육을 대중화하기 위하여: 체육인대회에서 한
연설, 1946년 10월 6일", 『김일성저작집 제2권』, 467~470쪽.

		도·시·군 인민위원회 위원선거(1946.11.3)
		남조선: 미군정 식민지정책/ 리승만도당 매국배족 책동
		통일전선 단결/민주과업 수행/민주기지 강화, 민주적 통일정부 수립을 위해 투쟁
		건국사업을 수행할 건강하고 씩씩한 일군 양성 시급

출처: 『김일성저작집 제2권』, 467~470쪽

= 1946년 12월 17일 당 중앙상무위원회 제17차 회의 결정서, "체육 문화사업"

북한권력이 제시한 인민체육 방침은 인민들 사이에 제대로 실현되지 않았던 것으로 보인다. 1946년 12월 17~18일 도, 시, 군 인민위원회 선거 직후 개최된 '북조선로동당 중앙위원회 상무위원회' 제17차 회의 결정서에서도 이 문제가 거론되었다. 당 상무위원회는 "북조선 문화건설에서 교육사업과 함께 체육사업의 중요성"이 있는데도 "계획적인 조직사업이 못되고 자연발생적인 영역을 벗어나지 못하는 점"들을 지적했다.29) 당시 북한이 사회주의

---

29) "체육문화사업에 대하여: 북조선로동당 중앙상무위원회 제17차 회의 결정서, 1946년 12월 17일," 78~79쪽. 당시 당 상무위원회는 다음과 같은 내용들을 지적했다. 첫째, 북조선체육동맹이 각 도와 대부분의 시·군에 조직되었음에도 불구하고 일정한 강령과 규약이 없고 각급 소식 간에 사상적 통일이 없으며 유기적인 연락이 없는 점이었다. 그래서 "체육동맹 내에 부분적으로 지도층의 의도와는 정반대로 불순한 불량청년들이 잠입하여 테로화하며 가두에서 방황하는 불량청년들의 피난처가 되고 있으며 민청의 통일노선을 깨트리는 경향들이 비일비재"한 것이었다. 둘째, 체육훈련은 청년들이 즐기며 많이 참가하는 사업임에도 불구하고 "북조선체육동맹은 청년들의 유일한 조직인 민청과 하등의 유기적인 조직적 연락이 없으며, 심지어 민청의 교양과 지도를 쓸데없는 간섭이라 하여 배격하고 민청 체육부와 갈등하며 서로 시기하는 경향"이 나타나 체육동맹이 "청년들의 통일전선적 조직인 민청의 유일성을 파괴"하는 것이었다. 셋째, 기존의 체육동맹 조직으로서는 "이미 국유화된 북조선의 체육시설을 옳게 이용하며 나아가 더욱 완전하게 하며 체육기술을 연구하며 지도자를 양성하며 체육인들에 대한 통일적인 자격심사를 하는 사업과 체육운동의 규칙 및 용어의 통일과 기록에 대한 공인 등의 사업"을 발전시킬 수 없는 점이었다. 넷째, 북조선에서 체육의 민주화가 시급한 문제인데도, 이를 위해 모든 기술과 체육시설을 개방하여 광범한 인민대중이 이용할 수 있는 체육의 대중화 운동을 전개하지 못하고 있는 점이었다.

문화건설에서 체육사업을 교육사업에서 분리해 접근한 사실은 또 다른 차원의 의미를 지닌다. 종래의 '지적 능력'의 향상을 중점으로 하는 교육 관행에서 탈피해 이와 별도로 '육체적 능력'의 향상을 주목적으로 하는 체육사업의 중요성을 인식한 것이기 때문이다. 그것도 당의 공식 입장으로 체육사업을 전향적으로 추진해 나가겠다는 의지를 공식화한 것으로 볼 수 있다.[30]

실제로 당 중앙상무위원회 제17차 회의에서는 "당의 강력한 지도 밑에 체육인들의 민주주의적 정치교육을 실시"하기 위해 "종래의 체육동맹 조직 체계를 발전적으로 해산하고 북조선인민위원회 내에 체육 문화사업을 총괄적으로 지도하는 부서를 둘 것"과 "실제 사업을 집행하는 기관으로서 북조선체육위원회를 조직"하도록 결정했다.

그리고 "1946년 12월 말일까지 북조선임시인민위원회에 체육 문화부서를 설치하는 일을 교육국장 장종식이 책임"지도록 했다. 그리고 "12월 말일까지 체육동맹 조직을 발전적으로 해소하고 북조선체육위원회를 조직하며 체육위원회의 규정을 작성하는 일을 청년사업부장 정철우와 체육동맹 위원장 림춘추가 책임"지도록 했다. 특히 새로 조직되는 북조선체육위원회 규정에는 "생산에서 이탈된 직업적 체육단체를 인정하지 않는다"는 조목을 넣도록 했다. 이러한 당 상무위원회 결정에 따라 1947년 '북조선체육위원회'가 출범했다. 북조선체육위원회는 먼저 노·시·군에 각급 체육위원회를 설치하고 해당 지역의 각 공장, 농촌, 학교들에 조직된 체육단체들을 지도하도록 했다. 체육기술 향상을 위한 연구와 체육기술일군 육성, 체육기술 규정 제정, 체육경기대회 집행 등의 역할도 맡도록 했다. 그럼에도 여전히 북한의 많은 농촌과 직장에는 체육단체들이 조직되지 못하고 있었다.[31]

---

30) 북한의 교육은 '지덕체' 함양을 기본으로 하고 있다. 이 가운데 '덕'은 혁명사상에 기본을 두고 있다면, '지'는 과학기술지식의 습득을 위주로 한다. 반면 '체'는 신체적 능력의 배양에 주요 목적이 있다. 북한의 '3대혁명'의 개념으로 해석해 보면, '덕'은 사상혁명, '지'는 기술혁명, '체'는 문화혁명의 주요 내용을 이룬다. 물론 문화혁명의 내용에는 '체육'과 함께 문학과 문화예술, 교육, 출판 등도 포함되어 있다.

= 1947년 7월 31일 당 중앙상무위원회 제40차 회의 결정서, "체육문화 운동 정형과 당 단체의 협조정형에 대하여"와 북조선중앙체육지도위원회 조직

1947년 7월 31일 당 중앙 상무위원회 제40차 회의는 체육사업이 부진한 원인을 '인민위원회의 비협조'와 '당 단체들의 인식 부족', '당 단체 책임일군 부재' 등으로 결론을 내렸다.[32] 그리고 체육을 근로인민 대중이 많이 참가하는 사업으로 발전시키기 위해 아래 내용들을 결정했다.

'(1) 체육 문화운동은 전체 인민의 체력을 향상하며 건전한 규률적 정신과 굳은 단결적 정신으로서 인민을 무장하며 부강한 민주국가 건설에 인민의 전력량을 단결하는 중대한 사업임을 강조하면서 이는 응당 전 인민적 운동으로 전개하여야 하며 각급 당 단체는 이 사업을 적극 지도 방조할 것을 호소한다. (2) 남일, 리봉수 동지와 각 도 인민위원회 당 조직에게 계획적으로 각도 체육시설을 확충하며 체육 문화보급 및 체육경기에 대한 전체적인 정확한 계획을 수립하여 전 북조선을 통일함으로써 체육사업을 전체 인민화한 운동으로 전개할 것을 책임지운다. (3) 직맹과 농맹 당조에 위임하여 9월 이내로 직장, 농촌 체육회를 조직하며 중앙으로부터 도 시 군 직장, 농촌 체육회에 이르기까지 책임일군을 배치하며 직장 농촌의 실정에 맞추어 체육용구를 설비할 것을 위임한다. (4)

31)『광명백과사전』, 157쪽; 1947년 7월 31일 당 상무위원회 제40차 회의는 1947년 6월 말 현재 28,946명을 회원으로 하는 720개 농민체육회와 33,579명을 회원으로 하는 783개 직장체육회와 도시에는 97개의 각종 운동구락부들이 조직되어 있다고 밝혔다. "체육문화운동 정형과 당 단체의 협조정형에 대하여: 북조선로동당 중앙상무위원회 제40차 회의 결정서, 1947년 7월 31일,"『북한관계 사료집 제30권』(서울: 국사편찬위원회, 1998), 247쪽.
32)『북한관계사료집 제30권』, 247쪽. 첫째, "인민위원회 체육부내 당원들이 이 사업에 대한 관심이 적음으로써 체육시설 확충과 체육경기 조직 체육간부 양성 등 사업에 대한 구체적인 계획이 없으며 이 사업을 발전시키며 추진하기 위한 지도검열사업이 미약"한 점, 둘째, "각급 당 단체들에서 체육사업의 의의를 높이 평가하지 못함으로써 구체적인 지도 방조가 미약"한 점, 셋째, "직맹, 농맹 단체들이 체육 문화사업의 국가적 의의를 과소평가함으로써 도·시·군 직장 농촌에 이르기까지 이 사업에 대한 책임적 일군을 배치하지 않고 있는" 점이었다.

도시에 조직된 각종 운동구락부에서는 직장을 가진 근로청년만이 참가
하게 하고 해당한 시 민청위원회가 지도 관리하게 할 것을 중앙민청 당
조와 각 도당 위원장에게 위임한다. (5) 남일 동지에게 직장 내 체육 기
술일꾼들을 양성하며 체육 문화지식을 보급하기 위하여 체육잡지를 발
간할 것을 위임하며 허정숙, 박창옥 동지에게 각 신문에 체육문화를 보
급하기 위한 재료를 때때로 게재할 것을 위임한다. (6) 정준택, 리병제
동지에게 각종 운동용 기구생산을 확충하여 각 직장 농촌 체육단체에게
렴가로 공급할 것을 위임한다. (7) 중앙민청 당조에 전체 근로청년을 발
동하여 전 인민적 체육 문화운동에 열성적으로 참가하여 이 사업에 성
과를 보장하도록 할 것을 위임한다. (8) 직맹, 민청 당조에 각 직장과 농
촌 실정에 의하여 로동시간 외에 적당한 시간을 선정하여 매일 20분 정
도의 인민보건체조를 실시할 것을 위임한다. (9) 이상 결정의 집행정형
검열 지도사업을 당중앙 청년사업부 부부장 리영섭 동지에게 위임한다‘
등이었다.

그러나 체육위원회 기능을 강화하고 인민체육을 발전시키기 위한 일련
의 당 상무위 결정에도 불구하고 당시 인민위원회 체육부들 가운데는 체육
사업을 형식적으로 진행하였다. 직맹, 농맹 등 사회단체들도 중앙으로부터
도·시·군·직장·농촌 단체들에 책임일군들을 배치하지 않는 등 당의 체
육방침이 제대로 실현되지 않았다. 이후 남과 북의 분단이 기정사실화되던
1948년 5월 29일에 이르러 종전의 ‘북조선체육위원회’가 ‘북조선중앙체육지
도위원회’와 각 ‘도·시·군 체육지도위원회’로 개편되었다. 이후부터 당의
체육 방침에 따라 체육을 전인민적 사업으로 전환되었으며 체육사업의 지
도체계도 확고하게 되었다.[33] 새로 개편된 중앙체육지도위원회는 이전의
체육위원회와 달리, 직맹·농맹·민청 등 사회단체의 책임일군들과 체육부
문 지도일군들로 체육지도위원회를 구성함으로써 체육사업의 실질적인 기
능도 높아졌다.[34]

---

33) 조남훈, 『조선체육사2』, 68~72쪽.
34) 『광명백과사전』, 157쪽.

북한권력이 '북조선중앙체육지도위원회'와 지방 산하 조직을 구성한 1948
년 5월 29일 시점은 남북 분단이 현실화되고 남북연석회의에서 북한에서의
공화국 수립이 결정된 다음 달이었다. 한반도 전체의 사회주의적 통일을
위한 민주기기로서의 북한의 역할과 의무가 강조되는 상황에서 체육부문
도 중앙과 지방 조직을 정비한 것으로 설명될 수 있다. 해방 이후 북한의
체육사업은, [표 3-3] 같이, 두 번의 조직 개편을 거친 다음에야 본격적인 사
업에 들어갈 수 있었다. 1948년과 1949년 중앙체육지도위원회의 임원 명단
은 [표 3-4], [표 3-5]와 같았다.[35)]

[표 3-3] 1945~1948년 북한의 체육지도기관 개편 내용

연도	명칭	내용
1945년 11월 1일	북조선 체육동맹	- 중앙,위원장,부위원장,총무/학교체육/일반체육/경기행사/기술부 - 1946년부터 각 도/시/군 체육단체 구성 - 축구/롱구/정구/야구/탁구/레스링/력기/자전거/륙상/제조/속도빙상 /빙상호케이/휘거/그네뛰기/씨름/장기등 종목별 부서
1947년 1월 1일	북조선 체육위원회	- 1946년 12월 17~18일 북로당 중앙위 상무위원회 결정 - 1947년 1월 북조선 임시인민위원회 교육국에 체육부 신설, 산하에 체육위원회 및 각 도·시·군 체육위원회 조직
1948년 5월 29일	북소선중앙 체육지도위원회	- 각 도/시/군 체육지도위원회 조직 직맹/농맹/민청 사회단체 책임일군/체육부문일군들로 구성 위원장/부위원장 2명/조직책임자(상무일군1명)/위원 9명 - 2차, 3차 회의 결정으로, 1949년 7월 심판부 개편 및 각 체육지도 위원회에 경기종목별 분과위원회(5~15명) 구성, 제조/육상/수영/축 구/농구/배구/탁구/송구/투구/빙상/스키/권투/역기/자전거/씨름/그네 /등산 등 17개 경기종목

출처: 『조선전사 제24권』, 474쪽; 『북한관계사료집 제30권』 (서울: 국사편찬위원회, 1998), 79쪽; 조남훈,
『조선체육사2』, 68~72쪽.

---

35) 『조선중앙년감 1949년판』, 149쪽.

[표 3-4] 1948년 초대 중앙체육지도위원회 임원 명단

위원장	오운식
부위원장	김공선, 이정군
위원	함연일, 안공섭, 강기순, 김유, 리종, 김상애, 궁선홍, 김윤풍, 정두찬, 리인원 등 10명 (조직책임자: 상무일군 1명 포함)

출처:『조선중앙년감 1949년판』, 149쪽.

[표 3-5] 1949년 개편 중앙체육지도위원회 임원 명단

위원장	한최욱(문예총서기장)
부위원장	오운식(중앙민청부위원장), 고찬보(직총문화부장)
조직책임자	변인봉(교육성체육부교학)
위원	리창권(민족보위성체육부장), 김윤풍(교육성체육과장), 리석린(직총체육과장), 강기순(내무성체육과장), 김광선(평사대체육과장), 장봉애(평양사대체육과교수), 리덕종(중앙민청체육부장), 리인원(평남도재정부장), 정두찬(항공협회조직부장)

출처:『인민체육』, 1949년 제2호, 10쪽.

= 1949년 1월 24일, 6월 10일, '북조선중앙체육지도위원회' 제2차, 제3차 회의

1949년 1월 24일 열린 중앙체육지도위원회 제2차 회의는 지난 6개월간의 사업을 결산하고 다음과 같은 내용들을 결정했다. 체육지도위원회 및 체육단체들의 조직체계를 충분히 재검토하여 그 조직을 강화할 것, 체육인들을 민주주의적으로 교양하며 심판원들을 양성 재교육하고 체육을 통해 전체 군중들을 교양하는 사업을 강력히 집행할 것, 체육에 대한 연구사업, 특히 쏘련의 우월한 사회주의 체육을 깊이 연구하기 위하여 경기별로 분과위원회를 조직할 것, 더욱 규률을 강화하기 위해 준렬한 비판을 두려워 말 것, 기술향상을 위한 코치 양성사업을 활발히 전개하고 체육대회 조직의 질적 제고를 위해 노력할 것 등이었다. 회의에서 교육성은 [표 3-5]와 같은, 새로운 인물들을 중앙체육지도위원회 위원으로 위촉했다.[36]

---

36) "중앙체육지도위원회 사업 총결과 지도부 개선",『인민체육』, 1949년 제2호, 10쪽.

1949년 6월 10일에 열린 중앙체육지도위원회 제3차 회의에서는 다음과 같은 내용들을 결정했다. '체육지도위원회의 사업을 보다 높은 수준에서 전개시키고 본 위원회를 더욱 강화하기 위해 각 분과위원회 사업을 한층 강화하며 결원된 인원을 보충하고 면밀한 사업계획 아래 추진시킬 것, 세계청년 체육축전에 파견할 선발선수들의 합숙훈련을 적극적으로 지원할 것, 전인민적으로 실시해야 할 인민체력검정 사업을 광범히 실시하여 많은 청년들을 합격시키도록 할 것, 8·15 4주년 기념 체육축전을 앞두고 이 대회 조직 및 광범한 마스께임을 조직하여 새로운 방향에서 대회를 진행시키도록 할 것, 이와 같은 사업들을 높은 수준에서 추진시키며 성과적으로 보장하기 위해 각 종목별로 규칙서를 시급히 제정하여 발표하고 지도서를 다량으로 준비하는 것' 등이었다.[37]

(2) 인민체육 정착을 위한 사업 토대 마련

해방 이후에도 북한에서는 한동안 일제시기에 사용하던 체육 규정과 경기 운영 방식을 답습하고 있었다. 1948년 출범한 중앙체육지도위원회가 새로운 체육 규정과 경기 규칙들을 제정한 것도 이러한 이유에서였다. 새로운 규정에 따른 체육지도서와 교수훈련 요강, 심판규정, 선수들의 급수와 달성 기록에 대한 공인 등을 포함하는 관련 법규들이 새로 제정·공포되었다.[38]

인민체육 사업을 실제로 집행하기 위한 체육교원, 경기지도원, 경기심판원 등을 육성하는 사업도 활발하게 진행되었다. 해방 직후 북한에는 체육교원과 경기심판원 등을 양성하기 위한 기관이 하나도 없었다. 그나마 존재하던 얼마간의 체육 전문가들조차도 체계적으로 교육을 받은 것이 아니

---

37) "중앙체육지도위원회 제3차 회의 개최", 『인민체육』, 1949년 제5호, 49쪽.
38) 조남훈, 『조선체육사2』, 74쪽.

라 경험에 의존하고 있었다. 이 때문에 인민체육 사업을 체계적으로 실천해 나가기 위한 새로운 체육교원과 심판원 등 체육간부를 육성하기 위한 사업에 주력했다. 인민체육의 기본 단위인 '체육단체' 조직사업도 전개되었다. 체육단체들은 주로 중앙과 지방의 규모가 큰 기업소에 설치되었고, 이곳을 중심으로 각종 경기종목이 보급되었으며 전문 체육선수들이 체계적으로 육성되기 시작했다.[39]

= 체육교원 및 지도원 양성사업: 정규교육과 단기강습회

1946년 10월 평양고등사범학교에 체육과가, 1948년에는 평양사범대학 체육학부, 신의주교원대학, 해주교원대학에 각각 체육과가 설립되면서 정규교육 과정에서 체육일군을 양성하기 위한 체계가 수립되었다. 정규교육 이외에 단기강습기관과 체육감독양성소에서도 체육교원과 경기지도원들에 대한 재교육을 실시했다.[40]

1949년 당시 교육성은 여성을 대상으로 체육무용을 보급 발전시키기 위한 '체육무용강습회'를 1월 15일부터 2주일간 민청 체육관에서 실시했다. 이 강습회에는 각 도의 중견 교원 112명이 참가했는데, 이들이 돌아가서 전체 교원들에게 전달강습을 하도록 하는 임무를 부여했다. 강사는 김형권 교학과 체육무용에 권위 있는 사대 교수 장봉애 선생과 평양녀고중 전복희 선생이 담당하였다. 이 강습회에서는 방과 후 시간에 사교무용과 6인조 배구규칙도 강습 받았다. 교육성은 이어 스키경기대회를 앞두고 강원도 삼방스키장에서 1월 22일부터 5일간 '스키강습회'를 실시했다. 각 도에서 체육교원과 직장체육 지도자가 7명씩 참가했는데, 낮에는 산야에서 실제 연습을 하고, 숙소에서는 이론강습, 독보회, 오락회 등을 실시했다.[41]

---

39) 『광명백과사전』, 158쪽.
40) 조남훈, 『조선체육사2』, 76쪽.

전문체육인들이 각 도를 순회하며 체육기술일군(지도원)들을 양성하는 사업도 활발하게 진행되었다. 당시 내무성 농구단은 제1차 세계청년학생축전 성과를 인민들에게 널리 알리기 위해 1948년에 함경북도, 함경남도, 강원도 지방에서 순회지도를 실시했다. 1949년에도 교육성 체육부 주관으로 농구와 배구 순회지도 사업을 진행했다. 근로 체육인들의 경기 기술을 향상시키고 체육을 대중 속 깊이 침투시키고자 했다. 교육성은, [표 3-6]과 같이, 북한의 전 지역을 대상으로 순회지도를 실시했다. 첫 사업은 3월 14일부터 24일까지 평안북도와 황해도 여러 지역에서 농구와 배구 기술을 지도했다. 특히 1949년부터 실시하게 된 6인조 배구에 대해 강습을 했다.[42]

[표 3-6] 1949년도 교원 강습 현황

내용(기간)	대상자	계(남/녀)
인민교육체육과(6일)	황해 강원 인민교원	250(200/50)
체육무용강습(15일)	각 도 인민교원	135(0/135)
교원단기강습(5일)	각 도 초고 전 교원	30(23/7)
2개월재교육(58일)	각 도 초고 전 교원	61(40/21)
계(84일)		476(264/212)

출처: 『인민체육』, 1950년 제2호, 3~6쪽.

= 경기심판원 양성 사업

공정한 경기를 진행하기 위한 경기심판원 양성 사업도 병행했다. [표 3-7]에서 보는 것처럼, 당시 경기심판원 양성 사업의 특징은 지역별 핵심 인력을 집중 교육시켜서 이들이 각 지방에서 전달강습회를 조직해 확산시키도록 했다. 당시 교육성은 체육대회의 규율을 확립하고 경기대회에서 선수들

41) 『인민체육』, 창간호, 1949년 2월, 22쪽.
42) 『인민체육』, 1949년 제2호, 40쪽; 궁선홍, "1949년도 체육사업 총결과 1950년도 과업에 대하여, 교육성 체육부장", 『인민체육』, 1950년 제2호 (평양; 교육성교육신문사, 1950), 3~6쪽.

이 실력을 충분히 발휘할 수 있도록 경기심판원 양성 및 재교육 사업을 1949년도의 중요 사업으로 내세웠다.

그 첫 사업이 1월 24일부터 5일간 평양 제1고중 체육관에서 실시된 '농구 심판원 강습회'였다. 여기에는 각 도에서 2명씩 선발된 우수 심판원들을 대상으로 내무성 농구단 소속 리충옥 선수가 지도를 하였다. '배구심판원 강습회'도 같은 기간 민청 체육관에서 실시되었는데, 각 도에서 2명씩 참가한 가운데 안룡석, 정라종 두 교학의 지도 속에 새 심판법 보급과 6인조 배구 작전법에 대한 강습이 진행되었다.[43] 다음 사업으로 육상경기심판원 강습회를 확정했다. 육상경기가 모든 체육부문에서 중심적 지위를 차지하고, 특히 공장과 농촌 지역에서 코스 측정과 대회 조직과 같은 기술적인 측면에서의 우수한 지도자와 심판원들이 많이 필요했기 때문이다. '육상경기심판원 강습회'는 3월 16일부터 19일까지 평양사범대학에서 각 도에서 2명씩 참가한 가운데 진행하도록 하였다. 교육을 받은 지도자들은 돌아가서 전달강습회를 조직하여 육상경기를 담당할 심판원들을 확보하게 했다.[44] 농구, 배구, 육상 심판원 강습회에 이어 '축구와 권투 심판원 강습회'도 개최했다. 1949년 4월 17~20일의 4일간에 축구는 평양시 경기장에서, 권투는 평양시 중앙민청 체육관에서 실시되었다. 축구에는 각 도에서 3명과 평양시에서 5명, 권투는 각 도에서 2명과 평양시에서 5명씩 참가하였다. 이들은 규칙 연구, 심판법, 지도법, 관리법 등을 수강하였다. 북한은 당시 강습회 참가자 대다수가 근로자였다면서, "체육이 근로인민들 속 깊이 침투되고 있다는 사실을 증명"하는 것으로 주장했다.[45] 교육성이 주최한 '럭비심판원 강습회'도 5월 28일부터 3일간 각 도에서 2명씩 참가한 가운데 진행되었다.[46]

---

43) 『인민체육』, 창간호, 1949년 2월, 22쪽.
44) 『인민체육』, 1949년 제2호, 48쪽.
45) 『인민체육』, 1949년 제3호, 31쪽.
46) 『인민체육』, 1949년 제4호, 48쪽; 『인민체육』, 1950년 제2호, 3~6쪽.

당시 북한이 경기심판원 양성에 특별한 관심을 기울였던 이유는 "인민체
육의 발전과 함께 많은 심판원을 확보 양성하는 사업은 체육 분야에서 일
제 식민지 통치의 후과를 가시기 위한 중요한 고리의 하나"로 보았기 때문
이다. 해방 이후 "수많은 경기종목에 대한 전문지식을 지닌 심판원들이 크
게 부족하였으며 경기심판을 한다는 몇몇 사람들은 일제시기의 낡은 사상
잔재로 하여 불공정하게 심판하거나 편심 또는 오심하여 경기과정에 좋지
못한 현상을 야기시키는 결과를 가져오게까지 하였다"는 것이다. 그래서
"각종 경기대회의 규률을 확립하고 경기의 공정하고 정확한 판정을 내림으
로써 선수들이 자기의 경기실력을 충분히 발휘하게 하며 나아가서 체육기
술발전을 더욱 촉진시키기 위하여 심판원들을 급속히 많이 양성하는 것이
중요한 문제"로 보았다.[47]

[표 3-7] 1949년도 경기심판원/경기지도자 강습 현황

종목		기간(일)	참가재(남/녀)
심판원 강습회	롱구	5	17(17/0)
	배구	5	16(16/0)
	류상	4	24(24/0)
	권투	4	13(13/0)
	축구	4	19(19/0)
지도자 강습회	럭비	4	17(17/0)
	스키	6	64(55/9)
	수영	11	30(23/7)
	체력검정	2	83(83/0)
계		45	283(267/16)

출처: 『인민체육』, 1950년 제2호, 3~6쪽.

---

47) 조남훈, 『조선체육사2』, 76~77쪽.

= 경기종목별 분과위원회 설치

국가건설 시기 인민체육 사업에서 또 다른 중요한 특징은 종목체육 기술 보급을 위한 종목별 분과위원회가 설치된 것이다. 소련의 앞선 사회주의 체육을 연구하고 이를 적극적으로 수용하기 위해서였다.[48] 이에 따라 1949년 7월 기존의 '심판부'를 개편하여 각 체육지도위원회에 체조, 육상, 수영, 축구, 농구, 배구, 탁구, 송구, 투구, 빙상, 스키, 권투, 역기, 자전거, 씨름, 그네, 등산 등 17개 '경기종목별 분과위원회'가 구성되었다. 이들 경기분과위원회는 해당 종목별로 5~15명으로 구성되었으며, 그 중에서 위원장 1명과 부위원장 1명을 임명하도록 하였다. 분과위원회는 특히 중앙체육지도위원회의 한 개 기술부서와 같은 임무를 수행하도록 하여 그 기능을 높였다. 경기분과위원회는 해당 종목에 대한 경기규칙 제정과 기술 및 이론 연구, 심판원과 체육지도원 양성, 선수에 대한 교양사업, 각종 경기에 대한 기술적 지도, 체육경기대회 조직 및 집행 등의 업무를 담당하게 하였다. 경기 종목별 분과위원회에 대한 각급 체육지도위원회의 지도 검열도 강화되었다.[49]

강화된 검열 내용은 첫째, 각 분과위원회는 체육지도위원회의 한 부분인 만큼 반드시 지도위원회에 복종해야 하며 그 지시와 결정에 의해 사업하며 행동하도록 하였다. 각 분과위원회 구성에 있어서 륙상은 15명으로 하고, 축구, 배구, 롱구, 경구, 탁구, 송구, 럭비, 수영, 빙상, 권투, 체조, 씨름은 7~9명, 기타는 5명으로 하며, 위원들 중에서 위원장과 부위원장을 각각 1명씩 선정하도록 했다. 둘째, 각 분과위원회 성원들은 각 종목에 있어서 기술적으로 이론적으로 가장 우수하며 사상적으로 튼튼히 무장되어 있을 뿐만 아니라 그 종목에 대한 연구심이 많고 가장 열성적으로 사업할 수 있는 최

---

48) 조남훈, 『조선체육사2』, 72~73쪽.
49) 변인봉, "각급 체육지도위원회 분과위원회 조직운영에 대하여, 중앙체육지도위원회 조직책임자", 『인민체육』, 1949년 제3호, 1~2쪽.

고 권위자로 구성하도록 하였다. 이를 통해 각 분과위원회가 활발히 자기 사업을 추진함으로써 분과위원회 목적을 달성하고 인민체육의 발전을 기하도록 했다. 셋째, 각 분과위원회는 매월 초 반드시 구체적인 사업계획을 세워 체육지도위원회 위원장에게 제출하여 비준을 받도록 하였다. 이때의 분과위원회 사업내용은 경기 규칙 기술 및 이론 연구, 심판원 및 코치 양성, 각종 경기의 기술적 지도, 체육대회 조직 및 집행 등이었다. 이외에도 각 분과위원회별로 한 달에 두 번씩 연구발표회를 열도록 했다. 당시 각 경기 종목별 분과위원회의 중점 사업 내용은 [표 3-8]과 같았다.[50]

[표 3-8] 1949년도 경기종목별 분과위원회 중점 사업

분과위	중점 사업
체조부	-아직 발전되지 못한 경기체조에 대한 연구와 지도 -직장체조 산업체조 농민체조 철도원체조 등 연구(한류석 위원장)
등산부	-다리운동 부족 해결, 민족문화 우수성 해설, 선진 소련문화 흡수 -평양중심 왕복 등산코스 발표, 고산등산 강습사업, 지도자 양성 -인민체력검정 종목인 행진경기대회 지도, 고산명승지고적 조사(김형권 위원장)
자전차부	-선수 확대와 이론기술적 지도, 지방 순회지도 -조선자전차경기대회 활발히 전개(조춘환 위원장)
롱구부	-보다 많은 지도자 양성 -직장체육단 지도, 각 직장 체육지도자 대상 기술지도와 지도법 교수 -초보자 지도에 대한 연구, 개별 기술연구, 작전연구(김화영 위원장)
수영부	-수영부문 성과 미진, 뿌트 설정 문제 긴급 -인명구조법 등 수영기술교양 강습회는 홍남인민공장/평양공대 뿌트 사용 -장거리 영력 연습은 평양 반월도 수영장에서 강습(지광호 위원장)
씨름부	-씨름이 힘쎈 사람/독특한 기술로만 보여지는 것은 불명확한 규칙 때문 -씨름 규칙 연구, 건전한 사상 밑에 억센 투지/인내성 배양(최규빈 위원장)
배구부	-가장 대중적 경기이지만 지도자 부족, 특히 6인조 배구 -쏘련 기술 수용 널리 보급, 정부 순회지도 협조, 기술제고(안룡석 위원장)
송구부	-생소한 송구를 학교/직장 써-클에서 조직 보급 급선무 -중앙 송구경기강습회 예정, 각 학교교재로 송구 이용(김명복 위원장)
그네부	-특권계급만 실시 그네경기 일소, 근로인민 심신 발전 노력, 여성경기로 보급 -그네 규칙 제정, 선수 민주주의사상 교양, 써-클 조직(유형옥 위원장)

출처: 『인민체육』, 1949년 제4호, 10쪽; 1949년 제5호, 29쪽.

---

50) "중앙체육지도위원회 각종 분과위원회 위원장의 담화", 『인민체육』, 1949년 제4호, 10쪽; 1949년 제5호, 29쪽.

= 체육시설과 기자재 확충

체육사업을 위한 지도체계 구축 및 이를 위한 체육일군 양성 사업과 함께 체육시설기자재 등 체육의 물질기술적 토대를 마련하는 것도 중요한 과제였다. 북한은 이를 위해 국가적 차원의 지원과 더불어 인민과 체육인들의 자발적인 참여 속에서 자체의 힘과 기술로 체육시설을 확장하거나 신설하도록 하였다. 대중동원 방식은 1946년 12월 북조선로동당 중앙위원회 상무위원회 결정 이후 처음 제시되었다. 즉 국유화된 체육시설과 기자재들에 대한 보수정비 및 이를 광범한 인민이 이용할 데 대한 대책을 수립하고 각 인민위원회에 체육시설을 늘리고 체육기자재를 생산, 공급하도록 지시하면서부터 본격화되었다.

이에 따라 인민위원회는 평양과 원산, 함흥, 청진시 등에 운동기구제작소를 신설하고, 농구, 배구, 탁구, 체조, 륙상, 수영, 빙상 등에 필요한 운동복과 각종 공 종류, 운동기자재들을 생산하여 이를 전국의 공장, 농촌, 학교들에 공급하게 하였다. 중앙민청에서는 운동 기자재의 원활한 공급을 위해 '민청운동구점'을 열고 운동기자재를 일반 사회단체에 추가로 배정하였다.[51]

이러한 노력에 힘입어 1947년도에 3,902개의 운동장과 20개의 체육관이 신설되었다. 1948년도에는 대규모 운동장 4,113개, 그리고 공장 광산 등의 직장과 농촌부락 및 가두 등에 소운동장 7,800개, 현대식 시설을 갖춘 체육관과 체육실 700여 개, 수영장 해수욕장 44개소로 늘어났다.[52] 1949년도 말에는 [표 3-9]와 같이 경기장 4,803, 소운동장 10,007개, 체육관 및 체육실 704개, 수영장 34개 등으로 증가했다.[53] 특히 각 도 소재지에서 '대경기장 건설 운동'이 전개되어 원산을 비롯한 각 지방 도시에서 대규모 경기장들이

51) 조남훈, 『조선체육사2』, 80쪽.
52) 『조선중앙년감 1950년판』, 370쪽.
53) 궁선홍, "1949년도 체육사업 총결과 1950년도 과업에 대하여, 교육성 체육부장," 『인민체육』, 1950년 제2호(평양; 교육성교육신문사, 1950), 3~6쪽.

건설되거나 확장되었다. 체육시설에 대한 정비 사업은 대도시뿐만 아니라
지방 소도시와 농촌지역에서도 추진되었다.[54]

[표 3-9] 1949년도 체육시설 확충 계획 및 실적

	계획	실적 (%)
경기장	3,932	4,803 (112)
소운동장	7,337	10,007 (132)
체육관/체육실	547	704 (129)
수영장	34	34 (100)

출처: 『인민체육』, 1950년 제2호, 3~6쪽.

그러나 이러한 양적 성장에도 불구하고 체육 시설 확충 및 기구 정비에
대한 관심과 연구가 부족하다는 지적이 나왔다. 즉 "목전의 승리를 위한 근
시안적 사업에 몰두하고 있는 경향 때문에 체육시설 확충은 물론 이미 건
설된 체육시설도 정비하지 못하고 있어 대회가 있을 때마다 임시적으로 기
구를 준비하는 사업 작풍의 결과 막대한 경비를 지출"했다는 것이었다. 경
비사용에 있어서도 "뽈 값이나 유니폼 값이 대부분이고 시설에 대한 비중
은 보잘것없는 현상"이 지적되었다. 즉 "대회가 있을 때마다 뽈과 유니폼을
새로 구입하면서도 절봉이나 조마 하나 건설하지 못하는 학교가 부분적으
로 있는 것"과 "학생들이 자유로이 운동할 수 있도록 조약장, 철봉, 조마 등
의 기구를 정비하지 못하고 기구는 파괴된 채 창고 구석에 파묻어 두고 운
동장에는 돌이 삐죽삐죽 나오고 배수도 충분치 못한 곳"이 있는 점들이 지
적되었다. 교원들이 "지방 환경과 경제적 형편을 고려하여 적절한 대용품
을 고안하는 사업이 미미"한 점도 지적되었다. "일부 교원들이 운동기구와
각종 시설들을 충분히 활용하여 전면적으로 체육을 지도할 데 대한 고려가
없이 체육대회에서의 승리만을 목표로 일부 종목에 대한 선수본위적인 사

---

54) 『조선중앙년감 1951~1952년판』, 393쪽.

업"한다는 것이었다. 각 지방에서도 지도일군들이 "경기장을 닦기만 하고 기구의 준비와 관리"가 부족했고 "대회가 있을 때마다 기구를 다시 수리하거나 다른 곳에서 운반"하기 때문에 결과적으로 경비를 낭비하는 점이 지적되었다. 북한은 이를 시정하기 위해 체육지도일군들이 체육시설 확장을 계획을 세우고 청년들의 자발적인 협조를 받아 체육시설 정비를 철저히 하도록 했으며, 운동시설과 기구를 아끼고 절약하는 운동을 전개하도록 했다.[55]

= 체육단체 조직 요강

국가건설 시기 인민적 체육사업은 전국가적 차원의 체육지도체계 구축, 체육간부 육성, 체육시설기자재 확충 등과 함께 전인민적 차원에서 체육단체, 체육소조, 종목별분과위원회 등의 사업으로 전개되었다. 이 가운데 전인민적 차원의 사업은 직맹·민청·농맹 등 당 단체를 중심으로 체육단체 설립이 핵심 사업이었다. 체육단체를 인민체육 발전의 기본 조직으로 보았기 때문이다. 다시 말하면 '직장체육단', '농민체육단', '학생체육동호회' 등 체육단체들로 하여금 체육을 인민 속에 널리 보급시키도록 해서 인민들이 인민경제 발전과 조국 방위에 도움이 되는 체력을 기르도록 하려는 것이었다. 그렇기 때문에 이들 체육단체 설립 및 활동 여하는 이 시기 인민체육 발전의 전제 조건이었다.

북한은 1949년『인민체육』창간호를 통해 체육단체 설립 요강을 발표했는데, 당시 체육단체 사업이 양적인 성장에도 불구하고 다음과 같은 문제가 있었기 때문이다.[56] 1948년 10월 1일 현재 북한 지역에는 11,203개의 체육단체에 601,183명의 회원이 조직되어 있었다. 그러나 이들 단체 사업은

---

55) 안룡석, "체육시설을 더욱 확장 정비하자,"『인민체육』, 1949년 2호, 8~10쪽.
56) 변인봉, "체육단체의 조직 강화를 위하여",『인민체육』, 창간호 1949년 2월, 25~27쪽.

아직 기초를 닦아 놓은 것에 불과했다. 아직도 많은 직장과 농촌에서 체육 단체를 조직하지 못하고 있었으며, 이미 조직된 단체들도 자기 사업을 일상적으로 하지 못하는 곳들이 많았다. 그 뿐만 아니라 체육단원의 명단도 계획도 없이 다만 체육대회가 있을 때마다 선수를 선발하여 출장시키는 사업밖에 하지 못하는 단체들도 있었으며, "낡은 선수본위의 사업방식을 완전히 철폐하지 못하고 있는 곳"도 적지 않았다. "비교적 낮게 사업을 한다는 체육단 중에도 일상적으로 사업하지 못하고, 한때는 많은 사업을 하지만 한때는 전혀 사업이 없는 곳"도 있었다. 특히 농민체육단 사업이 가장 부진했다. 과거 일제시대에 체육이 도시 중심이어서 농촌에 체육지도자가 부족하기도 하지만, 토지개혁으로 농민들의 물질문화수준이 향상되고 인민체육에 대한 관심과 의욕이 높아졌기 때문이었다. 또한 '경기구락부'의 문제점으로는 "간판만 걸어놓고 사업을 하지 않"거나, "체육대회에 참가하기 위한 일부 선수들의 집합체"인 곳도 있었다.

이러한 문제들을 해결하기 위해 당시 북한권력은 [표 3-10]과 같은 내용의 체육단체 조직 요강을 발표했다. 즉 직업동맹 산하 직장에서는 30명 이상을 기준으로 '직장체육단'을 조직하고, 30명 미만일 경우에는 2개 이상이 연합하거나 큰 직장에 합쳐 체육단을 조직하며, 종목별로 경기부를 두도록 했다. 농촌에서는 농촌구락부의 한 부분으로 '농민체육단'을 조직하도록 하였으며, 그 아래에 각종 경기부를 두도록 했다. 각급 학교와 가두에서도 '학교민청위원회'나 '가두민청초급단체' 단위로 체육운동회를 조직하며 그 안에 각 종목별로 반을 두게 했다. 특히 각 체육단체들이 전체 군중을 대상으로 하는 사업을 실시하며, 직장과 농촌에서는 선수를 본위로 하지 말고 전체 근로자를 대상으로 사업을 계획하도록 하였다. 사업 내용으로는 근로자 전원이 점심시간이나 휴식시간에 인민보건체조를 매일 실시, 로동자 가족들까지 참가시킨 운동회를 정기적으로 조직, 각 직장의 과나 계 대항으로 군중적인 경기 조직, 야유회 및 체육에 대한 강연이나 관람회 등 조직 등이었다. 특히 운동회에 인민체력검정 종목을 포함시켜 전체 근로자들의 검정 제도에 대한 인식을 높이도록 하였으며, 학생들에게는 내서내한(耐暑耐寒) 행진, 해양훈련, 항공훈련, 산악훈련 등을 많이 하도록 했다. 이러한 사업을 기초로 전체 근로자 가운데 우수한 선수들을 선발해서 각종 경기대회에 출전시키도록 했다. 선수들은 '축구선수는 축구 연습만 하고 배구선수는 배구 연습'만 하지 말고 다른 종목의 운동도 병행하도록 하였다. 그래서 선수나 일반 근로자나 할 것 없이 전체적으로 체조를 실시하고 줄넘기, 야유회 등을 실시하도록 하였다. '체육선수니까 체조는 필요하지 않다'는 등의 인식을 버리도록 했다.

[표 3-10] 1949년도 체육단체 조직 요강

직장체육단	-종업원 30명 이상 직장 단위로 조직, 직장위원회 문화부가 지도
	-단장1/부단장1/조직책임자1명을 단원총회에서 선거
	-축구/륙상/롱구/배구 등 각 부 설치, 각 부 부장1명씩 선거
	-직장 내 일군들 중에서 배우려는 자/이해 관심 가진 자도 폭넓게 수용
	-14세 이상의 근로자 가족도 자원적으로 흡수 (특히 광산/탄광/공장 주택지대 거주 가족 대상)
	-30명 미만 직장은 2개 이상 연합하여 1개로 조직
	-일부 선수/종목이 다른 체육단 소속 가능(소속 체육단 선수로만 출장)
농민체육단	-농민단체가 조직, 농촌구락부에 속하며 조직체계는 직장과 흡사 (추후 조직요강 발표)
학교체육동호회	-학교 민청위원회에 소속, 책임자/부책임자는 민청위원회에서 임명
	-축구/롱구/배구 등 경기종목별 서클 조직, 사정에 따라 반 조직 가능, 오전/오후반별, 학년별, 실력별로 조직해 편리하게 하자는 것
경기구락부	-경기기술 향상/보급 목적으로 각 시/군체육지도위원회가 조직 지도
	-시/군 사정에 따라 종목 선정, 책임자/지도원 임명
	-구락부원은 직장/농민/학교 회원 중에서 흡수, 습득기술을 소속단체에 전달 하도록 지도

출처: 『인민체육』, 창간호 1949년 2월, 25~27쪽.

= 체육 단체/소조 설립 현황

인민체육의 기초 단위인 체육단체를 활성화하기 위한 전국가적 차원의
조치가 취해진 이후 근로단체를 중심으로 체육단체 및 소조가 활성화되었
다.[57] 계층별로 조직된 체육소조에서는 경기종목이 주로 보급되었다. 노동
자들 사이에는 일반적인 경기종목 이외에 행진, 배구, 집단체조가 중점적으
로 실시되었다. 노동자들은 특히 배구경기를 선호하였다. 농민체육에서는
그네, 씨름 등의 향토경기 이외에 축구경기가 널리 보급되었다. 마라톤과
현물세 운반경기 등도 유행하였다. 학생체육에서는 민청체조가 특징적이었
으며 전반적으로는 육상종목과 구기종목을 모두 실시했다.[58] 북한은 당시
체육단체들이 일제시대에 만연하던 "선수본위주의적 경향을 없애고 보다
광범한 대중을 체육활동에 참가시켜 그들의 건강을 증진시키고 생산의욕
을 높이도록 하였으며, 자기 단위의 준비 정도에 따라 체육운동을 조직하
고 휴식일, 명절을 계기로 체육경기를 진행하여 광범함 군중들이 참가하도
록 유도"하였다고 설명했다.[59] 국가건설 시기 북한의 체육단체 및 체육소
조(서클) 현황은 [표 3-11], [표 3-12], [표 3-13]과 같았다.

---

57) 『인민체육』, 창간호, 25쪽; 궁선홍, "1949년도 체육사업 총결과 1950년도 과업에
    대하여, 교육성 체육부장", 『인민체육』, 1950년 제2호, 3~6쪽.
58) 『조선중앙년감 1949년판』, 149쪽; 『조선중앙년감 1950년판』, 369쪽.
59) 예를 들어 흥남본궁화학공장 체육소조는 "로동자들이 즐기는 씨름, 그네, 배구를
    비롯해 높이뛰기, 너비뛰기, 단봉던지기, 력기, 권투 등의 종목을 보급시키고 작
    업장별로 대항시합을 수시로 조직함으로써 로동자들의 체육에 대한 관심이 높아
    지고 체력도 단련되어 출근률과 생산능률을 더 높일 수 있게 되었다"고 한다. 이
    곳에서는 1949년에만 종합체육대회를 5회, 각 종목별 경기를 수시로 조직하였다
    고 한다. 조남훈, 『조선체육사2』, 85~86쪽.

[표 3-11] 1947~1949년도 체육단체/회원 현황

(개/명)	1947년	1948년	1949년
직장체육단(직맹)	1,502/55,470	2,946/123,673	3,131/140,133
농촌체육단(농맹)	1,993/72,310	4,783/104,631	3,536/118,984
학생체육단(민청)	1,088/63,813	3,209/368,408	4,381/505,861
(시/군)경기구락부		265/4,471	
계	4,583/191,593	11,203/601,183	11,048/764,978

출처: 『조선중앙년감 1949년판』, 149쪽; 『조선중앙년감 1950년판』, 369쪽.

[표 3-12] 1947~1949년도 체육소조(서클) 현황

1947년		1948년		1949년	
4,100(개)	180,000(명)	11,200	601,180	11,300	800,000

출처: 조선중앙년감 1949년판』, 149쪽; 『조선중앙년감 1950년판』, 369쪽.

[표 3-13] 1948년도 경기종목별 체육소조(서클) 현황

	축구	농구	배구	정구	탁구	수구	투창
서클(개)	3,090	761	1,363	1,069	966	342	2,164
회원(명)	65,872	8,654	2,110	7,050	6,930	3,872	35,299

출처: 조선중앙년감 1949년판』, 149쪽; 『조선중앙년감 1950년판』, 369쪽.

= 체육단체 및 체육소조 활동 사례

체육단체 및 체육소조 활동은 구체적으로 어떻게 진행되었을까? 당시 『인민체육』에 소개된 내용을 중심으로 살펴보면 다음과 같다.

[사례1]
먼저 '원산 사전 체육동호회'의 경우를 보면, 이 학교 민청 체육동호회가 일상적으로 활동하였으며 교원들도 민청 체육동호회 사업을 적극적으로 지도하였다. 체육동호회에서는 매일 방과후 각 서클 책임자 지휘 아래 경기장에 모여 각자의 기술을 연마하였다. 특히 일주일에 3일은

써-클원 중심으로 전체 학생들이 운동장에서 취미에 맞는 경기를 교원들과 써-클원들의 지도를 받아 실시하였다. 매주 토요일 전체 학생들이 뒷산에 등산하는 사업도 조직하였다. 이밖에 벽보를 통한 체육해설, 교원들의 지도, 운동장 확장 및 기구 정비사업 등이 실시되었다.[60]

[사례2]
이어 '평양사범대학 체육과의 써-클 및 과외체육' 활동은, "일본제국주의가 남겨놓은 부패한 체육관념을 완전히 청산하고 고상한 민주주의적 기풍을 수립함으로써 공화국의 건실한 체육간부로서의 조국과 인민을 위하여 복무할 수 있는 인재를 육성하기 위하여 학과(이론), 술과(실기) 면에 총력량을 기우리고 있는 것"과 관련되어 진행되었다. 즉 체육 써-클 활동의 목적은 첫째, 학과시간에 습득한 과학적인 리론의 실천을 통해 효과를 거두는 것, 둘째, 써-클사업을 통해 공화국의 체육간부로써 자기의 체육향상과 리론의 완전을 기하고, 이러한 성과를 인민경제 발전 및 군중체육문화 발전에 기여하는 것, 셋째, 같은 시간에 같은 운동을 실행함으로써 조직적이며 단결된 사상적 통일을 갖는 것 등이었다.[61]

---

60) 그 결과 강원도내 체육대회에서 여러 차례 우승하였으며 규율상도 여러 번 받았다. 집단체조에도 우월성을 보여주었으며, 중앙대회에서 강원도 녀자 대표 선수는 이 학교에서 다수 차지하였다고 한다. 특히 륙상 써-클원 김순복 선수는 지난 종합체육대회에서 넓이뛰기 신기록을 수립하였으며, 김하정 선수는 1949년도 높이뛰기에 1m 30으로 최고기록을 보유하였다. 김하정 선수는 롱구, 배구에서도 중심 역할을 하였다. 체육동호회원들은 학업에서도 모범을 보였는데, 본과 1학년의 박봉구(남자)는 이 학교 우등생의 한 사람이며 학교 민청위원회 위원으로 조직사업의 책임자였다고 한다. 이처럼 이 학교 체육활동의 목적은 '학업 성적 향상, 조직에 복종하고 규율을 엄수하는 민족간부 양성, 신체 연마, 어린이 신체 교육 준비' 등이었다. 『인민체육』, 창간호, 28~29쪽.
61) 이 대학 체육써-클은 1949년 1월 현재 16반 363명으로 구성되었다. 16개 써-클 중에 축구 럭비 권투 력기를 제외한 나머지 남녀 공통의 써-클에는 여학생들이 다수 참가하였다. 써-클원 20%는 체육과 학생들로 핵심적으로 활동하였으며, 1947년 9월부터 1949년 1월까지 대외적으로 큰 성과를 거두었다고 한다. 즉 김일성종합대학과의 친목체육대회, 6개대학체육대회, 전국종합체육대회 등을 비롯한 각종 경축 및 선수권대회 64회에 연인원 614명이 참가하여 37회 우승을 하였다. 특히 부라가에 롱구선수로 파견된 학생민청 대표 장문경과 빙상 자전차경기에 전국선수권을 차지한 김용조를 위시로 한 오관주, 장근상, 리윤녀, 한기풍 선수는

[사례3]

1949년도 교육성 검열에서 최우수 평가를 받은 양양녀중의 체육사업에서는, 체육을 전공한 교원이 없는 상황에서 교장이 직접 교수안을 검토하고 교원들에게 지도 방법을 지도하였으며, 매월 2회씩 연구발표회를 조직하고 구체적인 토론을 하도록 하였다. 또한 체육시간을 100% 보장하고, 업간체조 실시 및 학생들이 매일 30분씩 체육시간을 확보하도록 하였다. 써-클사업도 교장과 전교원이 각 경기부를 분담하여 지도하였다. 특히 여학생들에게는 마스껨과 체육무용에 중점을 두었다. 인민체력검정 합격자 명단을 운동장 쪽에 붙여 전체 학생들의 관심을 유도하였다. 써-클사업의 정형은 수시로 벽보를 통해 비판하고 한 달에 한번 체육화보 전람회를 열어 선진 국가 체육교양을 교육했다.[62]

[사례4]

한편 근로단체의 체육활동 가운데 황해도제철소 체육단 사업은, "공화국의 국토완정과 민주발전의 경제적 토대를 튼튼히 구축하기 위한 새 2개년 계획을 초과 완수함에 중요한 담보로 되는 로동 능력 제고에 막대한 공헌을 하는 체육사업"에 집중되었다. 이들 체육 활동에서는 특히 개인경쟁보다는 군중적인 단체경쟁을 중시하였으며, 선수 아닌 로동자들의 경쟁을 조직하고, 로동자들의 오락과 흥미를 연결시키며, 시설(로동회관, 경기장) 및 계절을 고려하여 다양하게 실시하도록 하였다. 즉 장기대회를 통해 늙은 로동자들이 다수 참가하게 하고, 로동자들이 즐기는 팔씨름을 경기화하며, 빙상대회에 썰매와 빙상도보경주 등을 포함

륙상, 력기경기에서 신기록을 세웠으며 김정봉, 채수인, 김창보, 리진학, 김순관, 박재영 선수는 권투, 자전차, 레스링 경기의 선수권을 각각 차지하였으며, 단체경기 각 분야에서도 선수권을 차지한 남녀 선수들이 이 대학 써-클부에서 나왔다고 한다. 『인민체육』, 1949년 제4호 29~31쪽.

62) 보건사업에서도 철저한 대책을 세웠는데, 우선 신체검사를 정확히 제때에 실시한 후 학부형과 연락하고 학교 평의회에서 토의하여 허약한 학생들의 건강을 급속히 회복할 수 있도록 보건공원을 설치하고 체육시간에 견학하도록 하였으며 과외시간에 특별히 지도하였다. 또한 교실 또는 복도에 꽃을 꽂아 놓았고 벽보를 통한 위생교양이 가정에까지 침투되도록 하였다. 이밖에 철봉, 롱구장, 배구장, 그네 등 체육시설 및 기구들을 확보하도록 하였다고 한다. 이처럼 이 학교 체육활동은 "교장이 학생들의 육체교육에 대한 중요성을 옳게 인식"하고, "구체적 사업계획을 세워 교원들을 지도"한 것과, 종목 체육뿐만 아니라 대중체육, 보건위생까지 광범위하게 실시하였다고 한다. 『인민체육』, 1949년 제4호, 31~32쪽.

시켰다.

4월에는 각 과별 분단 조직 및 분단장 선거에 이어 각 분단 대표자와 열성자들이 모인 가운데, 단장에 제선과(용광로) 용접공 원응서 이외에 부단장 2명, 조직책임자 1명, 연합경기부장 15명 등 체육단 지도부를 선거하였다. 체육단에는 18개의 분단을 두고(각 과별) 그 분단 밑에 축구, 배구, 체조, 륙상경기, 씨름, 그네, 정구, 탁구, 롱구, 야구, 기계체조, 빙상, 수영, 등산, 장기 등의 부를 두었다. 이들은 4월부터 각 분단 별로 매일 아침 5~10분씩 전체 로동자들이 인민보건체조를 (경쟁적으로 조직해) 실시하였으며, 5.1절 기념 각 분단 대항 체육대회, 야유회 등을 전체 근로자가 참가할 수 있도록 휴일에 실시하였다.[63]

[사례5]

또 다른 근로단체인 흥남본궁화학공장 직장체육단은, 1948년 발족 당시 소수의 선수 중심으로 조직되었던 것을 1949년 초 로동자들을 중심으로 조직 발전시켜 1948년에 비해 230% 성장하였다고 한다. 체육단원들과 전체 로동자들은 작업에서 피곤한 몸을 유쾌하고 명랑한 경기종목으로 피곤을 풀도록 하였으며, 직장별로 초보자들이 할 수 있는 씨름, 그네, 배구, 주폭도, 주고도, 력기, 단봉던지기 등으로 대항 시합을 수시로 조직하여 초보자들의 체육에 대한 관심을 높여 이들이 자발적으로 참여해서 투지와 용감성을 배양하도록 하였다. 이러한 활동을 통해 나타난 효과는 체육으로 단련된 건강한 체력으로 출근율과 생산성이 높아진 것이었다.[64]

---

63) 1,200여 명의 체육단원들은 새로운 지도부를 중심으로 2개년 인민경제계획 완수를 위한 체육사업에 총궐기하여 많은 모범 일군들이 배출되었다고 한다. 예를 들면 체육단장 원응서는 용광로 용접공으로 용광로 복구사업의 공로로 1948년 2월 북조선인민회의 상을 받았다. 야구선수이자 체육단 간부인 압연과 기술자 김승현은 일제가 파괴한 공장 복구에 모범을 보여 1947년에 도 인민위원회 위원장상, 1948년 2월 8일에 북조선인민회의상을 받았다. 용광로 제선공으로 갑조 반장인 리명흔은 야구선수로 용광로 최고 생산기록을 수립한 공로로 김일성이 황해제철소를 방문했을 때 표창장을 받았다. 체육문화 수준도 발전하여 1948년 종합체육대회 육상경기에서 이름을 떨친 정관수도 황해제철소 출신이었다고 한다. 이처럼 이 공장의 체육 활동은 인민경제건설을 위한 노동력 제고, 근로자들의 자발적 참여를 위한 대중적 경기종목 보급 등에 집중되었다고 할 수 있다. 『인민체육』, 1949년 제3호, 25~26쪽.

이처럼 국가건설 시기 북한의 체육단체 활동은, 각급 학교의 경우 여학생을 포함한 전교생의 체력 향상, 단체 규율에 대한 강조, 생산과 조국보위에 필요한 일군 양성 등에 집중되었으며, 근로단체의 경우는 인민경제 건설을 위한 노동력 제고에 일차적 관심을 두었다. 이를 위해 북한은 각급 학교와 근로단체 구성원들이 자발적으로 체육활동에 참여하도록 유도했다.

(3) 소련체육기술 보급과 사회적 관심 제고

= 조쏘체육분과위원회 및 소련의 체육기술문화 보급

이 시기 북한권력은 특히 소련의 앞선 사회주의 체육정책과 기술을 받아들여 북한체육의 전반적인 틀을 구축하고자 했다. 이 사업에서 중추적인 역할을 담당한 것은 1948년 5월 25일 구성된 조쏘 문화협회연구위원회 산하 조직인 체육분과위원회였다. 당시 체육분과위원회는 쏘련의 앞선 체육기술과 사회주의 체육문화를 들여오는 창구 역할을 담당하였다. 1949년 2월 15일 조쏘체육분과위원회 제2차 총회에서 서기장 리덕종은 "앞으로 보다 높은 발전을 위하여 조직을 더욱 강화하고 쏘련의 체육서적을 더 많이 번역하며 좌담회, 강연회, 서클들을 더욱 자주 광범히 조직하는 동시에 쏘련 인민과 체육을 통하여 친선을 굳게 하기 위한 각종 행사들을 조직해야 한다"고 설명했다.65)

---

64) 예를 들어 일제시대 권투선수는 일하기 싫어하는 자들이 대부분이었으나, 이 공장 "권투부 부장 우병림은 선반과 부리카타 책임자로 출근률은 100%이고 자기 책임량을 평균 150% 올리고" 있으며 "부리카타 전체 출근률도 100% 보장하고 책임량도 120% 제고"시켰다고 한다. 그것은 권투부장 우병림과 부부장 김계룡이 직장체육단의 목적이 "건강한 체력으로 생산률 제고와 조국보위"에 있다는 교양과 "쏘련 인민들과 체육인들의 선진적인 모범과 국제주의 사상"에 대한 교양을 수시로 조직하면서, "매월 권투부 사업 총결을 생산에 결부시켜 진행"하고 "출근률과 생산능률이 떨어지는 권투부 부원들을 폭로"하며 "자아비판과 호상비판으로 출근률과 생산률을 제고"시켰기 때문이라는 것이다. 전세환, "흥남본궁화학공장 직장체육단 사업,"『인민체육』, 1950년 제2호, 28~29쪽.

회의에서는 신임 상임위원 선출에 이어 평양시내 체육지도자 및 체육교원들로 50명의 위원이 구성되었다. 위원회 산하에는 체육학리, 구기, 경기, 체육무용 등 4개 소 분과위원회가 조직되었다. 회의 종료 후 체육무용 및 쏘련 체육영화 감상이 있었다. 1949년 개편 당시 '조쏘체육분과위원회' 임원 명단은 [표 3-14]에서 보는 것처럼 위원장 궁선홍은 당시 교육성 체육부장이었다. 리창권(민족보위성 체육부장), 리인원(평남도 재정부장), 김광선(평양 사대 체육과장), 장봉애(평양사대 체육과 교수), 리석린(직총 체육과장) 등 상임위원들도 교육성 산하 중앙체육지도위원회 위원으로 활동하고 있었다. 당시 조쏘체육분과위원회는 교육성과 체육지도위원회 등 정부 조직 중심으로 진행되었다고 할 수 있다. 당시 북한은 조쏘체육분과위원회가 북한체육 발전에 결정적인 역할을 했다고 평가했다.[66]

해방 이후 4년이 지난 시점에서 "근로인민의 건강증진 및 문화수준 제고에 복무하며 청년들을 근로와 생(生)을 즐기며 원쑤를 증오하고 자기 조국을 원쑤의 침해로부터 수호하는 애국정신으로 교양하는 인민적 체육"이 발전하였는데, 그 과정에서 "선진적 쏘베트 체육문화를 광범히 섭취"할 수 있도록 조쏘체육분과위원회가 핵심적인 역할을 담당하였다는 것이다. 구체적으로는 조쏘체육분과위원회가 1948년 6월 조직 직후부터 매월 여러 차례 강연으로 소련 체육문화의 우수성을 소개하였으며, 이를 통해 "공화국 체육발전에 대한 확고한 신념을 북돋아주었다"고 한다. 강연회에는 쏘련 체육 관련 기록영화와 뉴스가 상영되었다. 새로운 배구 경기규칙 제정을 앞둔 시점에는 평양시내 우수 배구지도자와 선수들에게 6인조배구경기 실시법을 지도하기도 했다. 이외에도 국제장기 써-클, 체육무용 써-클, 사교무용

65) "쏘련체육을 더욱 광범히 섭취-조쏘 체육분과위원회 제2차 총회," 『인민체육』, 1949년 제2호, 15쪽.

66) 안룡석, "조쏘체육분과위원회 사업강화를 위하여," 『인민체육』, 1949년 10월호, 9~10쪽.

써-클을 통해 소련 문화가 소개되었다. 그러나 소련 신문과 잡지, 단행본을 제때에 번역, 출판하지 못하는 점, 강연 및 써-클 사업이 깜빠니야식으로 전개된 점, 각 분과위원회에서 소련 체육의 우수한 기술과 방법 및 이론을 연구하는 사업이 미진한 점, 전람회, 좌담회, 영화감상회, 강습회 등을 활발하게 조직하지 못한 점 등이 지적되었다.

[표 3-14] 1949년 개편 '조쏘체육분과위원회' 임원 명단

위원장	궁선홍
부위원장	말로죠브
서기장	리덕종
상임위원	리창권/강기순/리인원/김윤풍/최봉규/김지숙/김광선/장봉애/리석린
위원	평양시내 체육지도자, 체육교원들 50명
소분과위원회	체육학리, 구기, 경기, 체육무용 등 4개

출처:『인민체육』, 1949년 제2호, 15쪽.

=『인민체육』 발간 및 체육인들의 사상교양 강화

1949년 2월 창간된 체육잡지『인민체육』은 인민체육 발전 및 체육인들의 교양수단으로 활용되었다. 교육성 체육부장 궁선홍이 책임주필을 맡은 이 잡지는 창간호에서 발간 목적을 다음과 같이 설명했다.[67] "체육을 인민 속에 광범이 침투시키고 그 질을 높일 데 대한 중대한 과업이 체육인들 앞에 부과"된 상황에서 전체 체육인들이 "일제로부터 물려받은 낡은 체육인 근성을 청산하고 조국의 완전통일과 민주발전에 헌신할 수 있는 체육인이 되기 위해 노력"하고, "인민체육을 보다 높은 수준에로 발전시키기 위하여서는 체육인들에게 연구 재료를 제공하고 창발성을 발휘하게끔 방조하는 사업이 필요"하다는 것이었다.

당시『인민체육』은 창간호부터 당의 노선 및 정부 주요 시책, 소련체육

---

67) "인민체육을 내면서,"『인민체육』, 창간호, 1949년 2월, 1쪽.

관련 내용을 중점적으로 소개하였다. 즉 창간호 기사는 내각수상 김일성 신년사, 각도 체육과장 연석회의, 쏘베-트체육과 그 조직, 강습회 일정, 체육단 소식, 체육단체 조직강화, 남조선체육, 인민보건체조, 6인조 배구 작전법, 체육교수법, 체육무용 등의 순으로 실렸다. 내용에서도 북한의 체육 방침 및 이에 따른 체육단체 조직 강화 방안, 소련의 체육기술문화 소개, 북한체육의 우수성 등이 큰 비중을 차지했다.[68] 『인민체육』 기사들은 [표 3-15]에서 보는 것처럼, 체육단체, 행사대회, 소련체육 관련 내용들이 대부분이었다. 그리고 체육 사업체계와 관련해서는, 체육지도위원회, 기술분과위원회, 체육일군 및 시설기자재, 체육단체 활동 등이 주를 이루었다. 대내활동과 관련해서는, 인민체력검정과 각종 체조, 학교체육 등 대중체육 관련 내용 및 경기종목별 기술 소개, 체육과학과 관련된 내용들이 소개되었다. 또한 대외활동과 관련해서는, 소련과 다른 사회주의국가들의 체육 활동이 큰 비중을 차지하였으며, 남한의 체육활동이나 국제 체육경기대회 참가 소식도 포함되었다.

체육잡지 『인민체육』은 체육인들의 사상교양 수단으로도 활용되었다. 1949년 중반부터 남북한의 혁명역량을 하나로 결속시키기 위한 조치들을 취해 나갔다. 조국통일민주주의전선 출범 및 남북조선로동당 합당 등이 그것이었다. 『인민체육』도 1949년 5월 7일 평양에서 개최된 53개 정당사회단체 대표들의 조국통일민주주의전선 결성 소식을 전하면서 체육인들의 과업을 제시하였다. 1949년 8월 14일 조국통일민주주의전선이 제시한 평화적 조국통일 방안을 지지하는 전국체육인궐기대회 소식도 그 가운데 하나였다.[69] 사상교양사업은 특히 "조국통일의 경제적 토대와 조국보위에 기본이

───────────────

68) 『인민체육』, 창간호, 1949년 2월, 1쪽.
69) "사설: 조국통일민주주의전선 결성에 있어서의 체육인들의 과업," 『인민체육』, 1949년 제5호, 1~2쪽; 김석훈, "평화적 조국통일 방책 지지 전국체육인 궐기대회," 『인민체육』, 1949년 10월호, 3~4쪽.

되는 가장 필요한 로동력을 제고"시키기 위해 체육부문 간부를 비롯한 전체 체육애호가들이 "그 어느 때보다도 긴장한 태세와 완강한 체력을 육성하기 위하여 온갖 투쟁을 경주"하자는 데 집중되었다. "체육하는 과정에서 얻은 인내력, 지구력, 완강한 투지" 등을 정치교양사업에 돌려 전체 인민들을 옳게 조직하고, "높은 기세와 앙양된 투쟁력을 조장시키는데 선봉적인 역할"을 하라는 것이었다. 이를 위해 "민청이나 직맹이 제시하는 학습시간과 맑스-레닌주의로 무장하기 위한 정치교양사업을 보장"하도록 하였다.[70] 1950년 봄부터는 체육간부들의 자체 정치교양사업에 역점을 두었다.[71]

[표 3-15] 『인민체육』 기사의 유형별 분류

		49.02 창간	49.05 2호	49.06 3호	49.07 4호	49.08 5호	49.10 8호	49.12 12월	50.03 2/2호	소계	누계
사업체계	체육지도	1	1			1	1	1	1	6	
	기술분과			1	1	1				3	
	체육일군	1	1	1	1				1	5	
	시설기재	1	1							2	
	체육단체	3	2	2	3			1	5	16	32
대내활동	대중 검정		2	1	3	1				7	
	대중 체조	1	1	2						4	
	대중 학교	2	1	2	2	2	3		2	14	
	종목 기술	1	2		2	4	2	1	3	15	
	종목 과학				1	1		1		3	
	행사대회	1	6	3	8	3	1	13	3	38	81
대외활동	친선 쏘련	1	4	5	1	1	2		2	16	
	친선 정보		1	1		2				4	
	외교 남한	1	1	1		1	3			7	
	외교 기타										
	교류경기							3		3	30
기타		4	3	5	1	2	3		2	20	20
누계		17	26	24	23	19	15	20	19		173

---

70) 김인석, "체육인들의 사상교양을 부단히 향상시키자," 『인민체육』, 1949년 10월호, 6~8쪽.

71) "사설: 춘기 체육씨즌을 맞이하는 체육간부들의 투쟁 과업," 『인민체육』, 1950년 제2호, 1~2쪽.

= 민청 등 사회단체 활용

해방직후 북한권력은 인민체육 사업의 활성화를 위해 근로단체 조직을 적극적으로 활용했다. 이 가운데 특히 민청 조직을 중시했는데, 그것은 해방 직후 김일성이 북한의 정치사회적 권력을 장악하는 과정에서 자신의 영향력 아래에 있는 '북조선민주청년동맹'(이하 민청)의 세력 확장에 심혈을 기울였던 것과 관련이 있다. 김일성은 '공청', '노동조합' 등 기존의 청년 조직 대신 새로 구성된 민청 조직이 광범한 청년학생들을 장악하도록 했다. 해방 이후 북한에서 새로운 사회주의체제가 구축되는 과정에서 위로부터의 지도와 선전을 통한 인민대중의 자발적인 참여가 중요시되었으며,[72] 김일성은 이를 민청 조직을 중심으로 돌파하려고 한 것이다.[73]

---

[72] 당시 스탈린은 북한에서의 사회주의체제 구축 과정에서 민족통일전선의 중요성을 언급하였다. 김일성이 반제반봉건혁명을 위한 민주개혁에서 통일전선의 중요성을 주장한 것도 이러한 맥락에서였다. 이는 김일성과 경쟁 관계에 있던 남로당계 박헌영, 국내공산계 오기섭 등의 주장과 대비되는 점이었다. 이에 대한 자세한 내용은 서동만, 『북조선사회주의 체제 성립사(1945~1961)』(서울: 선인, 2005), 제2장 참조.

[73] 김일성은 1945년 10월 13일 조선공산당 북조선분국 설치, 10월 14일 '김일성장군 환영' 평양시민대회, 12월 17~18일 조선공산당 북조선분국 제3차 확대집행위원회 등을 통해 북한의 지도자로 급부상하였다. 특히 1945년 연말 모스크바 3상 회의에서 신탁통치가 결정된 이후 민족주의 계열의 조만식이 탈락하면서 김일성의 정치적 위상은 확고해진 상황이었다. 김일성은 정치적 차원의 권력 장악과 함께 사회단체들을 동원한 사회적 권력 확대에도 심혈을 기울였다. 당시 북한에서 사회단체를 장악한다는 것은 아직 유동적인 대다수 인민들을 자신의 지지 기반으로 돌려세운다는 중요한 의미가 있었다. 해방 직후 북한에는 직업동맹, 여성동맹, 공산주의청년동맹(공청) 등 공산계열의 외곽단체들이 본격적인 활동을 준비하고 있었다. 그러나 공청 조직이 지식청년들에게만 관심을 돌리게 되자, 1945년 11월 조선민주당 출범을 전후로 결성된 민족주의 계열의 청년단체들이 공청에서 배척당한 청년들을 대거 흡수하고 있었다. 김일성이 1945년 12월 제3차 확대집행위원회에서 책임비서로 선출된 이후 대중노선을 주장하며 '공청'을 '민청'으로 전환하는 작업을 강력히 추진해 나간 것도 이 때문이었다. 그 결과 김일성 등 만주파의 지지기반이 확대된 반면 경쟁 관계이던 국내계열의 오기섭은 공청에 대한 책임을 지고 함남도당 책임비서직을 내놓게 된다. 중앙일보 특별취재반, 『秘錄-

김일성은 1945년 10월 29일 '민주청년열성자대회' 연설에서, "민주주의 자주독립국가를 성과적으로 건설하기 위해서 각계각층의 청년들을 망라하는 단일한 청년조직이 필요하며 그렇지 않을 경우 중요한 혁명역량인 광범한 청년군중을 하나로 결속할 수 없게 된다"고 주장했다. "기존의 '공청' 조직은 로동청년, 빈농출신의 청년들을 배제하였으며, 기독교청년회, 백의청년동맹 등 다른 정파에서도 청년들을 자기편으로 끌어들이려던 상황"이었기 때문이다.[74] 1945년 12월 28일 연설에서도 김일성은 청년 조직에서 민청이 중심이 되어야 한다는 주장을 반복했다. 즉 로동자, 농민, 근로인테리는 사회의 진보적 계급 계층이지만, 학생청년들은 사회의 여러 계급들과 계층들에 속하는 것으로 독립적인 존재나 계급 계층이 아니기 때문에 '학생동맹'이 '민청'에 포함되어야 한다고 주장했다.[75] 1946년 1월 17일 북조선민주청년단체대표자회의에서도 김일성은 "민족통일전선을 결성하기 위해 새 민주조선 건설의 주요역군이 될 청년들의 광범하고도 통일적인 민주주의적 단체 조직이 필요"하다고 언급하고, 그렇기 때문에 "'공청'을 해산하고 '민청'을 결성하였으니 새로운 민주주의적 강령을 세우고 사상통일과 강철 같은 규율"이 필요하다고 강조했다.[76]

1947년 4월 22일 평양시 중구역 신양리에 세워진 '민청체육관' 개관식에 김일성이 직접 참석한 것도 '민청' 조직에 대한 김일성의 신뢰와 기대감이 반영된 것이었다. 개관식에서 김일성은 민청체육관이 "당 체육정책의 기본인 체육의 대중화와 체육인 핵심을 육성하기 위한 하나의 거점으로, 여기에 광범한 청년학생들과 근로청년들을 망라시켜 여러 가지 체육경기를 조

조선민주주의인민공화국(상)』, 48~104, 302~313쪽 참조.

74) 김일성, "민주청년동맹을 조직할 데 대하여: 민주청년열성자대회에서 한 결론, 1945년 10월 29일,"『김일성저작집 제1권』, 374~382쪽.

75) 김일성, "학생동맹을 민주청년동맹에 합칠 데 대하여: 학생청년들에게서 받은 질문에 대한 대답, 1945년 12월 28일,"『김일성저작집 제1권』, 525~526쪽.

76) 김일성, "북조선민주청년동맹결성에 즈음하여: 북조선민주청년단체대표자회의에서 한 연설, 1946년 1월 17일,"『김일성저작집 제2권』, 18~21쪽.

직하며 체육관이 우리나라의 체육과 체육기술을 발전시키며 체육인 핵심을 키우는 전당으로 되어야 한다"고 주장하였다. 그리고 "청소년학생들의 체육경기나 체육훈련은 그들의 육체를 단련시키며 체육기술을 발전시킬 뿐 아니라 집단주의 정신을 길러주고 경기를 위하여 헌신적으로 투쟁할 수 있는 불굴의 투쟁정신과 강의한 의지를 키우며 애국주의 사상을 길러줄 수 있게 되어야 한다"고 강조했다.77) 김일성은 자신이 신뢰하는 민청 조직으로 하여금 해방 이후 그가 주장한 인민체육사업을 주도해 나가도록 한 것이다.

그렇다면 당시 민청 조직 등 청년 체육인들에게 제시된 과업은 어떤 것들이었을까? 6 · 25전쟁이 임박한 시점인 1950년 3월 당시 중앙 민청 오운식 부위원장은 민청의 과업을 다음과 같이 설명했다.78) 그는 먼저 김일성이 1950년도 신년사에서 밝힌 "전체 조선인민들 앞에는 미 제국주의자들과 리승만 매국역도들을 반대하는 투쟁을 일층 맹렬히 전개함으로써 조국통일과 국토완정을 급속히 실현시키기 위한 숭고한 투쟁 임무"가 바로 새해 청년 체육인들의 투쟁 과업이라고 강조했다. 그리고 과업을 실천하기 위해 첫째로 체육인들의 사상 정치교양사업이 강화되어야 한다고 말했다. 그는 김일성의 신년사 가운데 "교원들과 문화예술인들은 국가와 인민들을 위하여 복무하는 선진적 사상의식으로 개조하는 사업에 노력"해야 한다는 대목을 인용하면서, "사상 교양사업은 오직 과학적 학설인 맑스-레닌주의로 튼튼히 무장"하는 것이라고 설명했다. 둘째는 전체 청년들을 체육사업에 참여시키기 위한 체육의 군중화 투쟁을 요구했다. 즉 "공화국 체육사업의 특징은 그 대중성에 있으며 이는 또한 공화국 체육사업의 힘의 원천"이기 때문에 "수많은 청년들이 체육단체에서 활동하고 있으나 아직 조국이 요구하는 수준에까지는 그 거리가 먼 것을 체육인들이 명심"해야 한다는 것이었

---

77) 조남훈, 『조선체육사2』, 69~71쪽.
78) 오운식, "북조선 민청창립 체육인들의 과업: 새해의 청년 체육인들의 과업, 중앙 민청 부위원장", 『인민체육』, 1950년 제2호, 7~8쪽.

다. 그러므로 전체 체육인들은 자기가 속한 공장 광산 철도 운수기관 및 농촌 학교 내에서 "전체 청년들에게 인민체육의 중요성을 인식시키며 그들을 체육사업에 열성적으로 참가하려는 의욕을 제고시키는 사업을 활발히 전개"하도록 했다. 셋째는 북한의 체육수준을 높이기 위한 기술향상을 위한 투쟁을 벌이는 것이었다. 이미 2차에 걸친 세계무대에서 "선진국가 쏘련을 비롯한 제 민주주의 국가의 체육문화를 체험"한 것처럼 "쏘련의 사회주의적 높은 체육기술을 계속 섭취하며 급속한 시일 내에 공화국 체육수준을 세계 선진국가 체육수준에까지 제고시키는 투쟁"이 전체 청년 체육인들에게 부과된 중대한 임무 가운데 하나라는 것이었다. 넷째는 체육시설과 운동구 등을 정비 애호하는 투쟁을 전개하는 것이었다. '체육시설은 우리들의 손으로!'라는 구호를 들고 경기장 확충과 체육용구 시설 사업에 솔선 참가함으로써 전체 청년들이 체육사업에 참가할 수 있는 물질적 보장을 위한 투쟁이 체육인들에게 부과된 중요한 임무의 하나라는 것이었다. 다섯째는 "위대한 쏘련을 위시한 중국 및 제 민주주의 국가 청년들과의 굳은 단결"을 공고히 하며, "전 세계 평화 애호 인민들과 함께 새 전쟁 도발자들의 음모를 폭로 분쇄"함과 동시에, "적에 대한 경각심을 일층 제고하여 조국의 평화적 통일을 위한 투쟁에 총궐기"하는 것이었다. 그러기 위해 전체 체육인들은 각자의 분야에서 가장 모범이 되어야 하며, 특히 학원에서는 학업 성적 제고와 학교 규율 준수에서 모범이 되어야 한다는 것이었다. 마지막은 "우리들의 사업을 발전시키는 강력한 무기로 되는 비판과 자기비판 사업을 일상적으로 강화"하도록 하였다. 그것은 "결점에 대한 옳은 비판과 함께 자기과오에 대하여 비판을 대담하게 받을 줄 아는 데서 우리들은 과오를 시정하며 더 높은 발전을 위하여 옳게 사업을 추진"시키기 위한 것이었다. 이처럼 해방직후 북한권력이 청년학생들에게 부여한 과제는 '조국통일 및 국토완정'을 이루기 위한 사상정치교양사업, 인민체육을 위한 군중화 투쟁, 체육기술 향상, 체육시설 및 장비 애호, 학업성적 제고, 학교 규율 준수, 자기비판의 일상화 등으로 요약할 수 있다.

2. 국가건설 시기 대내 체육활동

인민체육을 위한 대내활동은 체육의 대중화 생활화, 학교체육의 정상화, 생산경기 및 국방체육 보급 등에 집중되었다. 이 가운데 체육의 대중화, 생활화 방침에 따라 인민체력검정제도 실시, 체육절 제정, 인민보건체조 보급 등의 조치가 취해졌다. 남과 북의 단절이 기정사실화되고 북조선중앙체육지도위원회가 설립된 1948년 5월 29일 직후였다. 이 중에서 인민체력검정제도는 이 시기 대중체육 활동을 위한 핵심 사업이었다.

1) 인민체력검정과 인민보건체조

(1) 인민체력검정 실시

1948년 7월 8일 발표된 인민체력검정의 목석은 인민체력검정 규정 제1조에 명시된 것처럼 "인민들의 기본체력을 정확히 판정하여 인민들로 하여금 자기 체력과 인민체육에 대한 관심을 높이어 체육을 생활화함으로써 인민체력의 계획적 향상을 도모"하는 것이었다.[79] 당시 북한체육은 각종 스포츠 사업을 통해 경기기술을 향상시키고 체육문화를 세계적인 수준으로 발전시키는 것과 함께 인민의 기본 체력을 향상시키는데 역점을 두었다. 그래서 인민의 기본 체력을 향상시키기 위한 대책 가운데 인민들의 체력 정도를 파악하기 위한 인민체력검정 제도가 먼저 실시되었다.[80]

---

79) 『조선중앙년감 1949년판』, 150쪽.
80) "사설: 인민체력검정을 대중적으로 실시하자,"『인민체육』, 1949년 제4호, 1쪽.

인민체력검정은 "체육사업의 종합적인 성과를 검열하고 전반적으로 인
민의 체력을 향상시켜 근로와 조국방위에 준비하는 전 인민을 대상으로 하
는 체육사업"이었다. 북한은 이러한 목적을 이루기 위해 전체 체육 지도간
부들이 이 사업에 많은 군중을 참가시키고 수많은 합격자를 내도록 일상적
인 준비와 대책을 강구하도록 하였다. 그리고 사업성과를 높이기 위해 "각
체육단체에서 전체 인민들에게 충분한 연습"을 하게 하였다. 그러나 시행
초기 인민체력검정은 "검정하는 그 자체보다도 그 준비로서의 일상적인 체
육훈련"에 역점을 두었다. "일상적으로 연습하지 않고 있다가 검정 시에만
군중을 동원하여 갑자기 무리한 운동을 시키는 것은 아무런 효과를 거두지
못하는 것이며 체력검정의 의의를 망각한 사업방식으로 절대로 있어서는
안 된다"는 판단에서였다.[81] 제정 당시 인민체력검정의 실시 종목에는 [표
3-16]과 같이 달리기, 넓이뛰기, 중량물 들고 달리기 등이 포함되었다. 인민
들의 일상생활과 노동생활에 필요하다고 여겨진 "집중력, 인내력, 조약력,
투척력, 현수력" 등과 관련된 전반적인 체력 향상에 중점을 두었다.[82] 그러
나 시행 초기 인민체력검정은 강제적인 것이 아니라 "매 개인의 자원적 원
칙에 의해 참가"하도록 했다.[83]

[표 3-16] 1948년 제정 인민체력검정 주요 내용

종목	남녀공통으로 100m(녀자 60m), 넓이뛰기, 단봉투(短棒投), 중운현수(重運懸垂)(여자는 제외) 등 각 종목 실행
등급	일정한 성적을 획득한 자에게 1, 2, 3 각 급 합격
기간	매년 9월 1일부터 11월 15일까지 실행
참가	매 개인의 자원적 원칙에 의함

출처: 『조선중앙년감 1949년판』, 150쪽.

81) 조형교, "인민체력검정 종목 해설(1)-질주(100m, 60)에 대하여," 『인민체육』, 1949
   년 제2호, 27쪽.
82) 『광명백과사전』, 157~158쪽.
83) 『조선중앙년감 1949년판』, 150쪽.

인민체력검정에는 시행 초기 전국적으로 290,000여 명의 로동자, 농민, 사무원, 학생들이 참가하였으며 이 가운데 15% 이상이 표준에 합격하였다. 특히 함경북도 청진시와 강원도 원산시가 모범으로 평가되었다. 그러나 당시 성과는 극히 초보적인 수준이었다. 아직도 많은 근로청년들, 특히 농촌 청년들의 참가가 부족하였으며 합격률도 저조하였다. 실시 방법에서도 결점이 발견되었다. 그러자 교육성은 1948년도 사업 경험과 소련의 체력검정 종목 등을 참고하여 검정 종목과 실시 요강을 [표 3-17],[84] [표 3-18]과 같이 수정하고 성과를 높이기 위한 방안들을 제시하였다.[85]

먼저 수정된 주요 내용은 첫째, 표준을 연령별로 소년·청년·장년 세 부분으로 구분한 것이다. 이것은 신체의 발육에 따라 각각 요구되는 체력의 정도가 다른 것을 고려한 것이었다. 둘째는 1948년에 채택하였던 1, 2, 3 세 등급을 폐지하고 단일한 표준으로 한 것이다. 이것은 국가가 요구하는 체력의 표준이 여러 등급으로 갈라질 수 없기 때문으로 설명하였다. 셋째는 종목에 있어서 실시 편의상 남자 2000m와 녀자 1000m를 남자 1000m와 녀자 500m 등으로 하향 조정하였다. 넷째는 실시방법이 편리하도록 기본검정과 특수검정 별로 각각 전 종목을 하루에 실시하지 않고, 2회 이상 구분하여 실시하도록 하였다. 인민들을 일상적으로 언습시기고 힌 번의 실수로 체력장을 받지 못하는 일이 없도록 1년에 한 사람이 2회까지 검정 받을 수 있게 하였다. 검정 기간도 5월부터 10월까지로 변경하였으며, 여름기간에 대부분 실시하도록 하였다. 특히 1949년부터 영력(泳力)과 원행력(遠行力)에 대한 특수검정을 신설해 검정제도의 질적 발전을 도모하였다.

다음으로 성과를 높이기 위한 방안은 첫째, 각급 인민정권기관을 비롯한 각 직장, 농촌, 학교, 기관 등 말단까지 치밀한 계획을 세우도록 하였다. 여기에는 수검 예정인원, 시설, 간부문제 등에 관한 기본 조사 및 다른 사업

---

84) 『조선중앙년감 1950년판』, 370쪽; 조남훈, 『조선체육사2』, 87~89쪽.
85) "사설: 인민체력검정을 대중적으로 실시하자," 『인민체육』, 1949년 제4호, 2~4쪽.

(체육대회나 국가적 중요 사업)과의 관계, 검열 지도에 대한 대책 등이 포함되었다. 둘째는 선전해설 사업이었다. 검정사업의 목적과 의의, 실시 방법 등을 널리 알려서 인민들이 자각적으로 연습하고 참가하도록 하였다. 셋째는 부단한 연습을 조직 지도하는 것이었다. 직장과 농촌의 경기대회에 검정 종목들을 넣어 군중적으로 경쟁하는 가운데 연습하도록 하고, 학교에서는 과외운동으로 매일 연습하게 하였다. 특히 각 직장에서는 매일 10분씩 인민보건체조나 산업체조를 실시하도록 하였다. 넷째는 검정위원들에 대한 기술적 지도와 규정 및 실시 요강에 대한 철저한 연구, 검열사업 강화 등이었다. 특히 사상적 무장을 중요시하였는데, 이는 검정사업의 중요성을 옳게 인식하고 높은 정치적 수준에서 이를 강력히 집행하는 데서만 이 사업의 정확성을 보장받을 수 있다고 보았기 때문이었다. 다섯째는 많은 사람들을 참가시키기 위한 것으로, 특히 농촌청년들과 여성청년들을 많이 참가시키도록 하였다. 이러한 사업을 통해 조국이 요구하는 "건강하고 인내성과 용감성이 있고 조국의 통일과 민주 발전, 조국 보위에 헌신할 수 있는" 세대를 육성하도록 하였다. 그 결과 개정 이후 처음 실시된 1949년도 인민체력검정에는 [표 3-19][86]와 같이 830,725명이 참가하였다. 그것은 1948년에 비해 참가자 수가 12.2배 늘어난 것이었으며 합격자 수도 전년도보다 4배 증가한 것이었다.[87]

교육성은 인민체력검정의 제1급에 합격한 사람들에게 은으로 만든 '체력장'을 수여하였다. 북한은 이 체력장이 "공화국 인민으로서 항상 인민경제 발전에 기여하는 노력과 조국을 제국주의 침략도배로부터 수호하는데 준비되어 있다는 체육부문에 있어서의 최고 영예를 표시하는 것"이라고 설명하였다. 그리고 인민체력검정 체력장이 "인민으로서의 노력과 생활에 필요

---

86) 궁선홍, "1949년도 체육사업 총결과 1950년도 과업에 대하여, 교육성 체육부장," 『인민체육』, 1950년 제2호, 3~6쪽.
87) 『조선중앙년감 1951~1952년판』, 393쪽.

한 기본 체력, 즉 질주력, 인내력, 조약력, 현수력, 투척력 등을 균형 있게 완전히 구비하고 있음을 증명하는 것"이기 때문에, "이 사업은 비단 체육인 에게만 한하는 것이 아니라 전 인민적인 사업으로써 근로 인민들의 자발적 참가 밑에 시행"하는 것으로 설명하였다. 당시 교육성이 제작한 체력장은 각 도를 통해 대상자들에게 전달되었다.[88]

[표 3-17] 1949년도 개정 인민체력검정 사업 개요

구분		소년(남자 17세 이하, 여자 16세 이하), 청년(남자 18~30세, 여자 17~25세), 장년(남자 31세 이상, 여자 26세 이상)
등급		1, 2, 3 등급제 폐지, 단일 기준 적용
기준	기본종목	남녀공통 100m달리기, 너비뛰기, 단봉던지기, 남자 1000m달리기(여자 500m달리기), 남자 30kg 또는 20kg(17세 이하) 중량물 어깨 위에 세 번 들어 올린 후 50m 시간제한 없이 운반하는 들힘과 운반힘, 현수, 여자 엎드려 팔굽혀펴기
	특수종목	헤염, 강행군 등
기간		1949년도부터 매년 5월1일부터 10월말까지 실시
기관		체육기관과 근로단체 일군들이 포함된 '인민체력검정위원회'조직 진행
단위		대상자 100명 이상 공장/기업소/기관/학교 '인민체력검정구' 설정
합격자		'체력장, 특수체력장' 수여
참가		매 개인의 자원적 원칙에 의함
지도일군		1948~9년 전국적인 단기강습회 진행, 1만여 명 체육관계자 참가

출처: 『조선중앙년감 1950년판』, 370쪽; 조남훈, 『조선체육사2』, 87~89쪽.

---

88) 『인민체육』, 1949년 제2호, 48쪽.

[표 3-18] 1949년 개정 인민체력검정 종목과 표준

	종목	17세 이하	18~30세	31세 이상
기본검정 (남자)	100m 질주	15초 이내	14초 이내	16초 이내
	주폭조	4m 이상	4m 60 이상	4m 20 이상
	단봉던지기	30m 이상	40m 이상	37m 이상
	현수	6회 이상	8회 이상	6회 이상
	중량운반	20kg3회어깨50m	30kg3회어깨50m	30kg3회어깨50m
	1000m주	3분 50초 이내	3분 30초 이내	4분 이내
	체조	보건/소년단	보건/산업/청년	보건/산업 체조

	종목	16세 이하	17~25세	26세 이상
기본검정 (녀자)	100m 질주	17초 이내	17초 이내	19초 이내
	주폭조	3m 이상	3m 20 이상	2m 30 이상
	단봉던지기	18m 이상	22m 이상	20m 이상
	엎드려팔굽펴기	15회 이상	12회 이상	10회 이상
	500m주	2분 10초 이내	2분 10초 이내	2분 20초 이내
	체조	보건/소년단	보건/산업/청년	보건/산업 체조

	종목		17세 이하	18~30세	31세 이상
특수검정 (남자)	영력	거리행	200m 완영	300m 완영	300m 완영
			기본표준 영력, 편의상 아래 1종목으로 대행 가능		
		시간영	7분 이내	10분 이내	10분 이내
		100m속영	2분 30초 이내	2분 25초 이내	2분 35초 이내
	행군력	20km	6kg 4시간30분	8kg 4시간 이내	8kg 4시간 이내
			기본표준 행군력으로 하되 편의상 아래 종목 대행		
		10km	1시간 이내	50분 이내	1시간 이내

	종목		16세 이하	17~25세	26세 이상
특수검정 (녀자)	영력	거리영	150m 완영	150m 완영	150m 완영
			기본표준 영력으로 하되 편의상 아래 1종목 대행 가능		
		시간영	5분 이상	5분 이상	5분 이상
		50m속영	1분 30초 이내	1분 25초 이내	1분 30초 이내
	행군력	15km	4kg 4시간 이내	6kg 3시간30분	4kg 4시간 이내
			기본표준 행군력으로 하되 편의상 아래 종목 대행		
		8km	1시간 10분 이내	1시간 이내	1시간 20분 이내

출처: 『인민체육』, 1949년 제4호, 2~4쪽.

[표 3-19] 1949년도 인민체력검정 참가자/합격자 현황

	참가자	합격자(%)
평양	52,516	5,788(11)
평남	96,167	5,177(6)
평북	109,088	8,955(8)
자강	30,483	1,855(6)
황해	142,711	7,439(5)
함남	132,289	10,390(8)
함북	190,518	8,658(9)
교통성	46,050	2,371(5)
강원	120,903	5,150(4)
계	830,725	55,783(6.7)
(남/녀)	625,630/205,095	42,422/13,361(6.8/6.5)

출처:『인민체육』, 1950년 제2호, 3~6쪽.

(2) 체육절 제정, 인민보건체조 보급

= 체육절 제정

북한은 1948년 8월 2일 내각결정 제108호로 매년 10월 둘째 일요일을 '체육절'로 제정하였다. "체육을 통해 노(동)력과 조국보위에 준비된 인민들의 건전한 체위와 무한한 애국심과 고도로 발전하는 체육문화를 국내외에 시위"하고, "국가적 차원에서 인민들과 청년들에게 더욱 광범하게 체육교양을 받도록 하기 위한" 것이었다. 매년 체육절을 계기로 전국적으로 체육인들의 경축시위와 체육행사, 전국종합체육대회 등이 진행되었다.[89] 북한은 체육절이 "인민들이 공장, 광산, 농촌, 직장, 학교들에서 자기들의 향상되고 연마되고 단련된 건강한 체력 발전의 성과들을 검열하고 시위하며 기념하는 날"이며, "우리 민족의 체육발전사상 획기적 의의"를 지닌다고 설명하였다.

---

89)『조선중앙년감 1950년판』, 369쪽.

특히 제1회 체육절 행사를 앞둔 1949년 가을『인민체육』10월호는 체육사업이 생산증강 및 군사적 훈련에 이용될 수 있도록 해야 한다면서 체육인들에게 다음과 같은 과업을 제시하였다.[90]

첫째, 체육지도 일군들 중에 아직도 부분적으로 남아 있는 "일본제국주의적 체육관념을 근본적으로 퇴치하고 새로운 민주주의적 사상으로 더욱 튼튼히 무장시키기 위하여 맑스-레닌주의적 정치 사상교양사업을 일층 강화하며 낡은 체육사업 방식으로 되어 있는 개인본위 선수본위 등의 옳지 못한 체육 지도 경향들에 대하여 엄정한 비판과 상호 비판을 강력히 전개"하는 것이었다. 둘째는 "체육사업의 기초를 공장, 광산, 농촌들의 로동자, 농민들에 두고 그들 속에서 써-클 사업을 강화"하기 위해 체육지도원들을 공장, 광산, 농촌들에 일상적으로 파견하여 체육을 대중화하는 것이었다. 셋째는 "체육써-클 지도 사업의 성과를 더욱 보장하기 위하여 체육 코치 지도원 및 체육 전문가들의 책임성을 높이며 정치적 기술적 수준을 높이기 위한 연구 대책들을 강구"하는 것이었다. 이를 위해 먼저 "선진국가 쏘련의 체육문화를 연구하며 섭취하는 사업을 강화하여 새로운 체육리론과 방법과 기술을 과학적 체계로 수립"하도록 하였다. 넷째는 "체육사업을 흥행적 오락적인 관점에서만 보려는 경향들에 대하여 강력한 투쟁을 전개"하고, "체육이 인민들의 보건을 위하고 인민들을 민주주의적으로 교양"하며, 인민경제 2개년 계획 실행에 직접 "로동 생산성과 련계성을 긴밀히 하여 생산증강에 기여"하는 것이었다. 다섯째는 "각종 체육을 단지 흥미 본위나 형식적인 데만 치중할 것이 아니라 실제적인 사업에 유용하게 리용할 수 있는 방향"으로 관심을 돌리는 것이었다. "오늘과 같이 조국을 방위하고 반동을 쳐 뭇찔러야 하는 중요한 시기에" 체육사업은 "직접 군사적 훈련에 리용될 수 있는 조국방위의 중요한 수단의 하나"가 되어야 한다는 것이었다. 1940년대

---

90) "사설: 제1차 체육절을 맞으면서 전체 체육인들은 궐기하자,"『인민체육』, 1949년 10월호, 1~2쪽.

후반 북한의 체육사업은 생산성을 높이기 위한 노동력과 조국방위를 위한 군사력 측면을 강조했는데, 북한은 이러한 사업의 당위성을 [표 3-20]과 같은 남북한 체육의 차이점으로 설명했다.

[표 3-20] 1949년 당시 북한의 남북한 체육에 대한 인식

	북한 체육	남한 체육
목적	-조국과 인민에게 복무 -인민체력 향상과 집단적 훈련, 인민에게 헌신할 줄 아는 용감/대담/인내 훈련	-반민주적 반동적 체육 -일부 특권계급에 봉사, 흥행적/향락적 -소수의 선수 본위의 체육
수단	-노동생산성 제고, 경제계획 초과달성 -국방력 배양, 미제침략 방위 -매국반동 도당 무찌르고, 국토완정/조국통일 투쟁의 주요 수단	-인민을 무사상적 방향으로 인도 -리승만 매국도당들의 반동성 은폐 -본질은 인민들을 기만하는 것, 체육단체가 리승만도당 테로 양성기관화

출처: 『인민체육』, 1949년 10월호, 1~2쪽.

= 인민보건체조, 집단체조 보급

국가건설 시기 체육의 대중화 전략에서 또한 중요시되었던 것은 다양한 체조 형식이었다. 이 가운데 특히 1948년도부터 보급된 '인민보건체조'는 직장과 학교, 마을에서 아침이나 업간체조 시간을 이용해 실시하도록 했다. 당시 인민체조는 가슴운동, 다리운동, 팔운동, 목운동, 봄통운동, 옆구리운동, 등배운동, 온몸운동, 팔다리운동, 숨쉬기운동 등 12개 동작으로 구성되었다. 계층과 체질적 특성이 고려된 '산업체조', '청년체조', '소년단체조' 등도 개발되어 근로자와 청소년학생들의 건강 증진 및 몸 단련의 목적으로 보급되었다.[91]

각급 학교에서는 많은 학생들이 참여하는 '집단체조'가 보급되었다. 당시 집단체조는 맨손체조, 조립체조, 탑을 쌓는 체조, 수기체조, 기구체조, 행군체조 등으로 단순한 형식이었다. 1948년에는 각 시·군 단위로 '북조선집단

---

91) 『광명백과사전』, 158~159쪽.

체조 경연대회'가 진행되었다.[92] 해방 이후 북한에서는 [표 3-2]과 같은 몇
몇 집단체조가 창작 공연되었다.[93] 특히 1947년 11월 2일 공연된 집단체조
〈삼등면 인민들은 장군님을 열렬히 환영합니다〉에 대해 각별한 의미를 부
여했다. 그것은 이보다 일 년 전인 1946년 11월 3일 도·시·군 인민위원회
위원 선거에 김일성이 이 지역 인민위원으로 입후보한 사실과 관련된다.[94]
북한은 1948년 10월 31일 평양에서 진행된 '전국종합체육대회'에서 만경대
혁명학원 학생들이 공연한 집단체조와 당시 평양사범대학 학생들의 조립
체조를 이 시기 대표작으로 설명하고 있다. 이 작품은 "인민경제의 발전과
자주국가 건설, 그리고 자주적 평화통일을 이루기 위한 인민들의 투쟁"을
형상화한 것이었다. 1949년 10월 30일 모란봉경기장(현재 김일성경기장)에
서 진행된 제1차 체육절 기념 '전국종합체육대회'에서도 평양시 학생들이
집단체조 〈평화적 조국통일을 위하여〉를 공연하였다.[95] 북한은 이들 작품
들이 "수령님에 대한 다함없는 흠모심과 그이의 현명한 령도 밑에 민주주
의 자주독립국가를 건설하고 조국의 자주적 평화통일을 이루려는 인민들
의 투쟁을 주제로 다양한 체조율동과 조형으로 형상되었으며 이를 통해 건
국사업에 떨쳐나선 근로자들의 투쟁 모습과 새 조선 청년학생들의 규률있
고 조직적인 면모를 보여주었다"고 설명하고 있다.[96]

---

92) 이 대회에는 로동자 농민을 비롯한 인민학교 중학교 전문학교 대학 등 773개 단
위에서 84,800여 명이 참가하였다고 한다. 조남훈, 『조선체육사2』, 90쪽.
93) 조남훈, 『조선체육사2』, 120쪽; 박영정, 『21세기 북한 공연예술 대집단체조와 예
술공연 〈아리랑〉』(서울: 도서출판 월인, 2007), 27쪽.
94) 조남훈, 『조선체육사2』, 91쪽; 김일성은 이 공연 다음날인 1947년 11월 3일에 "평
안남도 강동군 삼등면 선거자들 앞에서 11월 3일 선거 1주년을 맞이하면서"라는
제목의 연설을 하였다. 사회과학원 력사연구소, 『조선전사(년표2)』(평양: 과학백
과사전종합출판사, 1991), 141쪽.
95) 조남훈, 『조선체육사2』, 91, 120쪽.
96) 『광명백과사전』, 159쪽.

[표 3-21] 1946~1953년 집단체조 공연 현황

일시	공연 현황
1946년 5월 3일	'소년들의 련합체조', 평양시건설운동장, 해방 후 최초 작품
1947년 4월 22일	'특별체육의 밤', 민청체육관 개관 기념
1947년 5월 1일	'김일성장군 만세', 평양시 학생들
1947년 11월 2일	'삼등면 인민들은 장군님을 열렬히 환영합니다'
1948년 10월 31일	'조선은 하나다', 공화국 창건기념, 만경대혁명학원 학생 등
1949년 10월 30일	'평화적 조국통일을 위하여'(또는 조국의 통일을 위하여)
1953년 6월 6일	소년단창립 기념식, 평양시내 학생소년들, 집단체조 공연

출처: 조남훈,『조선체육사2』; 120쪽; 박영정,『21세기 북한 공연예술 대집단체조와 예술공연 <아리랑>』 27쪽.

2) 학교체육 개선과 국방체육 보급

(1) 학교체육사업 개선

= 학교체육사업 정상화 조치

이 시기 학교체육을 정상화하는 것도 중요한 과제였다. 김일성은 1946년 11월 22일 평안남도 대동군 삼흥중학교 창립 1돐 기념식 연설에서 청소년 학생들을 지덕체를 갖춘 새 사회 건설의 믿음직한 역군으로 육성하도록 했다.[97] 이후 북조선임시인민위원회 교육국은 1946년 12월 '북조선학교 교육 체계에 관한 규정 및 그 실시에 관한 조치'에 대해 결정하고 통일적인 인민 교육체계를 수립하였다. 체육교육에서는 체육수업을 줄이는 대신 과외시간 에 체육활동을 장려하고, 매 교수시간을 45분으로 하며, 1947~1948학년도에 인민학교는 주당 2시간씩 매 학년마다 평균 72시간 수업을 하도록 하였다. 이에 따라 각급 학교는 체육수업을 소학교 기간에 350시간, 초급중학교 기 간에 210시간, 고급중학교 기간에 140시간씩 할당하였다. 일반체육기술에

---

97) 사회과학원 력사연구소,『조선전사(년표2)』, 126쪽.

대한 지식 교육과 함께 각종 경기 및 체육유희도 진행했다.

이어 1947년 6월 11일 북조선로동당 중앙위원회 상무위원회는 "청소년군 중문화 및 체육사업에 대하여" 토의하고, 민청단체들의 문화예술 및 체육사업을 강화하도록 결정하였다. 특히 김일성은 1948년 8월 7일 대동군 재경인 민학교를 현지지도하면서 학생들의 과외체육과 예술활동을 강조하였으며, 1949년 10월 1일에도 평양시 교육사업을 개선하기 위한 관계부문 일군들의 협의회에서도 학생들이 일요일과 휴식일에 문화오락사업과 체육사업을 조직하도록 하였다. 이러한 일련의 조치들 속에서 청소년학생들 사이에 인민 체력검정 참가자 수가 1948년 18만 명이던 것이 1949년에는 60만 명으로 급 증했다.[98] 각급 학교에서는 과외시간과 휴일에 인민체력검정 및 등산, 탐험 등 여러 가지 활동을 진행했다. 1947년 5월 3일 김일성이 묘향산을 돌아보면서 학생들이 등산을 많이 하도록 지시한 다음부터, 각급 학교에서는 백두산, 묘향산, 금강산, 장수산, 부전고원 등지에서 등산, 탐승, 탐험 활동을 했다. 특히 1949년 6월 20일 김일성종합대학 학생들이 '백두산탐험대'를 조직하여 해방 후 처음으로 백두산 천지를 답사했다. 이어 7월 21일~8월 9일에는 김일성종합대학 등 13개 대학의 학생, 교원 등 30여명으로 구성된 '대학생 백두산탐험대'가 다시 백두산에 올라 지질학, 생물학, 고고학 등의 자료를 수집했다.[99] 이를 통해 청소년학생들이 과외체육활동을 통하여 자기들의 몸을 튼튼히 단련하였을 뿐 아니라 혁명전적지와 혁명사적지 명승고적지들에 대한 답사와 탐승을 진행하는 과정에서 당의 혁명전통과 조국의 역사와 문화를 잘 알게 되었고 애국주의정신을 키우게 되었다고 한다.[100]

---

98) 조남훈, 『조선체육사2』, 94쪽.
99) 북한은 학생들 사이에 벌어진 대중적 체육활동이 학생들의 몸을 튼튼히 단련시켰을 뿐만 아니라 항일혁명 정신을 체득하게 하며 조국의 역사와 문화를 잘 알고 자랑하게 함으로써 그들을 애국주의정신으로 교양하는데 큰 의의가 있었다고 설명하고 있다. 조남훈, 『조선체육사2』, 95~96쪽.
100) 『광명백과사전』, 159쪽

= 대학체육사업 강화

대학 내 체육사업을 강화하기 위한 방안도 제시되었다. 1949년 당시 북한에는 15개 대학에 13,000여 명의 대학생들이 소속되어 있었기 때문에 체육의 대중화 사업을 지도하는 주력부대로 대학생들을 주목한 것이었다. 학생들의 체육사업을 책임지고 있는 중앙민청 체육부장 리덕종의 발언에서도 당시 북한권력이 대학생들의 체육활동을 얼마나 중요하게 여겼는지를 확인할 수 있다.[101] 민청 부장은 먼저, 해방 이후 북한체육은 "과거의 일부 특권계급의 전용물로서 그들의 오락물로 또는 관상물로 상품화되었든 체육과는 정반대로 근로대중을 위시한 전체 인민의 체육으로 전변"되었다면서, 이는 "조국보위의 초소에서 모든 반동의 침해로부터 조국을 보위함에 있어서나 조국의 민주발전을 위한 건설투쟁에 있어서 선봉적 역할을 하는 젊은 세대들의 조직있고 규률있는" 심신이 튼튼한 역군을 만들기 위한 것으로 "대중성과 군중적 체육"이 그 특징이라고 설명했다. 그래서 "앞날의 민족간부들을 튼튼한 체력의 소유자로 육성함에 있어서 대학생들의 과학적 탐구와 함께 체육사업의 중요성"이 있으며, 특히 "현하 조국의 정세는 대학생들에게 어느 때보다도 동원되고 긴장된 전투적 태세에서 조국에 대한 무한한 충직성과 로력과 조국보위를 위하여 헌신 복부할 수 있는 희생성과 건전한 체력을 긴요하게 제기"되기 때문에, 대학생들은 "자기 앞에 제기된 모든 과업들을 실천하며 또한 튼튼한 체력의 소유자로서의 체육사업을 발전 강화"해야 한다고 주장했다.

그러면서 대학 내 체육사업의 결함들을 지적하였는데, 첫째는 "군중적 체육을 장려함에 있어서 광범한 학생들을 체육사업에 인입하는 사업과 이들의 정치사상 교양사업을 제고하는 투쟁이 미약"한 점이었다. 특히 체육

---

101) 리덕종, "대학 내 체육사업의 개선 강화를 위하여, 중앙민청 체육부장,"『인민체육』, 1949년 12월호, 24~26쪽.

학부 또는 체육과를 병설한 사범대학, 또는 교원대학에서 체육을 그 학부와 과에 있는 학생들만이 할 수 있는 것으로 간주하는 경향이었다. 둘째는 "집단적 생활과 민주주의 도덕 교양에서 불가결의 요소인 조직적, 규율적 지능을 소유함에 있어서 체육사업의 중요성"이 있는데도, 이에 대한 인식 부족으로 공부만하면 된다면서 참가를 기피하는 경향이었다. 셋째는 체육 써-클원들 가운데 "체육사업을 학생들의 본신 임무로 알고 학생들에게 부과된 학습을 소홀히 하는 현상"이었다. 넷째는 "체육써클 내 부분적 학생들은 학습을 태만하며 출석률을 보장하지 못하는 데 대하여 이러한 비판과 자기비판으로서 이를 시정할 대신에 이들을 옹호하고 이들과 타협하는 융화주의 현상"이었다. 그 결과 "학업에 열성하는 자만이 체육을 할 수 있음에도 불구하고 학업성적이 불량한 학생들이 부분적으로 있으며 리유없이 이들과 결탁하는 학생"들이 있다는 것이었다.

이러한 결점들을 시정하고 "조국과 인민에게 복무하는 고상한 애국주의 사상으로 무장하여 조국에 헌신하는 민족간부"가 되기 위해 "정치사상 교양 사업을 실질적으로 학업과 건설과 로력에 결부시켜 진행"하고, "학교규률을 준수하며 학업성적 제고를 위한 투쟁에 총궐기"하며, "비판과 자기비판을 강화"하는 것과 함께, 학교 민청단체들이 "학교 내 체육사업과 그 활동을 일층 강화"하도록 하였다. 그래서 "일부 학생들 속에 남아있는 체육을 위한 체육관념을 일소하고 '로력과 조국보위를 위하여'라는 구호를 깊이 침투"시키며 "군사과학기술 연구사업에 적극 참가"하도록 해야 한다는 것이었다.

(2) 생산체육, 국방체육 보급과 조국보위후원회

= 생산체육경기 보급

국가건설 시기 북한에서는 체육의 대중화를 위한 인민체력검정 및 인민보건체조 보급, 학교체육 정상화와 함께, 공장, 기업소, 농장 등 근로 현장에서 생산체육경기를 장려했다. 6·25전쟁을 1년여 앞둔 1949년 중반부터는 군사기술에 적용할 수 있는 국방체육 활동이 강화되었다. 먼저 근로자들 사이에 생산성과를 올리기 위한 부문별 '생산체육경기'는 각 부문별로 실시되었다. 체신부문에서는 통신경기, 전신전화 및 우편물취급경기 등이 진행되었으며, 공장과 광산들에서는 직기조립경기, 직포생산경기, 재봉경기, 착암기경기 등이 진행되었다. 대표적인 사례를 살펴보면 다음과 같다.

[사례1]
1948년 5월 25~26일 사리원시에서 진행된 공장대항 '생산기술혁신대회'였다. 당시 '사리원방직공장', '평양타올공장' 노동자들이 직기조립, 직포생산, 품질향상, 원료절약 등 9개 종목의 경기에 참가하였다. 1950년 1월 15일에는 당시 '검덕광산' 채광 23호 채굴장에서 '착암기경기대회'가 진행되었다고 한다.[102]

[사례2]
농촌에서도 모내기, 풀베기, 가마니짜기, 현물세운반 등의 경기방식이 진행되었다. 1947년 11월 황해도 연백군, 신천군, 재령군, 강원도 철원군, 룡천군 둥에서 각 군별 '가마니생산경기대회'가 열렸다. 당시 농촌에서는 수확한 낟알을 제때에 처리 보관하기 위해 가마니 생산을 보장하는 것이 중요한 과제였다.[103]

---

102) 공장대항 '생산기술혁신대회'에서는, 직기 1대를 분해 조립하는 직기조립경기에서 사리원방직공장 노동자들이 평소 4시간 걸리던 작업을 2시간 30분 만에 조립하여 1등을 차지하였다. 또 '직포경기'에서 사리원방직공장 여성노동자들이 직기 2대를 가지고 2시간 동안에 21.86m의 천을 짜내어 1등을 기록하였다고 한다. 한편 '착암기경기대회'에서는, 착암기 대당 평균 27.5톤의 광석을 생산해 계획보다 275%의 생산량을 내면서도 화약소비는 톤당 소비계획보다 55% 절약하여 250g을 사용하는 기록을 세웠다. 5일간 계속된 이 경기대회는 실적을 종전보다 138%로 높이는 성과를 거두었다고 한다. 조남훈, 『조선체육사2』, 92쪽.
103) 당시 연백군에서는 300여 명의 선수들 중에서 가마니 1매를 73분에 짠 한 농민 부부가, 신천군에서는 72분에 2매를 짠 농민이 각각 1등상을 받았다. 재령군에

[사례3]

농민들은 개인별, 조별 단위로 경쟁하였다. 대표적인 예로는 당시 자강
도 후창군 농민청년들은 군 풀베기경기대회를 조직하였다. 이 대회에서
1등을 한 선수는 88.2kg, 2등을 한 선수는 82.8kg의 풀을 베었다고 한
다.104)

= 국방체육 보급과 조국보위후원회 결성

체육을 통해 인민들을 국가보위에 준비시키기 위한 사업은 먼저 군사부
문을 중심으로 실시되었다. 군사간부 양성을 위한 평양학원과 보안간부훈
련소, 경비대와 1948년 2월 정식으로 출범한 조선인민군의 전투력 향상 차
원에서 군사훈련과 함께 체육훈련이 강조되었다. 민청을 중심으로 한 민간
차원의 국방체육 사업도 전개되었다. 1945년 12월 15일 창설된 '조선항공협
회'가 국방체육의 대표적인 사례였다. 당시 협회장으로 김일성이 추대되었
다. 산하 조직으로 각 공장, 농촌, 학교들에 항공소조가 설치되었다. 항공소
조에는 항공기술연구반, 항공기술보급반, 모형항공기제작반을 두어 항공기
술을 습득하도록 하였다. 항공협회는 창설된 지 반년 만에 2,500명의 회원
을 확보하였다. 일 년이 지난 1946년 12월에는 13만 9,800여 명의 회원을 확
보하였다고 한다.105) 조선항공협회는 1947년 2월에 '항공구락부'로 개편되었
다. 항공구락부는 당, 근로단체 및 항공전문기술 일군들로 21명의 중앙위원
회를 구성하였다. 위원장에는 김책이 추대되었다. 산하에는 부위원장 1명,
서기장 1명, 서무 1명, 훈련지도원 1명, 조직선전원 2명으로 중앙상무위원

서는 한 농민이 가마니 2매를 짜는데 57분을 기록하였다고 한다. 이밖에도 강원
도 철원군, 평안북도 룡천군 등지에서도 '가마니생산경기대회'에서 질 좋은 가마
니를 많이 생산하였다고 한다. 조남훈, 『조선체육사2』, 93쪽.
104) 당시 함경남도 신흥군 원평면 서리 농민들은 연간 가마니생산 계획을 완수하기
위하여 기대별 생산경기를 진행하였으며 그 결과 15일 동안에 리 단위에서 계
획한 연간계획을 초과 달성하였다고 한다. 조남훈, 『조선체육사2』, 120쪽.
105) 『광명백과사전』, 159쪽.

회를 구성하였다. 항공구락부의 주요 임무는 민주청년동맹과 긴밀히 연계해 인민대중들에게 항공기술을 보급하는 한편 청년학생들이 과외시간에 항공기술 훈련을 받도록 하며 항공기술기재를 관리하는 것 등이었다.[106]

국방체육 사업은 6·25전쟁을 1년여 앞둔 1949년 중반부터 본격화되었다. 1949년 7월 15일 직업동맹, 농민동맹, 민주청년동맹, 민주여성동맹 대표들로 '조국보위후원회' 결성 준비위원회가 결성되면서부터였다. 이후 1949년 8월 5일 당 중앙위원회 정치위원회는 조국보위후원회의 조직과 강화 발전 방안에 대한 원칙적인 문제들을 제시하였으며, 항일혁명투사들과 조국보위후원회 결성준비위원회 성원들을 각 지방에 파견했다. 당시 조국보위후원회 중앙위원회 조직은 위원장과 부위원장, 군사훈련부, 선전후원부, 간부과, 기요과 등으로 구성되었다. 또한 각 도에는 도 위원회, 각 시, 군에는 시, 군 위원회와 필요한 부서들이, 각 면과 농촌 리, 공장, 기업소, 학교, 가두들에도 조국보위후원회 초급단체가 조직되었다. 농촌에서는 리 단위로 초급단체위원회가, 작업반과 부락단위로는 반 초급단체가 조직되었다. 직장과 학교들에서도 회원 100명 이상의 단위에 초급단체위원회가, 학급과 작업반, 부서단위로도 반 초급단체가 조직되었다. 초급단체위원회는 회원 50~1000명까지는 5명, 회원 1000명 이상 초급단체들에는 9~15명, 회원 50명 미만인 초급단체들에는 위원장과 부위원장을 두었다. 이처럼 전국적으로 일사불란한 조직 체계가 형성되어 조국보위후원회는 결성준비위원회 출범한 달 만인 1949년 8월말 현재 전국적으로 2만 5,079개의 초급단체에 269만 1,276명의 회원을 거느린 전국적인 조직이 되었다.[107]

조국보위후원회는 '조국통일민주주의전선' 산하의 전인민적인 투쟁 조직이었다. 북한은 당시 이 단체의 설립 목적을 "인민군대와 경비대를 물심량

---

106) 조남훈, 『조선체육사2』, 80~81쪽.
107) 같은 해 11월에는 출판사를 설립하고 월간잡지 『조국보위를 위하여』를 발간하였다. 조남훈, 『조선체육사2』, 82~83쪽.

면으로 후원함과 동시에 북반부민주건설을 파괴하려 하는 반동도배들의 시도를 폭로분쇄"하는 것으로 설명했다. 조국보위후원회는 "전체 인민들 속에서 군사정치훈련을 조직 진행하며, 군사과학과 지식을 보급시키는 동시에 인민군대에 대한 원호사업을 조직 진행하는 것을 기본 임무"로 하였다. 그리고 청장년들에 대한 정치사상교육, 군사훈련, 군사기술 보급, 국방체육, 단기 야영훈련 등을 조직의 기본 임무로 설정했다.[108] 조국보위후원회는 1949년 12월 26일 각 도 대항 모형활공기경기대회, 1949년 12월 8일 제1차 각 도 대항 사격경기 등을 비롯하여 각종 국방체육경기를 조직 진행하였으며, 이듬해 시작된 6·25전쟁 기간 동안 일반인들을 대상으로 하는 군사훈련과 국방체육 보급을 주도했다.[109]

3) 국내 행사대회 기록

=정치행사나 국가 명절·기념일에 체육행사대회를 진행했다.

북한은 이 시기에 전 국가적 전 군중적으로 체육활동이 벌어짐으로써 새 조선 건설에 떨쳐나선 근로자들의 앙양된 열의를 북돋아주었으며 체육기술 수준에서도 일정한 발전을 이룩하였다"고 설명했다. 이 기간 동안 진행된 종합적인 체육대회로는 〈전국종합체육대회〉, 〈조선민주주의인민공화국 정부수립 경축 전국종합체육대회〉, 〈전국인민체육축전〉 등이 있었다. 이들 대회에서는 륙상, 정구, 투구, 축구, 롱구, 배구, 야구, 탁구, 체조, 자전거, 력기, 씨름, 그네뛰기 등 종목경기들이 주로 진행되었다. 또한 종목별 체육대회에는 전국빙상선수권대회, 전국축구대회, 전국권투경기대회, 전국스키

---

108) 『조선중앙년감 1950년판』, 266쪽.
109) 사회과학원 역사연구소 편, 『조선전사24』 (평양: 과학백과사전출판사, 1981), 280~286쪽.

경기대회 등이 있었다.[110]

1946년 10월 8·15해방 1돐 경축 북조선종합체육대회가 열렸다. 대회에는 당시 북한 지역 6개 도에서 선발된 대표선수 1,500여 명이 참가했다. 륙상, 정구, 투구, 축구, 롱구, 배구, 야구, 탁구, 체조, 자전거, 력기, 권투, 씨름, 그네 등 14개 종목의 경기가 진행되었다. 전체 참가자들은 10월 6일 평양에서 진행된 '체육인대회'에 참가했다. 이 자리에서 김일성은 '체육을 대중화하기 위하여'라는 제목의 연설을 했다. 1947년 8월 24~27일 8·15해방 2돐 기념 '북조선인민체육축전', 1948년 8월 16~18일 8·15해방 3돐 '북조선인민체육축전'등이 평양에서 해방을 기념하는 인민대중의 정치적 행사의 일환으로 진행되었다. 8·15해방 3돐 기념 '북조선인민체육축전'에서는 각 도 예선경기에서 우승한 로동자, 농민, 청년학생 등 각 계층 1,000여 명의 선수들이 참가했다. 경기종목은 축구, 롱구, 배구, 륙상, 씨름, 그네 등이었으며, 여자400m이어달리기 등에서 북한 신기록이 나왔다.[111] 1948년 10월 31일부터 11월 3일까지 공화국 수립을 축하하는 '조선전국종합체육대회'가 교육성 주최로 열렸다. 대회에는 남북조선 17,000여 명의 참가자와 30만 명의 관중이 모인 가운데 육상경기 등 15개 종목의 경기들이 진행되었다.[112] 이처럼 국가건설시기 북한에서는, 표 [3-22]에서 보는 것처럼, 다양한 체육대회가 개최되었다. 여러 기념일에도 '체육절기념체육대회,' '로동법령발표기념체육대회,' '세계청년주간기념체육대회' 등 다양한 체육경기가 열렸다. 1948년 8월 20~28일 평양에서 열린 '로동법 발표 2돐 기념 평양시 직장체육대회'에는 직총 산하 18개 산별 대표선수들이 참가했다. 1949년 10월 30일에도 평양에서 제1차 '체육절기념 전국종합체육대회'가 열렸다. 체육절기념대회는 각 도·시·군에서도 진행되었다.[113]

110) 『광명백과사전』, 159쪽.
111) 조남훈, 『조선체육사2』, 98쪽.
112) 『조선중앙년감 1949년판』, 149쪽; '전국종합체육대회' 자세한 기록은 150쪽 참조.

1946년 5월 9일부터 8일 동안 평양에서 진행된 제1차 '북조선축구대회'는 25개 인민학교, 29개 중학교, 2개 전문학교, 35개 직장(공장)단체, 29개 일반 단체 등 총 138개 단체에서 2,130명의 선수들이 참가했다.[114] 1947년에 실시된 제1차 종목별선수권대회는 10월 초순부터 11월 초순까지 청진과 평양에서 륙상, 체조, 자전거, 권투, 레스링, 력기, 축구, 롱구, 투구 등 종목별 경기가 진행되었다. 체육위원회는 각 종목 우수 단체들에게 우수컵과 상장 및 1947년 선수권을 수여했다. 우승 선수들에게 우승 휘장과 상장 및 1947년도 선수권을 수여했다. 1948년 1월 16~18일 평양 대동강 특설빙상장에서 북조선민주청년동맹창립 2돐 기념 '북조선빙상경기대회'가 진행되었다. 개막식에는 각 도에서 선발된 선수들 400여 명이 참가했다. 대회에서 녀자 500m지치기 종목에서 59초 5로 신기록이 나왔다. 1949년 1월 21~23일 진행된 민청창립 3돐 기념 전국빙상경기대회 및 빙상선수권대회에서도 여러 종목에서 신기록이 나왔다. 1950년 1월 21~23일 평양에서 진행된 민청창립 4돐 기념 빙상경기대회에서는 남자500m, 1500m, 2000m 이어지치기에서 각각 신기록이 수립되었다. 특히 남자5000m지치기에서 1~6위까지 모두 신기록이었다.[115]

---

113) 조남훈, 『조선체육사2』, 101, 120쪽.
114) 해방 후 처음으로 진행된 이 축구경기대회에는 로동자, 농민, 학생, 소시민 등 각 계층 군중들이 참가하였다. 북한은 짧은 기간에 체육이 급속히 대중화되고 있음을 보여주었다고 설명하였다. 이 대회에서 우승한 단체들은 다음과 같았다. 인민학교(기림인민학교), 중등학교(평양농업학교와 서광중학교), 전문학교(평양의학전문학교), 로동단체(평철), 일반단체(평양운동구락부). 조남훈, 『조선체육사2』, 99쪽.
115) 조남훈, 『조선체육사2』, 86, 99, 100쪽.

[표 3-22] 1945~1949년 국내 주요 체육행사대회 현황

일시	체육행사대회	장소
1946년 10월 4~8일	8.15해방 1돐 경축 북조선종합체육대회	평양
1947년 8월 24~27일	8.15해방 2돐 기념 북조선인민체육축전	평양
1948년 8월 16~18일	8.15해방 3돐 기념 북조선인민체육축전	평양
1948년 10월 31일~11월 3일	공화국 수립 경축 조선전국종합체육대회	평양
1949년 8월 16~17일	8.15해방 4주년 기념 전국체육축전	평양
1949년 10월 30일~11월 2일	제1회 체육절 기념 전국종합체육대회	평양

출처: 『조선중앙년감 1949년판』, 149쪽; 조남훈, 『조선체육사2』, 101, 120쪽.

= 6 · 25전쟁에 임박해서는 근로자들과 청년학생들을 중심으로 국방체육 경기가 진행되었다.

대표적인 사례는 조국보위후원회 중앙위원회 주관으로 1949년 12월 26일 평양에서 열린 조국보위후원회 '각 도 대항 모형항공기 경기대회'였다.[116] 조국보위후원회는 1949년 12월 8일에도 제1차 '각 도 대항 사격경기'를 조직 했다. 이와 함께 야영훈련소 합숙을 운영하면서 전술, 사격, 대렬, 창격전, 각종 규정들을 기본으로 하는 군사훈련을 진행했다. 특히 대원들의 훈련의 욕을 높이기 위하여 '채점경기대회'를 진행하였다. 이것은 보총과 수류탄을 기본으로 하여 그의 구조, 작용원리 등에 대한 이론과 그에 대한 분해 결합 등 실지동작의 숙련 정도를 판정하는 것이었다.[117] 군사훈련대 이외에 일 반 대학, 고등 및 전문학교 학생들에 대해서도 조국보위후원회 군사훈련부 소속 현역군인들이 직접 군사훈련을 지도하였다. 또한 여성청년들을 대상

116) 이 경기대회에서는 A급모형활공기와 B급모형활공기 및 자유형경기들이 진행되 었다. A급 경기에서는 흥남 제8인민학교 5학년 학생이, B급 경기에서는 평양 제 2녀고중학교 학생이 1등을 차지하였다. 조남훈, 『조선체육사2』, 104쪽.
117) 예를 들어 1950년 4월 당시 조국보위후원회 황해도 재령군본부에서는 '채점경기 대회'를 조직하였으며 군내 직장, 농촌에서 1500여 명의 대표선수들이 참가하였 다. 이 경기는 전호파기, 련락동작, 훈련장에서의 이동전진, 전호수색동작, 탄환 운반동작, 조준련습, 수류탄던지기, 대렬행진, 기계체조, 장애물돌파, 높이뛰기, 너비뛰기, 비상소집 등을 포함하고 총점수로 순위를 결정하는 방식이었다.

으로 위생훈련대를 조직하여 부상자들에 대한 응급처치법을 기본으로 하
는 위생훈련을 받도록 했다.118)

한편 1949년 3월 25일 인민군대 내에 '체육중대'가 조직되었다. '조선인민
군종합체육대회'와 세 차례의 '경비대 및 내무원종합체육대회'에서 륙상, 자
전거, 력기, 수영, 속도빙상 종목에서 모두 40건의 공화국기록이 갱신되었
다. 이 시기 북한체육은 체육의 대중화 사업을 바탕으로 우수한 선수들이
많이 성장해 기록도 향상되었다. 1949년도 신기록 수립은 1948년에 비해 약
2.5배에 달했으며, 61개 종목에서 종전의 공화국기록을 갱신했다. [표 3-23]
에서 보는 것처럼, 육상과 수영, 역기 종목의 기량이 크게 향상되었다. 1950
년에는 속도빙상과 스키 등 겨울철 종목의 기량이 크게 향상되었다.119) 국
내경기대회에서의 경험을 토대로 1947년과 1949년 세계청년학생친선축전
에도 출전했다.

[표 3-23] 1946~1950년 북한의 종목별 신기록 수립 현황

		1946년	1947년	1948년	1949년	1950년
륙상	남/녀	2/0	5/3	1/5	18/8	
수영	남/녀		2/1	7/4	11/12	
속도빙상	남/녀			0/2	1/1	4/3
스키	남/녀			1/0		9/5
자전거		1		2	3	(2월28일 현재)
력기		1		1	6	
그네				1		

출처: 조남훈, 『조선체육사2』, 101쪽.

---

118) 그 결과 1950년 5월말 현재 78,000여 명의 여성청년들이 간호원의 임무를 수행
할 수 있게 되었다고 한다. 북한은 이처럼 국방체육을 실시하여 전쟁이 일어나
기 전까지 수십만의 청년들을 인민군대의 믿음직한 후비역량으로 육성하였으
며, 수백만에 달하는 청소년들과 근로자들을 육체적으로 단련시키고 군사과학
기술적으로 무장시킴으로써 나라의 방위력을 강화하는데 크게 이바지했다고
한다.
119) 조남훈, 『조선체육사2』, 101, 104~105쪽.

3. 국가건설 시기 대외 체육활동

1) 남북체육경기대회

국가건설 시기 북한체육은 해방 직후 진행된 남북한 체육경기대회가 중단된 이후 사회주의국가들이 주도하는 세계청년학생축전에 적극 참가함으로써 '국가적 위력'을 과시하고자 했다. 1948년 런던에서 열린 하계올림픽에 소련과 북한은 참가하지 않았다. 반면 이 대회에 처음 참가한 남한은 복싱과 역도에서 동메달 2개를 따내는 성과를 거두었다. 남한의 성과에 자극받은 북한은 국제무대에서의 남북한 대결을 본격적으로 준비하기 시작했다.

1946년까지 남한과 북한은 교환 경기를 실시했다. 대표적인 남북 체육경기대회는 1946년에 진행된 경평대항빙상호케이경기대회 전평양팀과 전경성팀 사이의 경기, 전국빙상선수권대회(올림픽경기대회 선수선발경기), 경평대항축구경기대회 평양팀과 경성(서울)팀 사이의 1차 대전 경기와 2차 대전 경기 등이었다. 1948년 10월에는 북한에서 공화국 창건 기념 전국종합체육대회 및 8.15해방 4돌 기념 전국체육축전이 열렸다.[120] 이 가운데 1946년 1월 29일 서울 창경원 특설빙상장에서 진행된 '경평대항빙상호케이경기'에서는 평양팀과 경성팀이 겨뤄 평양팀이 3:0으로 승리했다. 1946년 2월 2~3일 강원도 춘천소양강 빙상장에서 진행된 제1회 '전국빙상선수권대회' 및 1948년 제7차 '겨울철올림픽경기대회 출전선수선발대회'에서는 휘거(피겨) 결승전에서 평양선수가 개성선수를 이겼으며, 속도빙상경기에서 북한선수들은 녀자 1명 1위, 남자 5위, 7위, 8위, 10위를 차지했다. 1946년 3월 25

---

120) 『광명백과사전』, 159쪽. 북한은 이 대회에 남한 지역을 대표하는 선수들이 참가했다고 주장하고 있지만, 정황상으로 보면, 남한 지역에 연고를 둔 공산계열의 선수들이 대회에 참가한 것을 확대해석해서 남북한 전체 행사인 것처럼 의미부여한 것으로 보인다.

일 서울에서 진행된 '경평대항축구경기' 1차전에서는 경성(서울)이 평양을 2:1로 눌렀으며, 2차전에서는 평양이 경성(서울)을 3:1로 앞섰다.[121]

2) 국제체육무대 진출

북한이 국제무대에 출전한 대표적인 사례는 1947년 7월 체코 프라하에서 열린 제1차 세계청년학생축전이었다. 전 세계 57개국에서 5,000여 명의 청년학생들과 예술인들이 참가한 대규모 행사였다. 1949년 8월 헝가리에서 진행된 제2차 세계청년학생축전에도 참가했다. 6·25전쟁 기간인 1951년 제3차 축전에도 참가했다. 1953년 제4차 세계청년학생축전에는 남자롱구와 자전거경기, 육상경기에 참가했다.[122]

1947년 7월 체코 프라하에서 열린 제1차 '세계청년학생축전(세계민청축전)'에는 농구, 축구팀이 참가했다.[123] 대회에 앞서 6월 23일 평양공설운동장에서 세계청년학생축전 참가 대표단 '환송 체육대회'가 열렸다. 축전 참가 대표들과 민청대표들, 평양시민 등 5만여 명이 참가했다.[124] 김일성은 "앞날의 조선은 청년들의 것이다"라는 제목의 연설을 하였다. 김일성은 "청년들은 강한 체력과 열렬한 애국정신을 가진 씩씩하고 용감한 투사로 되기 위하여 자기의 몸과 마음을 꾸준히 단련"하라고 말했다. "나라의 기둥인 청

---

121) 조남훈, 『조선체육사2』, 102~103쪽.
122) 『광명백과사전』, 160쪽.
123) 북한농구팀 감독 오중열, 주장 황탁경, 축구팀 감독 강기순, 주장 장병오. 『조선중앙년감 1949년판』, 150쪽.
124) 북한은 이 환송체육대회가 해방 후 북한에서 "반제반봉건민주주의혁명이 빛나게 수행됨으로써 사회생활의 모든 분야에서와 마찬가지로 체육 분야에서도 근본적인 변혁이 일어나고 있던 시기에 열"린 것이라는 의미를 부여했다. 그리고 "체육대회참가자들은 잃었던 나라를 되찾아주시고 민족의 존엄을 빛내여주고 계실뿐 아니라 우리의 체육인들과 예술인들을 세계무대에까지 내세워주시는 위대한 수령님에 대한 끓어넘치는 감사의 정에 휩싸여있었다"고 주장했다. 조남훈, 『조선체육사2』, 106쪽.

년들이 정신적으로나 육체적으로 튼튼하여야만 우리 조국도 튼튼하여 질 것이며 우리나라는 그 누구도 얕볼 수 없는 떳떳한 독립국가로 될 것"이라고 설명했다. 그리고 "조국에 더욱 충실하기 위하여 학습과 사상단련과 몸단련에 더욱 힘써야" 한다고 강조했다.[125] 제1차 세계청년학생축전에서 북한은 축구, 롱구, 음악무용팀이 각각 1위를 차지했다. 축구팀은 결승전에서 체코슬로바키아를 6:1로 이기는 등 5전 5승을 거뒀다. 남자농구팀은 이탈리아와 프랑스를 이긴 뽈스까(포르투갈)과의 결승전에서 55:15의 성적으로 우승을 차지했다.[126] 1949년 8월 14일~9월 2일 헝가리 부다페스트에서 열린 제2차 세계청년학생축전에도 축구팀 14명, 남녀롱구팀 9명, 녀자륙상선수 1명 등 24명을 파견했다.[127] 당시 북한권력은 "오랜 기간 세계지도 우에서 빛을 잃었던 우리 조국"은 세계청년축전을 통해서 "세계의 크고 작은 나라들과 동등한 권리를 가지고 국제무대에 당당히 나서게 되었다"고 그 의미를 설명했다. 북한 체육인들이 "평시에 련마한 체육기술을 훌륭히 발휘하여 세계 여러 나라 인민들과 체육인들에게 공화국의 이름을 떨"쳤으며, "새 민주조선을 건설하기 위하여 모든 힘과 정열을 기울이고 있는 우리 인민의 불굴의 투쟁"과 그 과정에서 이룬 "커다란 성과와 경험"을 세상 사람들에게 널리 소개 선전했다는 것이다.[128]

3) 국제 경기대회 기록

국가건설 시기와 6·25전쟁 기간 북한이 참가한 남북체육경기와 국제 체육경기대회 현황은 [표 3-24]와 같다.

---

125) 김일성, "앞날의 조선은 청년들의 것이다: 세계청년축전에 참가할 대표단환송체육대회에서 한 연설, 1947년 6월 23일,"『김일성저작집 제3권』, 333쪽.
126) 조남훈, 『조선체육사2』, 107~108쪽.
127) 『조선중앙년감 1950년판』, 370쪽.
128) 조남훈, 『조선체육사2』, 109쪽.

[표 3-24] 1945~1953년 주요 국제 경기대회 현황 및 기록

일시	경기대회(기록)	장소
1946년 1월 29일	경평빙상호케이경기; 평양3:0승	서울 창경원
1946년 2월 2~3	제1회 전국빙상선수권대회 및 1948년 제7차 겨울철올림픽대회 선수 선발	춘천 소양호
1946년 3월 25일	경평축구경기(경성2:1승, 평양3:1승)	서울
1947년 7월	제1차 세계청년학생축전; 축구/롱구/무용 각 1위	프라하
1949년 8월	제2차 세계청년학생축전; 축구/롱구/육상 참가	부다페스트
1951년 8월	제3차 세계청년학생축전; 남자롱구/자전거 참가	베를린
1953년 8월	제4차 세계청년학생축전; 남자롱구/육상 참가	루마니아

출처: 『광명백과사전』, 159~160쪽; 조남훈, 『조선체육사2』, 102~103쪽; 『조선중앙년감 1949년판』, 150쪽; 『조선중앙년감 1950년판』, 370쪽.

4. 소결: 총화 내용과 평가

= 총화 내용

북한의 인민체육 방침은 남북의 분열이 가시화되던 시기부터 본격화되었다. 1948년 5월 중앙체육지도위원회 설립, 7월 인민체력검정제도 실시, 8월 체육절 제정 등으로 나타났다. 북한은 이때부터 "근로인민들의 체위를 향상시켜 국토의 완정을 위한 경제건설 투쟁과 물질문화수준 향상"에 도움이 되도록 인민체육사업을 본격적으로 전개"했다고 설명했다.[129] 체육 대

---

129) 1949년 1월 6일부터 8일까지 3일간 평양 문화회관에서 진행된 '각 도 체육과장과 시·군 체육시학 연석회의'는 해방 이후 북한의 체육사업 전반을 되돌아보는 자리였다. 회의에는 각 도와 시, 군에서 102명의 체육일군들과, 교육성 김응한 부상과 궁선홍 체육부장, 중앙체육지도위원회 오운식 위원장을 비롯한 각 기관 단체 체육지도 간부들이 참석한 가운데, 1948년도 체육사업의 성과와 결점들에 대한 총화에 이어 새해 과업 등을 토의했다. "1948년 체육사업 총결과 1949년 과업 토의 -각 도 체육과장 및 시 군 체육시학 련석회의,"『인민체육』, 창간호 1949년 2월, 11~15쪽.

중화의 기본 조직인 체육단체들이 정비되었다. 각급 체육지도위원회가 조직체 임무를 수행했다. 체육시설이 확충되었으며, 인민체력검정 사업에서 성과를 거두기 시작했다. 중앙과 각 도에서 교원들을 양성 재교육하기 위한 사업과 체육지도서 발간, 경기규칙 제정, 학생신체검사 통일 사업들이 진행되었고, 이어 각종 경기대회와 체육행사에 많은 체육인과 군중들을 동원할 수 있게 되었다. 국가건설 시기 인민체육 사업을 당시 북한권력이 자체 평가한 내용을 살펴보면 다음과 같다.[130]

먼저 '민주체육 사업의 기본 조직'인 각 체육단체를 조직 정비하는 사업에서, '도시 중심적 경향을 청산하고 농민들의 장성된 체육의욕을 충족시키기 위해 농민체육단 조직을 강화하는 사업이 추진'되었다. 그 결과 전체 11,154단체에 764,568명을 포함하여 1948년에 비해 128% 성장했다. 그렇지만 농민대중을 널리 참가시키지는 못했다. 체육시설 확충에서는, 청년들과 체육인들의 '창발적 노력에 호소하여 경비와 자재를 들이지 않고 기본적으로 경기를 할 수 있게 공사를 진행'했다. 특히 소운동장 확장에 주력하였으며, 수영장은 이미 건설된 것을 확보하고 강과 바다에 안전시설과 수영시설을 설치해 이를 수영장으로 고정시켰다. 그 결과 양적으로는 계획을 100~132% 초과달성했지만 질적으로는 아주 낮은 수준이었다. 체육관, 체육실, 수영장 등도 고정적으로 설비된 것이 적었다. 인민체력검성은 체육지도 일군들의 가장 중요한 임무였다. 체육사업의 종합적 성과를 검열하고 전반적으로 인민의 체력을 향상시키는 것이었다. 1948년에는 '참가자 260,000명과 1급 합격자 5,000명'이었다. 1949년에는 '약 320%의 참가자와 약 14배의 합격자를 배출'하였다. 지역별로는 평양과 평북, 함북에서 합격률이 높았다. 평남과 황해, 강원의 합격률이 저조했다. 남자보다 여자 합격률이 낮았다. 특히 '검정을 받기 위한 검정'으로 끝난 곳이 적지 않았다. 농맹의 협조

130) 『인민체육』, 1950년 제2호, 3~5쪽.

속에 농민을 광범히 참가시키기 못했다. 교원 또는 종목별 심판원 및 지도
자를 대상으로 하는 강습회를 실시했다. 특히 인민교원의 체육무용 강습회
효과가 커서 체육무용이 급속히 발전했다. 심판원 양성 및 재교육 사업으
로 지방에서의 심판원 부족 문제를 해결하는 데 도움을 주었다. 지방 순회
지도로 경기기술이 향상되었다. 특히 강원도에서는 농구와 배구, 자강도에
서 축구가 크게 발전했다.

1949년 10월 8일, 처음 맞은 체육절을 기념하기 위해 각 시 · 군 · 직장 ·
농촌 · 학교별로 체육절 기념 보고대회가 진행되었다. 시 · 군별로 체육절
기념 체육대회도 실시했다. '체육절을 총결하는 전국종합체육대회'가 10월
30일부터 11월 2일까지 열렸다. 일반부와 대학생부 20개 종목에 2,500명의
선수가 참가했다. 집단체조와 마스켐에는 2만여 명의 체육인들이 참가했
다. 그렇지만 3 · 1절, 5 · 1절, 8 · 15기념, 체육절 등 계절적으로 고정된 기념
행사 이외에 일상적으로 휴일과 휴식시간을 이용한 경기종목별 또는 직장
대항, 학교대항 등 부문별 체육행사를 수시로 조직하지 못한 점, 청년들을
적극적으로 단련하기 위한 군중적 훈련 사업과 조국보위와 밀접히 련결된
야영, 수영, 등산, 행군훈련도 실시하지 못한 부분이 지적되었다. 1950년부
터는 체육행사가 일상적으로 조직되었다. 집단적 훈련, 특히 등산, 야영, 수
영, 행군훈련이 강화되었다. 체육간부와 체육인들의 정치교양사업을 철저
히 하도록 했다. 쏘베트 체육문화를 폭넓게 수용하도록 했다. 학교체육이
군사학 훈련과 긴밀히 연결되었다. 조직규율을 한층 강화했다. 체육운동
기술 향상을 위한 교환시합, 대항전, 기록회 등이 지역별로 조직하고 코치
들을 많이 확보하도록 했다. 사무능률을 높이기 위한 지도검열 사업도 강
화되었다. 엄격한 책임제도 도입되었다.[131]

이처럼 국가건설 시기 북한의 인민체육 사업은, 국가적 차원에서 지도체

---

131) 궁선홍, 『인민체육』, 1950년 제2호, 5~6쪽.

계 확립, 체육간부 양성, 체육시설기재 확충 등으로, 인민적 차원에서 체육단체 및 체육소조 조직, 종목별 분과위원회 설치 등으로 구체화되었다. 당 단체, 특히 민청 조직을 적극적으로 활용했다. 인민체육 방침은 전체 인민을 대상으로 하는 체육의 대중화, 생활화 사업에 집중되었다. 과거 일제시기 소수 엘리트 중심에서 벗어나 전체 인민이 자발적으로 체육활동에 참여하도록 했다. 1948년 중앙체육지도위원회, 인민체력검정 제도, 인민보건체조, 체육절 등이 완료되었다. 1949년부터 체육단체, 체육시설기재, 인민체력검정, 강습회, 체육대회 등이 본격화되었다.

1949년 중반부터 종목체육과 국방체육 기술을 확산시키기 위한 방안이 동시에 추진되었다. 1949년 7월 기존의 '심판부'를 개편하여 각 체육지도위원회에 17개 경기종목별 분과위원회를 구성했다. 이곳에서 경기규칙, 심판지도원 양성, 선수교양, 기술지도, 경기대회 조직집행 등 종목체육과 관련된 전반적인 업무를 관장하도록 했다. 1949년 7월 15일 당 단체 대표들을 중심으로 하는 통일전선 산하 조국보위후원회 준비위원회가 결성되었다. 이후 이 단체 주도로 국방체육이 중점 보급되었다. 경기종목별 분과위원회는 교육성 산하 중앙체육지도위원회에서 소련체육을 받아들여 종목체육 기술을 향상시키기 위한 조직이었다. 조국보위후원회는 당 통일전선 산하 투쟁 조직으로 국방체육을 중점 보급하였다. 정부 소직 중심의 종목체육 활성화 방안과, 당 조직 중심의 국방체육 보급 방안이 동시에 추진되었다고 할 수 있다. 종목체육으로 인민의 참여도를 높이고 국위선양에 기여하도록 하는 한편, 국방체육 보급으로 전쟁에 필요한 군사능력을 양성하도록 하는 이중전략이었다.

= 평가

이처럼 국가건설 시기 북한권력은 단조로운 대중체육 보급에 앞서 축구경기 등 인민들에게 익숙한 종목체육부터 보급했다. 전쟁에 임박해서는 군사역량을 강화하기 위한 국방체육을 청년학생들에게 중점 보급했다. 이를 통해 국가건설에 필요한 노동력, 군사력, 국가위력을 확보해 나갔다. 이러한 내용은 [표 3-25]와 같이 정리할 수 있다. 다음과 같은 경향들도 발견되었다. 첫째, 이 시기 북한체육은 대외활동에서 경쟁과 교류의 대상을 달리했을 뿐 점차 그 규모를 확대하고 이를 통해 국가의 위력을 과시하고자 했다. 이러한 점은 1945~1946년 남한과의 경평아이스하키전, 제1회 종합농구선수권대회, 경평축구전 등의 남북경쟁에 이어 1947년부터 1953년까지 4차례에 걸친 세계청년학생축전 참가 등 사회주의국가들과의 친선교류 확대 등으로 나타났다. 둘째, 이 시기 북한체육은 강제효과의 지표로 볼 수 있는 각종 체육경기대회에서의 기록이 계속 향상되는 경향을 보였다. 이는 해방 이후 소련으로부터 국가건설에 필요한 대규모 원조가 제공되는 속에서 국가권력의 경제적, 정치적 강제력에 대한 인민의 동의 수준이 계속 상승하는 국면이었기 때문으로 설명할 수 있다. 셋째, 이 시기 북한체육은 대중체육을 기반으로 종목체육을 발전시키겠다는 당초의 방침이 확산되지 않자, 인민에게 익숙한 체육, 농구경기 등 종목체육 기술을 먼저 보급하면서 인민체력검정 등 대중체육 기반을 점차 넓혀 나갔다. 따라서 이 시기 특징은 대중체육과 종목체육이 함께 강조되는 가운데 대중체육을 확산시키기 위한 종목체육의 선차적 보급으로 요약할 수 있다. 따라서 국가건설 시기 북한의 대중체육과 종목체육은 기본적으로 상호 대립되는 관계에 있었던 것으로 설명할 수 있다.

[표 3-25] 국가건설 시기 체육정책의 구조와 동학

사업시기 체육정책	국가건설 시기(1945~1950)	
국가	체력 > 정신력/기술력, 종목체육 > 대중체육	체육지도위원회 조직, 체육간부 육성, 체육시설기재 확충
인민		체육단체/체육소조 조직, 경기분과위원회 설치
대내	노동력/국방력	대중화/생활화, 학교체육개선, 생산경기/국방체육보급
대외	국가위력	남북체육교류 및 단절, 세계청년학생축전 참가
성과	인민체육 사업의 기본체계 확립, 인민체위 향상 (지도/간부/시설/단체/종목/대회)	
평가	1. 대외경쟁: 확대 경향 2. 강제효과: 상승 국면 3. 내용/형식: 체력 중점, 종목체육 우선 보급 4. 대중/종목: 대립 관계	
헤게모니결과	정치군사	당·군·정 건설, 김일성의 권력 획득, 전쟁 준비
	경제건설	사회주의 경제체제 구축, 증산투쟁 전개
	국제관계	민주기지 구축, 사회주의 진영 외교 추진
국가전략	반제반봉건 민주주의혁명 및 사회주의 과도기 전략	

[본론]

6·25전쟁 기간(1950~1953)

: 국방체육

1. 전시체제, 체육사업 개편

6 · 25전쟁 발발 다음날인 1950년 6월 26일 김일성은 "모든 힘을 전쟁의 승리를 위하여"라는 제목의 방송 연설을 했다. 김일성은 연설에서 "공화국 북반부 인민들은 자기의 모든 사업을 전시체제로 개편하고 원쑤들을 짧은 기간에 소탕하기 위하여 모든 힘을 전쟁승리에로 동원하여야 한다"고 말하면서, "인민군대에 대한 전인민적 원호사업을 조직하며 인민군대를 계속 증원, 보충하며 전선에 대한 일체 필수품과 군수품의 긴급수송을 보장하며 부상병들에 대한 따뜻하고 친절한 구호사업을 조직"할 것을 강조했다.[1] 같은 날 최고인민회의 상임위원회는 정령 "군사위원회 조직에 관하여"를 채택하여 김일성을 군사위원회 위원장으로 선출했다. 부수상 겸 외무상 박헌영, 부수상 홍명희, 전선사령관 김책, 민족보위상 최용건, 내무상 박일우, 국가계획위원장 정준택 등 6인은 군사위원으로 선출했다. 일체의 주권을 군사위원회에 집중시켜 전체 인민과 주권기관, 정당, 사회단체 및 군사기관은 그 결정과 지시에 절대 복종해야 한다고 결정했다. 6월 27일에는 최고인민회의 상임위원회 정령 "전시상태에 관하여"가 선포되었다. 7월 1일에는 정령 "조선민주주의인민공화국 전 지역에 동원을 선포함에 있어서"가 발표되었다. 7월 4일 최고인민회의 상임위원회 결정에 따라 김일성이 인민군 최고사령관에 임명되었다.[2]

---

1) 김일성, "모든 힘을 전쟁의 승리를 위하여: 전체 조선인민에게 한 방송연설, 1950년 6월 26일," 『김일성저작집 제6권』, 14쪽.
2) 『조선중앙년감 1951~1952년판』, 84쪽.

전시 상황에 맞게 체육사업의 조직체계도 개편되었다. 중앙으로부터 도·
시·군에 이르기까지 체육지도위원회의 전반적인 기구가 개편 정비되었다.
전쟁 전에 운영하던 야영훈련소들은 전시 환경에 맞게 개조되었다. 군인들
뿐만 아니라 근로자들과 청소년학생에게도 국방체육이 보급되었다. 전쟁기
간에도 체육일군 양성 사업 일부가 진행되었다. [표 3-26]과 같이 주로 국방
체육 일군들이 육성되었다. 평양, 원산, 청진 등 여러 지역에서 야영훈련소,
항공훈련소, 체육교원 단기양성소가 운영되었다.[3]

[표 3-26] 6·25전쟁 기간 체육일군 양성 현황

기관	사업	내용
평양사범대학	체육간부 육성	
신의주교원대학	체육간부 육성	
야영/항공훈련소	국방체육일군 육성	평양/원산/청진 등
중앙간부학교	국방체육일군 육성	1951년 창설
평양시 체육기관	전시체육강습회	1951년 3월 실시
	유자녀학원/학교 교원파견	각종경기/군사유희/비상소집훈련/위생훈련/학생신체검사 지도
	생산현장 교원파견	집체체조/인민보건체조/피로회복체조/산업체조/군중무용 지도
평양시 교육부 체육교원 단기양성	체육교원 재교육 1951년 7월 2일 (남자30/여자20명)	당체육정책/체육교수법/체육생리/맨손체조/소년단체조/청년체조/산업체조/기계체조/각종구기운동/체육유희
교육성 중앙강습회	각 도/시/군, 각급 학교, 생산직장 체육관계자 대상	1952년 4월 신의주

출처: 『조선중앙년감 1951~1952년판』, 84쪽; 『광명백과사전』, 160쪽.

---

3) 『광명백과사전』, 160쪽.

2. 국방체육 중심 활동

전시 상황에서 북한체육은 군사활동과 전시생산에 적합하도록 개편되었
다. 체육부문에 부과된 과업은 근로자와 청년학생들에게 군사훈련과 군사
기술을 보급시켜 인민군대 예비역량과 후방보위 군사역량을 갖추는 것이
었다. 1950년 6월 27일 조국보위후원회 중앙위원회는 비상회의를 소집하고
"전시환경과 관련한 중앙위원회의 각급 단체들의 당면과업에 대하여"라는
결정을 채택하고 민간의 군사훈련을 강화했다. 전쟁 전에 운영하던 야영훈
련소들을 반토굴식으로 개조했다. 야영훈련소를 7개에서 24개로 늘렸고,
항공훈련소도 1곳을 새로 건설했다. 1951년부터는 전투력을 강화하기 위한
전투정치훈련과 군사체육이 적극적으로 보급되었다. 전쟁 승리의 기본 요
인으로 군인들의 높은 정치사상의식, 현대적인 군사기술과 함께 튼튼한 체
력이 중요하다고 보았다. 체육부문의 우선 과제는 군사훈련 속에서 체육을
진행하는 것이었다. 체력단련을 위해 다양한 기구체조와 달리기, 뜀뛰기,
등반오르기, 유술, 씨름 등이 실전같이 진행되었다. 산능선 타고 달리기, 산
등판 달리기, 낮과 밤을 이어 야간무장강행군 등을 전투훈련과 함께 진행
했다. 창격전훈련, 수류탄던지기훈련, 비상소집훈련, 제식훈련, 헤염훈련,
강건느기훈련, 락하훈련, 반화학 및 위생경기등도 진행되었다.[4]

체육부문의 또 다른 과제는 후방의 근로자들과 청년학생들을 전투후비
역량으로 준비시키면서 전시생산을 보장하기 위한 체력을 단련시키는 것
이었다. 부족한 체육 일군과 교원 양성은 단기강습회와 양성소들에서 보충
되었다.[5] 정전의 가능성이 높아지던 1952년 말부터 남로당계가 주관하던

---

4) 조남훈,『조선체육사2』, 111~112쪽.
5) 북한은 전쟁에서 큰 활약을 한 '체육선수' 출신들에게 '공화국영웅' 칭호를 부여하
 며 이들의 활약상을 부각시켰다. 운동선수에서 전쟁 영웅이 된 대표적인 사례는
 '야구선수 출신으로 884고지습격전투에서 공을 세운 김창복 공화국영웅, 륙상선
 수 출신인 리수복 영웅, 축구수영선수 출신인 조군실 영웅, 배구선수 출신인 황

비정규전으로서의 유격전은 점차 그 의미를 잃어 갔다. 남로당계에 대한 숙청은 1952년 12월 당 중앙위원회 제5차 전원회의에서 이미 예고되어 있었다. 김일성은 "로동당의 조직적 사상적 강화는 우리 승리의 기초"라는 제목의 보고를 통해 "자유주의적 경향들과 종파주의적 잔재들"을 공격했다.[6) 남로당계에 대한 숙청작업은 제5차 전원회의 문헌 재토의 사업이 한창 진행 중이던 1953년 8월 5~9일에 열린 당 중앙위원회 제6차 전원회의에서 총괄되었다.[7)

남로당계에 대한 숙청은 체육부문에도 커다란 파장을 가져왔다. 박헌영 등 "반당반혁명종파분자들이 부식한 가족주의, 지방주의, 관료주의, 형식주의의 독소를 청산하기 위한 사상사업"으로 전개되었다.

1952년 9월 5일 당 중앙위원회 조직위원회는 "민주청년동맹 중앙위원회 사업에 대하여"를 토의하고 민청 단체들이 학생들의 학업성적 제고를 위한 사업을 잘하며 엄격한 학습규율을 세우고 학생들이 군중문화오락사업과 체육사업에 적극 참가하도록 지도할 데 대한 결정을 채택했다.

전쟁기간 동안 학교체육은 국방체육 중심으로 진행되었다. 군, 산들판달리기, 강하천건느기, 모형항공기 및 모형함선, 무선통신, 비행기와 땅크의 구조, 그 성능에 대한 연구사업 등이 주요 과목이었다. 1952년 하반기 수만 명의 청년학생들이 군대의 예비군으로 준비되었다. 공상과 기업소, 농촌 학교들에서도 무장자위대와 청년훈련대, 민간훈련대, 위생훈련대, 조국보위후원회 각급 단체가 조직되었다. 군사훈련과 결부시킨 국방체육 활동이 강

정수 공화국영웅' 등이다. 조남훈, 『조선체육사2』, 113~117쪽.

6) 김일성, "로동당의 조직적 사상적 강화는 우리 승리의 기초: 조선로동당 중앙위원회 제5차 전원회의에서 진술한 보고," 『북한연구자료집 제2집』, 315~317쪽.

7) "박헌영의 비호 하에서 리승엽 도당들이 감행한 반당적, 반국가적 범죄행위와 허가이의 자살사건에 관하여 -전원회의 제6차 회의 결정서, 1953년 8월 5~9일", 결정집 1953년도 전원회의, 정치-조직-상무위원회, 35~46쪽; 서동만, 445쪽 재인용. 박헌영 숙청에 관한 자세한 내용은 서동만, 497~508쪽 참조.

화되었다.

청년훈련대 대원들과 학생들을 대상으로 체조, 달리기, 대열훈련, 무기분해결합, 사격과 창격전 훈련, 더위와 추위를 이겨내기 위한 훈련이 실시되었다. 조국보위후원회 중앙위원회는 항공훈련소를 중앙항공학교로 개편했다. 고등, 전문학교, 중학교들에 항공기술보급반을 조직했다. 1952년 말 현재 전국적으로 547개의 항공기술반에 15,400여 명의 청소년학생들이 활동했다.8)

전시 상황에서 체육활동은 전시생산을 위한 것이기도 했다. 노동자들의 여가 시간에 행군, 중량물 운반, 군사유희 등 국방체육을 보급했다. 생산과 결부된 체육, 바줄당기기, 씨름 등도 권장했다. 전쟁이 한창이던 1952년에도 5만여 명의 청년들이 인민체력검정에 참가한 것으로 북한은 설명하고 있다.9)

---

8) 이상의 내용은 조남훈, 『조선체육사2』, 117~118쪽.
9) 『조선중앙년감 1953년판』, 581쪽; 조남훈, 『조선체육사2』, 119쪽; 『광명백과사전』, 160쪽.

제4장

국가재건 시기(1953~1960)

: 군중체육

1. 국가재건 전략과 군중체육 사업

1) 국가재건 전략

(1) 전후 복구와 사회주의 기초 건설 전략

전후 북한권력은 전쟁으로 파괴된 경제복구와 인민경제를 사회주의적으로 개조하려는 이른바 사회주의 기초 건설 과업을 추진했다. 1953년 8월 당 중앙위원회 제6차 전원회의에서 반년에서 1년의 준비기간을 거친 다음 '3개년 계획'으로 경제를 전쟁 전 수준으로 회복하는 것과, '5개년 계획'을 통해 공업화의 기초를 쌓는다는 방침을 결정했다. 핵심은 '중공업을 우선적으로 발전시키고 경공업과 농업을 동시에 발전'시킨다는 전략이었다.[1] 사회주의 기초 건설 방향은 1955년 '4월 테제'에서 보다 구체화되었다. 사회주의 기초 건설은 "인민경제의 모든 분야에서 소상품 경제형태와 자본주의적 경제형태를 점차 사회주의적으로 개조하여 사회주의적 경제형태의 지배적 지위를 더욱 확대 강화하여 사회주의의 물질기술적 토대를 축성하기 위하여 생산력을 더욱 발전"시키는 것을 규정했다. 김일성은 농민경리와 개인상공업을 사회주의적으로 개조하지 않고서는 생산력의 발전을 보장할 수 없으며, 인민생활을 근본적으로 개선할 수 없고, 노동계급이 영도하는 노농동맹에

---

[1] 김일성, "모든 것을 전후 인민경제 복구발전을 위하여: 조선로동당 중앙위원회 제6차 전원회의에서 한 보고, 1953년 8월 5일,"『김일성저작집 제8권』, 11쪽.

기초한 전체 인민의 통일과 단결을 강화할 수 없다고 보았다.[2] 생산관계의 사회주의적 개조에서 농업협동화가 가장 기본적이고 핵심적인 과제였다. 먼저 농업협동화 운동이 1953~1954년에 일부 지역에서 시범적으로 실시되었다. 1954년 11월 당 전원회의는 이 운동을 대중적으로 발전시키도록 했다. 이어 1956년 4월 당 제3차 대회에서 5개년 계획 기간에 농업협동화 운동을 완성할 데 대한 과업이 제시되었으며, 1958년 8월에 이르러 농업협동화가 완성된다. 1958년 말에는 부락단위의 소규모 조합들이 행정단위인 리(里) 단위로 통합되었다. 이와 더불어 도시에서도 수공업과 자본주의적 상공업을 사회주의적으로 개조하는 사업이 추진되었고 1958년 8월 시점에 모든 개인 상공업이 협동화로 개조되었다.[3]

　사상 분야에서도 중요한 변화가 있었다. 1955년 12월 28일 김일성은 "사상사업에서 교조주의와 형식주의를 퇴치하고 주체를 확립할 데 대하여"라는 제목의 연설에서, "우리는 어떤 다른 나라의 혁명도 아닌 바로 조선혁명"을 하고 있기 때문에 "모든 사상사업을 반드시 조선혁명의 이익에 복종"시켜야 한다면서, '우리 민족의 투쟁력사'와 '조선의 지리' 및 '조선인민의 풍속'을 잘 알아야 한다고 주장했다.[4] 경제전략에서도 '자립경제노선'이 등장하였다. 1956년 12월 전원회의를 계기로 북한에서는 '천리마운동'이라는 사회주의 경쟁운동이 전개되었다. 노동당은 천리마운동을 '사회주의 건설의 총노선'으로 규정하였다. 천리마운동은 1958년부터 '천리마작업반운동'으로 심화 발전된다. 1960년 8월에는 '전국천리마작업반운동선구자대회'를 계기

---

2) 김일성, "모든 힘을 조국의 통일독립과 공화국북반부에서의 사회주의 건설을 위하여: 우리 혁명의 성격과 과업에 관한 테제, 1955년 4월 1일," 『김일성저작집 제9권』, 237쪽.

3) 조선로동당 중앙위원회 당력사연구소, 『조선로동당력사』 (평양: 조선로동당출판사, 1991), 332~333, 358쪽.

4) 김일성, "사상사업에서 교조주의와 형식주의를 퇴치하고 주체를 확립할 데 대하여: 당 선전선동일군들 앞에서 한 연설, 1955년 12월 28일," 『김일성저작집 제9권』, 467쪽.

로 작업반 범위에서 벗어나 직장, 공장 범위로 확대되었다. 천리마운동은
공업뿐만 아니라 경제와 문화의 모든 분야로 확산되었다.5) 이처럼 1950년
대 북한에서는 전후 사회주의 건설과정에서 당내 갈등을 거쳐 확립된 '축적
방식에서의 중공업 우선 노선, 생산관계의 선차적 의의와 정치사상적 자극
의 우위, 철저한 내부 원천 동원을 강조하는 자력갱생의 원칙' 등이 자립적
민족경제 노선의 핵심 원칙이 되었다.6)

(2) 국가재건을 위한 체육의 방향

그렇다면 전후 국가재건과 사회주의 기초건설을 위해 당시 체육사업은
어떻게 운영되었을까? 북한 원전에서 체육관련 내용을 발췌한 결과 다음과
같은 보다 구체적인 내용들을 확인할 수 있었다.7) 종전 직후에는 군인들의
체력 문제가 집중 거론되었다. 1953년 조선인민군 최고사령관 명령 제00577
호는 체육훈련으로 "군인들의 대렬적 면모를 개변하며 체력을 튼튼히 단련"
시키도록 하였다.8) 조선인민군 특무장 강습 필업식에서도 중대에서 "전투,

---

5) 북한은 사회주의 건설의 총노선으로서의 천리마운동의 본질은 "모든 근로자들을
   공산주의적으로 교양 개조하여 당과 수령의 두리에 더욱 굳게 묶어세우며 그들
   의 혁명적 열의와 창조적 재능을 높이 발양시켜 사회주의를 더 잘, 더 빨리 건설
   하는 데 있었다"고 평가하였다. 그리고 천리마작업반운동의 중요한 특징은 "생산
   에서의 집단적 혁신운동과 근로자들을 교양 개조하는 사업을 유기적으로 결합시
   킨데 있었다"고 설명하였다. 『조선로동당력사』, 357, 371쪽.
6) 김근식, "김정일 시대 북한의 경제발전 전략: '3대 제일주의'에서 '과학기술 중시'로,"
   경남대학교 북한대학원, 『현대북한연구』, 3권 2호, 2000, 91~92쪽.
7) 통일연구원이 제작한 『김일성저작집 CD롬』(서울: 통일연구원, 2001)에서 검색
   조건을 '체육'으로 입력한 결과 총 136개의 연설/담화 문건이 검색되었다. 이 가
   운데 국가건설 시기에 해당하는 1953~1960년에 속하는 19개 문건을 분석 대상으
   로 하였다.
8) "조국해방전쟁의 승리를 공고히 하며 인민군대의 전투력을 더욱 강화할 데 대하여:
   조선인민군 최고사령관 명령 제00577호, 1953년 8월 28일," 『김일성저작집 제8권』,
   73쪽.

사격, 체육 훈련을 강화"해 "전체 인민군대의 전투력을 강화"하도록 하였다.[9] 조선인민군 최고사령관 명령 제0221호에서는 모범중대 판정기준으로 "각 병종구분대들에서 정치교양사업과 군중문화사업과 함께 체육사업"이 포함되도록 했다.[10]

1953년 8월 5일 당 중앙위원회 제6차 전원회의에서는 전후 인민경제 복구 건설을 위한 보건사업 가운데, 체력 향상을 위한 대중적 운동의 필요성이 제기되었다. 이를 위해 "학교, 공장, 농촌을 물론하고 모든 곳에서 체력 향상을 위한 대중적 운동을 전개하며 체육단체들을 급속히 복구하며 운동장들과 수영장들을 많이 설치"하도록 결정했다.[11] 체육은 사회주의경쟁 방식인 '천리마운동' 속에서 근로자들의 문화혁명 수단으로도 활용되었다.[12] 1957년 5월 10일 북부지구 탄광부문 열성자협의회는, 노동자들의 생활 개선 방안으로 "탄광에 구락부를 짓고 영화도 보아야 하며 예술활동과 체육활동"을 하도록 권장하였다.[13] 1958년 8월 9일 시·군 인민위원회위원장 강습회에서도, 로동자들의 "문화생활을 풍부히 하며 그들에게 락천주의를 길러주기 위하여 체육, 무용, 음악 소조사업을 대중적으로 발전"시키도록 했다.[14]

---

9) "특무장의 임무에 대하여: 조선인민군 특무장 강습 필업식에서 한 연설, 1953년 12월 29일," 『김일성저작집 제8권』, 208쪽.
10) "모범중대육성사업을 더욱 강화할 데 대하여: 조선인민군 최고사령관 명령 제0221호, 1954년 4월 24일," 『김일성저작집 제8권』, 378쪽.
11) "모든 것을 전후 인민경제 복구발전을 위하여: 조선로동당 중앙위원회 제6차 전원회의에서 한 보고, 1953년 8월 5일," 『김일성저작집 제8권』, 11쪽.
12) 1950년대 북한 문화전략의 근본 목표는 주민들에게 사회주의 이념을 내면화시키는 데 있었다. 따라서 문화는 교육과 함께 '사회주의' 교양의 중요한 기제가 되었다. 특히 천리마운동을 강조함에 따라 문화를 통한 주민들의 노력 동원을 강조하고, 집단적 사상교양이 더욱 중시되었다. 이우영, "문화전략," 세종연구소 북한연구센터 엮음, 『북한의 국가전략』, 373~379쪽.
13) "석탄은 공업의 식량이다: 북부지구 탄광부문 열성자협의회에서 한 연설, 1957년 5월 10일," 『김일성저작집 제11권』, 126쪽.
14) "시, 군 인민위원회의 당면한 몇 가지 과업에 대하여: 시, 군 인민위원회 위원장 강습회에서 한 연설, 1958년 8월 9일," 『김일성저작집 제12권』, 398쪽.

1954년 3월 21일 당 전원회의에서도, "직업동맹과 민주청년동맹이 애국적 증산경쟁운동을 전개하고 기업소에서 생산문화와 규률과 질서를 세우는 운동에 대중을 동원하며 군중문화사업, 보건위생사업, 체육사업을 활발히 조직"하도록 했다.[15]

민청 조직사업에 체육을 활용하기도 했다. 1956년 4월 23일 조선로동당 제3차 대회에서 중공업 우선 방침이 재확인되었는데, 이를 위한 근로단체 지도 가운데 민청사업의 성과를 높이기 위해서 체육을 활용하도록 했다. 열성적인 비당원 청년들을 포함시키기 위해서였다. "대중적 청년단체로 탈바꿈"하는 문제, 청년들이 노동을 싫어하는 현상들과 투쟁하면서 "경제건설의 중요한 초소에 대담하게 진출"하는 문제, 청년들을 "조국보위와 조국의 평화적 통일을 위한 투쟁에 일떠세우는" 문제들과 함께 "청년들의 체력을 단련하기 위해 체육사업을 강화"하도록 했다.[16] 새로 선출된 민청 중앙위원회 위원들에게는 당시 "종교인, 상공업자, 월남자들의 아들딸들을 따돌리지 말고" "그들에게 맑스-레닌주의 교양을 주어 사상을 개조하고 그들 부모의 사상까지 개조"하는 과정에서 체육사업이나 문화사업을 널리 조직해 이를 계기로 "그들과 접촉해 친절히 이야기하고 당 정책을 꾸준히 선전"하라고 주문했다.[17] 1959년 6월 4일 원산철도공장 일군들과의 담화에서도, 복잡한 사람들에 대한 교양사업으로 휴일에 "예술소조공연과 체육경기도 조직하고 소설읽기 모임" 등을 조직하도록 했다. 이런 활동 속에서 종파주의, 지방주의, 반혁명과의 투쟁을 강화하여 공장 안에 혁명적 질서와 규율을 엄격히 세우고 대중을 적극 동원하기 위해서였다.[18]

15) "산업운수부문에서 나타난 결함들과 그것을 고칠 대책에 대하여: 조선로동당 중앙위원회 전원회의에서 한 보고 1954년 3월 21일," 『김일성저작집 제8권』, 292쪽.
16) "조선로동당 제3차 대회에서 한 중앙위원회 사업총화 보고, 1956년 4월 23일," 『김일성저작집 제10권』, 175쪽.
17) "민청 단체들 앞에 나서는 당면한 몇 가지 과업에 대하여: 새로 선거된 민청 중앙위원회 위원들 앞에서 한 연설, 1956년 11월 9일," 『김일성저작집 제10권』, 342쪽.
18) "원산철도공장 일군들과 한 담화, 1959년 6월 4일," 『김일성저작집 제13권』, 307쪽.

새로운 대중지도 방식인 '청산리방법'이 제시된 1960년대부터는 '체육활동이 노동력 낭비현상'의 하나로 지적되기도 했다.[19] 사회주의적 농촌경리 사업의 결함으로 "농사일에 소홀한 것"과 "무계획적 사업" 경향, "노력 낭비" 현상이 거론되었는데, 이 가운데 "체육사업과 예술소조사업을 잘못 조직해서 오는 로력낭비" 등을 지적했다. "축구경기를 농사일이 제일 바쁠 때 조직하여 많은 청년들이 농사에서 오랫동안 떨어진" 것을 대표적인 사례로 들었다. "군에 가서 뿔을 차느라고 4일 동안 일을 못한 것은 물론, 경기에 나가기 위하여 16일 동안이나 련습을 하였으니 결국 20일 동안 원기 왕성한 청년들이 완전히 농사일에서 떨어져" 있었다는 것이다. 이처럼 전후 복구 및 사회주의 기초 건설 시기 북한의 체육사업은 인민의 체력 향상을 통한 국가보위, 경제건설, 조직사업 등의 목적에 주로 활용되었다. 이를 위한 체육의 형식은 사회주의경쟁 방식인 천리마운동과 새로운 대중지도 방식인 청산리방법 등과 연결되어 군중체육의 형식과 내용이 보편화되었다고 할 수 있다.

이 시기 김일성 교시의 목적과 체육의 내용과 형식을 종합한 결과에서도 전후 국가재건을 위해 당시 북한권력이 체육사업에서 역점을 두었던 내용들이 확인되었다. [표 4-1]에서 보는 깃처럼, 당시 체육 교시의 목적은 정치군사(안보) 측면(13)이 경제건설 측면(9)보다 많았는데 이전 시기와 비슷한 경향이었다. 교시 대상에서는 군대부문(4)이 당 단체(9)나 정부 부문(9)보다 적게 나타나 지난 시기와 정반대의 경향을 보였다. 그것은 당 사업과 경제건설에서 정부와 당 부문의 역할에 대한 언급이 증가했기 때문으로 설명될 수 있다. 이처럼 1950년대 체육 관련 교시는 전쟁 이전 시기보다 '당 조직사업과 경제 건설' 측면이 더 강조되었으며, 이를 실행하기 위한 당과 내각의 역할을 강화하도록 하는 주문이 많았던 것으로 보인다. 체육의 내용에

---

19) "사회주의적 농촌경리의 정확한 운영을 위하여: 강서군 청산리당총회에서 한 연설, 1960년 2월 8일," 『김일성저작집 제14권』, 56쪽.

서는 체력(4)보다 정신력(11) 부분에 대한 강조가 지배적이었다. 기술력(4)에 대한 강조도 적지 않았다. 체육의 형식에서는 대중체육(3)과 종목체육(3)이 비슷하게 나타났다. 하지만 공통(11) 부분이 모두를 포함한다고 가정하면, 이 시기 체육사업은 대중체육의 강화를 통한 체육기술 향상을 도모하고자 했던 것으로 설명될 수 있다. 대중체육보다 종목체육의 비중이 국가건설 시기(1)보다 전후 국가재건 시기(3)에 많은 것은 대중체육과 종목체육의 균형적 발전을 도모하기 위한 국가권력의 의지가 반영된 것으로 볼 수 있다.

정치군사(안보) 목적(13)과 경제건설 목적(9)이 모두 큰 비중을 차지했는데, 이는 전후 군 전력 강화와 인민경제 복구 사업에 역점을 두었기 때문이다. 1950년대 후반부터 경제건설 부문 관련 언급이 집중된 것은 사회주의 기초 건설을 조기에 완수하기 위한 인민대중의 노력동원 차원에서 체육의 기능이 한층 강화되었음을 의미한다. 이상에서 살펴본 것처럼 국가재건 시기 북한권력의 체육부문에 대한 기본적인 시각은 대중체육과 종목체육의 균형적인 발전 속에서 인민대중을 동원하기 위한 전군중적 체육의 방식으로 줄기를 잡아갔던 것으로 풀이될 수 있다. 이를 실현하기 위한 이 시기 핵심 사업은 바로 전후 체육지도체계 복구와 체육규정 정비, 종목별 분과위원회와 체육협회 개선 등이었다. 종파투쟁을 완료한 1958년 시점부터는 체육사업의 지도체계를 한층 강화하는 속에서 군중체육 활성화와 스포츠 기술 향상에 역점을 두었다.

[표 4-1] 국가재건을 위한 체육의 방향

	교시	대상	목적	체육 내용	체육 형식
1	1953.8.5	모든 곳	보건사업	체력/단체/수영장	대중운동
2	1953.8.28	인민군	정치/과학/규율	체력/군인면모	체육훈련
3	1953.12.29	인민군	전투력강화	조직규율	체육훈련
4	1954.3.21	당/단체	복구발전	규율질서	체육사업
5	1954.4.24	인민군	전투력강화	모범교양사업	체육사업 포함
6	1955.7.1	대학	경제복구건설	몸/체육시설	체육활동
7	1956.1.10	내각	사업질서규율	체육문화/대중	체육경기
8	1956.4.23	당원/단체	경제/보위/통일	체력	체육사업
9	1956.11.9	민청	단결통일	단결/접촉선전	체육사업
10	1957.5.10	탄광열성자	증산/문화생활		체육활동
11	1957.5.12	철도일군	사상잔재일소	교양사업강화	체육사업
12	1958.3.19	모든청년	5개년계획수행		
13	1958.8.9	시군인민위원장	건설촉진	문화혁명	체육사업/대중적
14	1959.1.5	농협조합대회	협동화/생산력	문화혁명	체육소조
15	1959.6.4	공장당위원회	근로단체지도	문화사업	체육경기(휴일)
16	1960.2.8	청산리당총회	농촌사업결함	노동력부족	축구경기(×)
17	1960.8.14	당/정/군	인민경제혁신		
18	1960.9.2	함남 당/정	인민위역할	체육시설(市)	
19	1961.4.25	교육일군	청소년의식개조	몸단련	체육교육

대상/목적		정치군사	경제건설	국제관계	소계
	군	4			4
	당/단체	4	5		9
	정/학교	5	4		9
	소계	13(조직)	9(건설)	(경기)	(중복)

내용	정신력	11	조직규율/질서/군인면모/모범교양/교양사업/문화사업/단결강화/문화혁명
	체력	4	체력향상/튼튼/튼튼몸/체력
	기술력	4	운동수영장/체육경기/체육시설
형식	대중체육	3	대중
	종목체육	3	경기/소조
	공통	11	체육훈련/사업/활동/교육

2) 군중체육 사업

(1) 체육지도체계 복구와 체육스포츠사업 개선

= 1954년 6월 23일 내각결정 제93호, 내각직속 체육지도위원회 설립

전쟁으로 붕괴된 체육사업 전반을 회복하기 위한 조치는 1953년 8월 5일 당 중앙위원회 제6차 전원회의에서 결정되었다. "학교, 공장, 농촌을 물론하고 모든 곳에서 체력향상을 위한 대중적 운동을 전개하며 체육단체들을 급속히 복구하며 운동장들과 수영장들을 많이 설치"하도록 했다.[20] 가장 시급한 과제는 파괴된 체육조직과 단체들을 복구하는 것이었다. 1954년 6월 23일 내각결정 제93호는 북한의 체육사업을 통일적으로 지도할 수 있는 독자적인 체육기관으로 내각직속 '체육지도위원회'와 '도·시·군 체육지도위원회'들을 설립하도록 했다.[21] 내각직속 체육지도위원회는 위원장 1명, 부위원장 2명, 위원 8명, 서기장 1명 등으로 구성했다. 각급 체육지도위원회 위원들은 정치사상적으로 준비된 당, 국가기관, 근로단체 일군들로 구성했다.[22] 이어 중앙에서 지방까지 이어지는 체계를 갖추고 체육사업을 발전시키기 위한 사업에 착수했다. 특히 1948년 중앙체육지도위원회가 교육성 산하 사회단체에 머물렀고 근로단체 중심이었던데 비해, 1954년 체육지도위원회는 내각직속 기관이라는 점과 당, 기관, 단체 일군들로 구성되었다는 점에서 이전보다 위상이 크게 강화되었다.[23]

20) 김일성, "모든 것을 전후인민경제복구발전을 위하여 -조선로동당 중앙위원회 제6차 전원회의에 한 보고, 1953년 8월 5일,"『김일성저작집 제8권』, 40쪽.
21) 『조선중앙년감 1954~1955년판』, 465쪽.
22) 조남훈, 『조선체육사2』(평양: 금성청년출판사, 1992), 126쪽.
23) 『광명백과사전 제20권(체육)』(평양: 백과사전출판사, 2008), 161쪽.

= 1954년 8월 3일 '공화국체육사업발전을 위한 안', '1개년 체육사업계획'

1954년 8월 3일 내각직속 체육위원회는 '공화국체육사업발전을 위한 안'을 수립하고, 이에 근거한 '1개년 체육사업계획'을 마련했다. '1개년 체육사업계획'에는 1954년 9월부터 1955년 8월까지의 기간을 세 단계로 구분하고 체육을 대중화하고 체육기술을 향상시키기 위한 [표 4-2]와 같은 내용들을 담고 있었다.[24] 제1단계는 1954년 9월부터 1955년 2월까지 6개월 동안이었다. 이 기간 동안 광범한 대중을 체육활동에 참여시켜 인민들의 체력을 한층 향상시키도록 하는 것을 기본 과업으로 하였다. 이를 위해 1954년 11월까지 중앙에서부터 각 도·시·군에 이르기까지 종목별 협회와 체육단체들을 조직하도록 하였다. 그리고 체육지도기관들과 사회단체들이 인민체력검정에 적극 참여하도록 하였으며, 공장, 기업소, 농촌, 학교 및 인민군 부대들에서 기존의 경기장과 체육시설, 기자재들을 재정비 또는 확충하도록 했다. 제2단계는 1955년 3월부터 5월까지였다. 이 기간에는 체육전문가들을 각 체육단체들에 파견하여 우수한 선수들을 선발하는 동시에 집단체조 훈련을 조직하는 것이 핵심 과제였다. 선수선발은 리(里) 대표선수로부터 시·군 대표선수까지 체계적으로 진행하였다. 또한 각 종목별로 우수 단체와 지도원들을 지방에 파견하는 순회지도를 조직하였다. 이에 따라 리에서부터 도까지의 체계적인 경기를 통해 우수한 체육선수들이 선발되었다. 집단체조도 각 시·군·도끼리 경쟁하는 방식으로 진행되었다. 제3단계는 1955년 6월부터 8월까지였다. 이 기간 사업의 중심은 선수들을 집중 훈련시키고 경기기술 및 경기지도 사업을 향상시켜서 8·15해방 10돐 기념 전국체육축전을 성공적으로 진행하는 것이었다. 이를 위해 선발된 선수들의 집체훈련 및 경기심판, 코치, 체육일군들을 대상으로 하는 강습회가 조직되었

---

24) 『광명백과사전』, 161쪽.

으며, 축전에 참가할 단체 선발 사업이 진행되었다. 이처럼 1개년 체육사업
계획은 1단계에서 기본체력 향상 및 조직 정비, 인민체력검정 실시, 시설기
재 확충을, 2단계에서 우수선수 선발, 집단체조 훈련을, 3단계에서 선수 훈
련 및 8·15축전 준비 등 체계적으로 진행되었다.

[표 4-2] 1954~1955년 '1개년 체육사업계획' 개요

단 계	기 간	개 요
제1단계	1954.9. ~ 1955.2.	-인민체력 향상
		-각 도/시/군 종목별협회/체육단체 조직
		-인민체력검정 실시
		-체육시설/경기장/기자재 재정비/확충
제2단계	1955.3 ~ 1955.5.	-체육전문가 체육단체에 파견, 우수선수 선발
		-집단체조 훈련 조직
제3단계	1955.6. ~ 1955.8.	-선수들의 훈련 조직 진행
		-체육경기기술/경기지도사업 향상
		-8.15해방 10돐기념 '전국체육축전' 준비

출처: 『광명백과사전 제20권(체육)』(평양: 백과사전출판사, 2008), 161쪽.

= 1955년 4월 20일 체육 관련규정 정비

1955년 4월 20일에 체육 관련 규정들이 새로 제정되거나 개정되었다. 대
중체육 부문에서는 인민체력검정 기준의 상향 조정, 종목체육 부문에서는
스포츠선수들의 기량을 세분화하는 등급제 실시 및 심판원 자격을 단일 규
정으로 체계화하는 것이었다. 먼저 '인민체력검정에 관한 규정'에서 수정·
보충된 주요 내용은, [표 4-3]에서 보는 것처럼, 소년급, 제2급, 제1급 등 3단
계로 구분하고 급수에 따라 매 종목별 기준을 새로 규정했는데, 근로자와
청소년학생들의 체력이 향상된 현실을 반영했다고 한다.[25] 1948년 제정 당

---

25) 『조선중앙년감 1956년판』, 141쪽

시 인민체력검정은 1, 2, 3급으로 구분되었다. 이후 인민의 체력 수준을 감안하여 1949년 개정으로 등급이 폐지되었는데, 1955년 개정으로 다시 등급제를 부활한 것이다. 내각직속 체육지도위원회는 또 처음으로 '스포츠선수 등급제에 관한 규정'을 도입했다. 각 경기종목에 따른 일정한 기준을 마련했다. 체육선수 등급은, [표 4-4]에서 보는 것처럼, 공화국 체육명수, 제1급, 제2급, 제3급, 그리고 청소년 제1급과 제2급으로 구분했다. 급에 따른 해당 기준을 돌파한 선수들에게는 칭호와 급수를 주도록 했다. 1949년 당시 인민 체력검정 등급제를 폐지하기 전에 1급을 통과하면 '체력장'을 주던 것을 확대 적용했다.[26] 체육지도위원회는 '심판원자격부여에 관한 규정'도 제정했다. 각종 경기를 정확하게 집행하며 체육기술을 더욱 향상시키기 위해서였다. 경기심판원 자격은 [표 4-5]와 같이 공화국심판원, 도심판원, 시 및 군심판원으로 구분하고 능력과 연한에 따라 해당한 심판원자격을 부여하며 해당 경기를 심판하도록 하였다.[27] 심판원 양성사업은 1949년 당시 핵심 인력을 교육시켜 이들이 각 지방에서 전달강습회를 조직하게 하던 것을 단일 규정으로 체계화했다.

[표 4-3] 1955년 개정 인민체력검정 규정 개요

소년급	남녀14~15세	소년소녀들의 육체적 기능 발달 체육에 대한 관심 제고
제2급	남자40세 이상 여자31세 이상	청년학생 근로자들의 육체적 기능 전면적 발달 체육훈련에 적극적으로 편입
제1급	남자14~40세 녀자16~30세	청년학생 근로자들의 육체적 기능을 더욱 높임 체육기술 발전
합격기준	소년급은 전 년령기간에, 제2급은 1개력년간에, 제1급은 2개력년간에 전 종목에 걸쳐 종목별 기준 돌파	

출처: 『조선중앙년감 1956년판』, 141쪽.

26) 『조선중앙년감 1956년판』, 141쪽.
27) 조남훈, 『조선체육사2』, 130~131쪽.

[표 4-4] 1955년 스포츠선수등급제 기준

체육명수 칭호	개별 체육종목 명수급 기준 또는 등급조건 달성 및 국제경기 우수성과 선수로서 인민체력검정 제1급 우수성적 합격 체육인
제1급, 제2급	인민체력검정 제1급 합격 체육인
제3급	인민체력검정 제2급 합격 체육인
청소년 제1급	인민체력검정 제2급 합격 체육인
청소년 제2급	인민체력검정 소년급 합격 체육인

출처:『조선중앙년감 1956년판』, 141쪽.

[표 4-5] 1955년 심판원자격 규정

공통 자격	국가정치사회생활에 열성적으로 참가, 체육인들 속에 신망, 해당 경기규칙 정통하고 그 리론 및 기술적 지도능력 풍부, 해당 경기를 정확 공정하게 심판할 수 있는 사람
공화국심판원	도 심판원 경험 5년 및 중앙 급 경기대회 2년 이상 심판 경험자 국제경기를 비롯한 공화국내 모든 해당 경기 심판 담당
도 심판원	시, 군에서 3년, 도에서 2년 이상 심판 경험자 도 경기대회와 그 이하 해당 경기 심판 담당
시, 군 심판원	일정한 강습을 받았으며 시, 군 경기대회 3년 이상 경험자 시, 군 경기대회 이하 해당 경기 삼판 담당
기타	체육전공대학 또는 학부 근무자가 체육지도위원회 제시 해당 심판원 자격 시험 합격하면 해당 심판원자격 부여

출처: 조남훈,『조선체육사2』, 130-1쪽.

= 1954년 10월 종목별 분과위원회, 1955년 5월 부문별/직종별 체육협회, 1955년 11월 청소년체육구락부

체육사업계획의 1단계 과제에 따라 1954년 10월 각급 체육지도위원회 안에 비상설기관인 '종목별 분과위원회'가 조직되었다. 중앙에서 지방까지 전국적으로 종목별로 통일된 지도와 이론을 개발하고 기술수준을 높이기 위해서였다. 부문별, 직종별로 조직되었던 체육지도위원회와 체육조직들도, [표 4-6]과 같이 '체육협회'로 개편되었다.[28] 1949년 당시 조직된 직장체육단, 농민체육단, 학교체육동호회, 경기구락부들이 부문별, 직종별로 난립해 있

---

28) 조남훈,『조선체육사2』, 129쪽.

없기 때문에 이들을 단일 조직으로 통합 관리하기 위한 것이었다. 이에 따라 1955년 5월 인민군체육협회, 내무원체육협회, 교통일군체육협회, 건설자체육협회, 직맹체육협회, 학생체육협회 등으로 변경되었으며, 금속, 기계, 석탄 등 7개의 공업별 체육협회들이 새로 조직되었다.[29] 종목별분과위원회를 전국적으로 확대되면서 개별적인 체육단체들을 단일한 체육협회로 통합하거나 확대했다.

체육관련 규정 정비, 종목별 분과위원회 조직과 체육협회 설립에 이어 같은 해 1955년 11월 1일부터 여러 도에 '청소년체육구락부'를 개설하도록 했다. 체육인들에 대한 교양사업과 각종 체육운동 보급과 기술 향상을 위해서였다. 체육구락부 참가 대상은, [표 4-7]에서 보는 것처럼, 인민체력검정 2급 이상의 청소년학생이었다. 종목별 전공과목과 인민체력검정 등 공통과목을 2년 동안 수료한 다음 성적에 따라 유급선수 자격이나 시, 군 심판원 자격을 주었다.[30] 대중체육의 기층 조직으로 평가되는 하부 체육단체들도 전국에 조직되었다. 1956년 말에는 도시, 직장, 농촌, 학교 등 각지에 조직된 '체육단체'들이, [표 4-8]에서 보는 것처럼 7,447개에 이르렀다. 이곳에 676,476명(여자 234,319명 포함)의 근로자와 청년학생들이 등록했다. 이로서 체육단체 조직이 6·25전쟁 이전 수준으로 회복되있다.[31]

[표 4-6] 1954~1955년 종목별분과위원회와 체육협회 변경/신설 현황

1954.10.	-각급 체육지도위원회 안에 비상설 '종목별 분과위원회' 조직
	-부문별, 직종별 체육위/체육조직을 '체육협회'로 개편
1955.5.	-인민군체육협회, 내무원체육협회, 교통일군체육협회, 건설자체육협회
	직맹체육협회, 학생체육협회 등으로 기존 6개 체육협회 명칭 변경
	-금속 기계 석탄 등 7개 공업별 체육협회 신설

출처: 조남훈, 『조선체육사2』, 129쪽; 『광명백과사전』, 161쪽.

---

29) 『광명백과사전』, 161쪽.
30) 『조선중앙년감 1956년판』, 141쪽.
31) 『조선중앙년감 1957년판』, 118쪽.

[표 4-7] 1955년 체육구락부 운영 규정 개요

참가대상	인민체력검정 제2급 이상 합격한 17~22세 남녀 청소년학생
수료기간	2년, 수업은 매주 2회씩 진행
수업과목	전공과목; 체조, 륙상, 롱구, 배구, 권투, 력기, 레스링, 송구, 축구, 자전거 등 공통과목; 인민체력검정종목, 체육행사조직접, 체육위생
자격증	전과정 수료 후 성적에 따라, 체육선수등급제에 의한 제2급 선수이상의 유급선 수 자격 또는 시·군 심판원 자격

출처: 『조선중앙년감 1956년판』, 141쪽.

[표 4-8] 1949/1956년 체육단체 및 회원 비교

	1949년	1956년
단체	11,154개	7,447개
회원	764,568명	676,476명(여자 234,319명)

출처: 『조선중앙년감 1957년판』, 118쪽.

= 1955년 8월 19일 '전국체육열성자대회'

1955년 8월 19일부터 20일까지 열린 8·15해방 10돐 전국체육축전 기간에 '전국체육열성자대회'가 개최되었다. 해방 이후 10년간 진행된 체육 및 스포츠 사업 전반에 대한 점검과 향후 과제에 대한 결의를 다지는 자리였다. 대회에는 전국 각지에서 올라 온 체육열성자와 각급 체육지도위원회 대표 7백여 명이 참가했다. 내각 체육지도위원회 위원장인 최용건 부수상을 비롯해 체육지도위원회 일꾼들과 문화선전성, 내무성, 조선인민군의 체육관계자와 사회단체 주요 인사들도 참석했다. 대회에서는 다음과 같은 내용들이 거론되었다.[32] 내각 체육지도위원회 궁선홍 부위원장이 먼저 "해방 후 10년간의 체육 및 스포츠 사업총화와 앞으로의 과업"에 대해 보고했다. 그동안의 주요 성과로서 6,200여 개의 체육단과 400,000만 명 이상의 체육열성자, 8·15해방 10주년 기념 전국체육축전에 참석한 17,000명 이상의 체육

---

32) "전국체육열성자대회 진행," 『로동신문』, 1955년 8월 22일.

인들과 22종목에 걸친 공화국 신기록 수립 등을 소개했다. 여성들 속에서 체육이 발전되었고 체육스포츠 사업의 국제적인 연계 강화와 각급 체육지도위원회가 체육스포츠 대중화 사업에서 거둔 성과들을 설명했다. 이어 강원도 체육지도위원회 축구분과위원장 김종혁 등 토론자들이 내각 체육지도위원회와 각 도 체육지도위원회 간에 체육에 관한 통보사업을 활발히 진행하는 문제, 각 직장에서 여성들을 위한 체육사업을 더욱 활발히 조직 전개하는 문제, 체육에 대한 낡은 사상 잔재와의 투쟁을 강화하는 문제 등에 대해 토론하였다. 체육지도위원회 위원장인 최용건 부수상은 대회 말미에서, 체육사업을 더욱 대중화하기 위해 체육간부와 체육열성자들을 확대하고 체육기술 보급사업을 개선 강화하며 체육을 계획적으로 발전시킬 것과 체육지도기관의 역할을 높이고 체육인들에 대한 사상교양사업을 강화하는 내용들을 강조했다.

= 1956년 2월 내각명령 제14호, "체육스포츠사업 개선 강화"

1956년 2월 공화국 내각은 "체육 및 스포츠 사업을 개선 강화할 데 관한" 내각명령 제14호를 시달했다.[33] 1955년 12월 28일에 김일성이 '주체' 확립을 주장하고 나선 직후였다. 당 제3차 대회를 두 달여 앞둔 시점이기도 했다. 주요 내용은, [표 4-9]에서 보는 것처럼, 대중체육 부문에서 각 기관, 기업소, 협동조합, 농촌들에서 체력 향상을 위해 '보건체조'를 생활화하도록 하고, 각급 학교에서도 육체교양사업을 강화하는 한편 체육스포츠 및 운동, 유희들을 학생들에게 널리 보급하기 위해 매주 하루 이상을 '체육일'로 정하고 과외시간에 전체 학생들이 1~2시간 동안 체육활동을 하도록 하고, 여름방

---

33) "체육 및 스포츠 사업을 개선 강화할 데 관한 내각 명령 시달", 『로동신문』, 1956년 3월 1일. 그러나 이러한 내용은 1992년 출판된 『조선체육사』와 2008년 출판된 『광명백과사전』에는 그 내용이 누락되어 있다.

학에는 수영, 야영, 행군, 명승지 및 고적 탐승사업을 실시하도록 했다. 각 도·시·군 소재지의 경기장과 운동장을 정비하도록 하였으며, 평양시 대동강에 정규 가설 수영장을 설치하고, 민족체육 및 스포츠 보급 발전을 위한 행사의 일환으로 봄철과 가을철에 '민족체육경기대회'를 조직하도록 했다. 농어촌 청년들 속에서도 체육 및 스포츠 사업을 강화하고 체육일군들에 대한 국가적 대우를 개선하도록 했다. 내각 명령 제14호는 전체 인민들이 보건체조를 생활화하도록 했으며, 각급 학교에서 육체교양사업을 활성화 하고, 각 도·시·군 소재지 운동장 정비와 민족체육경기 보급, 체육일군들에 대한 물질적 대우 개선 등의 내용을 포함하고 있었다.

[표 4-9] 1956년 내각명령 제14호 개요

군중체육 생활화	-각 기관/기업소/협동조합/농촌에서 '보건체조' 생활화
학교체육 강화	-각급 학교에서 '육체교양사업(=인민체력검정)' 개선 강화 -매주 하루 이상 '체육일' 지정, 과외시간에 전체 학생이 1~2시간 체육활동 실시, 체육스포츠 및 운동, 유희 널리 보급 -여름방학 기간에 수영, 야영, 행군, 명승지 및 고적 탐승사업
체육시설 확충	-각 도, 시, 군 소재지 경기장과 운동장 정비 -평양시 대동강에 '정규 가설 수영장' 설치
민족체육 보급	-봄철과 가을철에 '민족체육경기대회' 조직
농어촌 체육 보급	-농어촌 청년들 속에서 체육 스포츠 사업 강화
체육인 대우 개선	-인민체육일군들에 대한 국가적 대우 개선

출처: 『로동신문』, 1956년 3월 1일자.

그러나 1956년 2월 발표된 내각 명령 제14호는 제대로 시행되지 않았다. 당시 『로동신문』은 그 원인을 "체육이 대중화되지 못하고 선수 위주로 진행"되었기 때문으로 지적했다. 이어 민족체육과 농촌체육 사업의 중요성, 소련 체육기술을 적극 도입해야 하는 이유 등을 다음과 같이 설명했다.[34] 신문은 먼저 일부 기관과 공장, 기업소에서 보건체조와 인민체력검정 등 일상

---

34) "체육 및 스포츠 사업을 개선 강화하자," 『로동신문』, 1956년 4월 1일.

적인 체육문화사업에 많은 종업원들을 포함시키지 않고 있는 점을 거론했다. 심지어 일부 직장의 체육단에서는 선수 위주로 사업을 진행하면서 체육경기대회에 선수들이나 파견하는 것으로 체육사업을 대신하고 있는데, 그것은 일부 지도일군들이 체육과 생산을 대치시키면서 마치 체육과 스포츠 보급이 생산활동에 지장을 주는 듯이 인식하며 체육과 스포츠는 한가한 사람이나 특별한 소질이 있는 사람들만이 할 수 있는 것 같이 생각하는 경향 때문으로 설명했다. 신문은 이러한 부르주아적 낡은 사상 잔재를 근절하지 않고서는 체육스포츠를 대중화할 수 없다고 주장하면서, 각 직장·농촌·학교 내 책임일군들과 체육일군들이 이러한 경향과 투쟁하면서 많은 근로자와 청년학생들을 적극 조직 동원하라고 주문했다. 특히 민족체육과 스포츠 발전을 위해 민족적 전통과 풍습을 충분히 고려하여 이를 옳게 계승·발전시키는 등의 세심한 연구와 노력이 필요하다고 강조했다. 이어 농촌체육사업의 발전을 위해 주변의 각 공장, 기업소 및 학교, 기관 내 체육일군들이 수시로 농촌에 나가 모범경기, 경험교환회 등을 조직하고 우수한 선수들을 농민대중과 접촉하도록 했다. 학생들의 육체교양(인민체력검정)에 대해서도 일부 학교에서 이 사업을 경시하여 체육시간을 정확히 집행하지 않거나 과외시간을 이용한 체육문화사업을 올바르게 조직하지 않고 있는 점을 지적했다. 특히 체육스포츠사업이 인민대중의 정치적, 문화적 교양의 중요 구성 부문의 하나인 만큼 체육인들 속에서 사상교양사업을 강화하는 것이 중요하다고 주장하면서, 체육인들이 소련을 비롯한 선진국가가 이룬 체육기술 성과를 적극 도입해 기술을 연마하는 한편 자기의 계급의식을 높이기 위한 정치교양사업을 전개할 것을 강조했다.

이처럼 1956년 2월의 내각 명령이 대중체육을 활성화하기 위한 중요한 조치들을 담고 있었음에도 불구하고 제대로 실현되지 않았던 것은 선수 중심으로 흘렀기 때문이라고 당 기관지인 노동신문이 지적하고 나선 대목에 주목할 필요가 있다. 대중체육을 활성화시켜서 종목체육 기술을 향상시키고자 하는 북한권력의 의지와 거리가 있었음을 의미한다. 당시 김일성 중심의 북한권력은 전후 복구사업에 이은 사회주의 기초 건설 과정에서 이미 중공업노선을 천명한 바 있는데, 이를 실현하기 위해 인민대중을 동원하기 위한 방편으로 체육을 활용하는 과정에서, 선수중심의 종목체육보다는 집단적 혁신운동에 도움되는 대중체육, 특히 전군중적인 체육 방식이 보다 효율적인 것으로 판단했다는 사실을 의미하기 때문이다. 그럼에도 '소련의 앞선 체육기술을 도입'해야 한다고 강조한 것은 국제 스포츠경기에 대비하기 위한 것이었다. 1952년부터 소련이 올림픽 경기에 참가하기 시작하면서 국제 경기대회는 이미 동서 냉전의 대결의 장이 되고 있었다. 남한은 이미 1948년 올림픽 경기에 참가한 데 이어 1956년 대회를 준비 중이었다. 북한이 1954년 체육지도위원회 설립 이후 국제체육교류에 적극적이었던 것도 이러한 국제환경 변화에 대응하기 위한 것이었다. 이처럼 1956년 2월의 내각 명령은 종목체육과 대중체육을 두루 향상시키고자 하는 방침이었지만, 1956년 8월 종파사건의 여파로 체육지도부가 대거 물갈이되면서 흐지부지되고 말았다.[35] 이후 2년여 기간 동안 북한체육은 전반적으로 정체 상태에 빠졌으며, 반종파투쟁이 마무리되고 5개년 계획이 본격화되기 시작한 1958년이 되어서야 그해 3월 내각결정 제30호를 통해 보다 강화된 내용으로 군중체육 사업을 본격화하기 시작했다.

(2) 체육지도체계 강화와 군중체육 활성화

1950년대 후반 북한에서는 사회주의 기초 건설이 심화되고 김일성 중심

---

35) 1948년 당시 교육성 체육부장 및 1950년대 전반 체육지도위원회 부위원장으로 활약한 궁선홍은 1956년 전국열성자대회 보고자로 나서는 등 북한체육의 핵심 인물이었으나, 1958년 전국열성자회의 명단에는 그 이름이 빠져있다(1958년도 체육위 부위원장은 유병석). 1956~1958년 사이 반종파투쟁 기간에 궁선홍 등 핵심 인물들이 대거 숙청된 것으로 보이지만 자세한 내용은 아직 파악되지 않고 있다.

의 유일지도체계가 확립되었다. 특히 반종파 투쟁이 완료된 1958년 시점부터 5개년 계획이 본격화되었는데, 같은 해 8월 농업과 수공업, 상공업의 생산양식에서 사회주의적 개조가 완료되었다. 또한 1958년부터 사회주의경쟁방식인 천리마운동이 시작되었으며, 1960년에 이르러서는 전 국가적으로 그 사업 범위가 확대되었다. 체육 사업에서도 집단적 혁신운동에 적합한 군중체육 형식이 확대되었다. 이를 위해 체육지도기관들의 기능과 역할을 강화했다. 체육지도위원회에 관한 규정을 채택한 것을 비롯해, 체육선수등급 소유자를 늘리는 문제, 선수후비 육성을 위한 청소년체육학교 개설 문제, 체육간부 양성을 위한 평양체육대학 창설 문제, 체육에 대한 선전사업 강화 문제, 시 단위 체육지도위원회의 지도적 기능을 높이기 위한 각 시 체육지도위원회에 전임 서기장을 배치문제 등에 대한 기본 방침이 세워졌다.36)

= 1958년 1월 16일 내각결정 제5호, '내각직속 체육지도위원회에 관한 규정'

1958년 1월 16일 내각결정 제5호인 '내각직속 체육지도위원회에 관한 규정'으로 체육지도위원회의 국가 체육지도 기관으로서의 기능이 한층 높아졌다. 당의 체육정책을 원만히 집행하도록 기본 사명과 임무를 재확인하였다. 당시 체육지도위원회의 임무는 체육스포츠를 대중적으로 보급·발전시키고 체육기술을 향상시키고 인민들의 건강을 증진시켜 그들을 로동과 조국보위에 튼튼히 준비시키는 한편 고상한 애국주의사상으로 무장시키는 것이었다.37)

---

36) 『광명백과사전』, 163쪽.
37) 조남훈, 『조선체육사2』, 144쪽.

= 1958년 3월 19일 내각결정 제30호, "체육 및 스포츠 보급과 체육간부 양성사업 개선"

1958년 3월 19일 내각결정 제30호 "체육 및 스포츠 보급과 체육간부 양성 사업을 개선할 데 관하여"가 발표되었다. 주요 내용은, [표 4-10]에서 보는 것처럼, 대중체육 발전과 스포츠기술 향상을 위한 전반적인 내용들을 포함 하고 있었다.[38] 먼저 대중체육과 관련해서는, 근로자 체력 향상을 위해서 각 상(국장), 기타 중앙기관 책임자들과 각 도(평양시, 개성시) 인민위원회 위원장들이 근로자들의 체육스포츠 활동을 장려하고 이들이 인민체력검 정에 합격하도록 지도사업을 강화하도록 했다. 이를 위해 종업원 1,000명 이상의 공장, 기업소에 '전임체육지도원' 1명을 배치하도록 했다. 스포츠 기 술 향상을 위해서는, 내각직속 체육지도위원장이 각 체육협회와 체육단 사 업을 지도검열하고 스포츠 교수 및 훈련에서 선진 경험을 적극 도입하고, '스포츠선수 등급소유자'를 늘리도록 했다. 이를 위해 해당 상(국장), 체육 지도위 위원장 및 각 도 인민위 위원장들은 현존 스포츠구락부를 '청소년스 포츠학교'로 개편하도록 했다. 그리고 개편된 학교를 각 체육협회(평양시체 육단포함)에서는 1958년 4월말까지, 각 도(평양시, 개성시)에서는 1958년 7 월말까지 각각 개교하도록 했다. 체육간부 양성사업에서는 평양사범대학 체육학부와 신의주교원대학 체육학과를 통합한 '평양체육대학'을 1958년 9 월 1일 개교하도록 했다. 체육시설 확장과 체육기자재의 질을 높이기 위해 서 각 도 인민위원회 위원장들이 1959년 내로 도·시·군 소재지 운동장들 을 청년들을 동원해 정비 확장하고 도 소재지마다 정규 수영장을 건설하도 록 했다. 경공업상과 생산협동조합 중앙연맹위원회 위원장은 체육기자재 생산에서 표준규격을 엄격히 준수하고 질을 높이며 점차 국산으로 대체하 도록 했다. 그리고 간부국장은 시 체육지도위원회의 지도 기능을 높이기

---

38) 『조선중앙년감 1959년판』, 228쪽; 『로동신문』, 1958년 3월 26일.

위해 각 시 체육지도위원회에 '전임 서기장'을 1958년 4월 말까지 배치하도
록 했다. 시·군 단위의 각급 체육위원회가 관할 지역의 체육사업을 직접
지도할 수 있게 했다.

[표 4-10] 1958년 내각결정 제30호 개요

대중체육 =근로자 체력 향상	-각 상(국장)/기타 중앙기관책임자/각 도 인민위 위원장 자체 기관, 산하 기관, 기업소 및 농촌에서 체육 스포츠 장려 인민체력검정에 적극 참가 합격 지도사업 강화 종업원 1,000명 이상 공장 기업소 직맹에 '전임체육지도원' 1명 배치
종목체육 =스포츠 기술 제고	-내각직속 체육지도위 위원장 각 체육협회, 체육단체 사업 체계적으로 지도 검열 교수훈련에 선진 경험 도입, 청소년학생 군중에 각종 스포츠 지도 강화 '스포츠선수등급소유자' 대열 확장 대책 강구
체육간부 =평양체육대학 준비	-평양사범대학 체육학부와 신의주 교원대학 체육학과 통합 -교육문화상; 1958년 9월 1일부터 평양체육대학 개교 -국가계획위원회 위원장; 체육관 기본건설계획을 교육문화성에 추가 -교통상; 체육관 공사를 58년 11월 이전 준공 -건설건재공업상/평양시인민위원장; 기숙사/식당 58년 8월 15일 이전 준공 -평양시인민위원장; 대지 명시와 설계기술 문건 58년 4월말 이전 작성 평양체대 교원 주택 60세대를 58년 7월말까지 보장 -전기상; 평양고등전기전문학교 신축공사 일부를 평양체대에 줄 것
선전사업 강화	-교육문화상; 선전 시보 및 기록영화 제작(59년 내로 스포츠예술영화 1편) -내각직속 체육위 위원장/출판국장; '체육과 스포츠', 체육도서 출판
체육시설기재 =확충/생산	-각 도 인민위 위원장; 59년 내로 도시군 소재지 경기정 운동장 정비 확장 정규수영장 없는 도 소재지 정규수영장 건설 -경공업상/생산협동조합 중앙연맹위 위원장; 체육기자재 생산에 표준규격 준수, 질 제고, 수입 의존 기자재 국내 생산 보장
시 체육지도위원회 기능 강화	-내각 간부국장; 각 시 체육지도위원회에 '전임 서기장' 58년 4월 말까지 배치

출처: 『조선중앙년감 1959년판』, 228쪽; 『로동신문』, 1958년 3월 26일.

= 1958년 6월 30일, 전국체육열성자회의

1958년 6월 30일부터 7월 1일까지 평양국립예술극장에서 내각결정 제30호
에 대한 실천 의지를 다지는 '전국체육열성자회의'가 개최되었다. 전국 각
지의 생산직장, 농촌, 사무기관, 학교들에서 온 체육인들과 각급 체육지도

위원회 일군들, 그리고 당, 정권기관, 사회단체의 체육관계 일군들 1,300여 명이 참석했다. 김일, 정일룡, 리주연 부수상들과 조선로동당 중앙위원회 박금철 부위원장, 리일경 선전선동부장, 사회단체 지도일군 등 비중 있는 인사들도 대거 참석했다. 열성자회에서는 [표 4-11]에서 보는 것처럼 다양한 내용들이 논의되었다. 먼저 당 중앙위원회 선전선동부장 리일경은 보고를 통해, 당과 정부의 체육정책에 의해 지난 기간 체육사업에서 달성한 성과들을 상세히 설명했다. 체육사업에 잔존하는 일련의 결함들도 비판했다. 이어 체육인들이 혁명의 승리를 위해 당과 혁명에 무한히 충성하며 당과 혁명의 이익을 위해 물불을 가리지 않는 훌륭한 투사로 단련할 것과, 체육과 스포츠를 더욱 대중화하며 민족경기와 민족 유희들을 계승 · 발전시킬 것, 1차 5개년 계획 기간 동안 4백여 명 이상의 스포츠명수와 3만 명 이상의 1등급 소유자들을 양성 · 배출할 것, 빠른 시일 내에 스포츠 기술을 선진국 수준을 따라잡을 것, 각급 체육지도기관의 지도 사업을 더욱 개선 · 강화하기 위한 방안들을 거론했다. 결론에서는 문화혁명의 중요한 부분인 체육 및 스포츠사업을 급속히 발전시키는 것은 조선 인민 앞에 제기된 당면한 실천적 문제라면서 지도사업 강화를 강조했다. 특히 내각직속 체육지도위원회 등 각급 지도기관들이 당의 체육정책을 관철시키기 위해 노력하고, 당 단체와 사회단체 및 정권기관들의 역할을 높일 것, 인민보건체조를 매일 군중적으로 실시하며 달리기운동을 각급 학교들에서 집체적으로 실시할 것, 스포츠 부문에서 정확하고 전망성 있는 목표와 지표를 수립하고 체육사업을 혁신할 것, 체육인들의 당성을 강화하며 체육사업에서 강한 규율을 세우고 대열의 순결성과 통일 단결 고수 등을 주장했다.[39]

---

39) "체육 및 스포츠사업의 개선 · 발전을 위하여: 전국체육열성자회의 개막," 『로동신문』, 1958년 7월 1일자; "당의 체육정책을 철저히 관철시킬 것을 결의: 전국체육열성자회의 폐막," 『로동신문』, 1958년 7월 2일자; "전국체육열성자회의에서 한 조선로동당 중앙위원회 리일경 선전선동부장의 보고," 『로동신문』, 1958년 7월 2일자; 『조선중앙년감 1959년판』, 228쪽.

열성자 대회 이후 체육지도위원회는 "당 조직의 지도 아래 체육 분야의 반당, 반혁명 종파분자들을 적발 숙청하면서 이들의 죄행을 폭로하였으며, 그들이 뿌려놓은 사상여독을 뿌리 뽑기 위한 강한 사상투쟁"을 벌여나갔다고 한다. 특히 체육인들 속에서 당의 유일사상체계를 튼튼히 세우기 위한 '사상교양사업'을 강화했다. 체육인들 속에서 종파주의의 본질과 해독성, 반당, 반혁명 종파분자들이 체육운동에 끼친 사상여독을 알려주고 이를 뿌리 뽑기 위한 사상투쟁을 전개했다. 그 결과 체육 분야에 남아있던 "사대주의, 교조주의, 기술신비주의, 보수주의의 표현들이 점차 가셔지고 체육사업에서 주체가 철저히 서게 됨으로써 군중체육과 체육기술 발전에서도 새로운 비약과 혁신"이 일어났다고 한다.[40] 1958년 전국체육열성자회의는 1955년 전국체육열성자대회에 비해 참석자, 보고자, 토론자 등 여러 측면에서 비중이 높아진 행사였다. 1955년에는 내각 체육지도위원회 위원장 최용건 부수상이 최고위직이었으나, 1958년에는 김일, 정일룡, 리주연 부수상 이외에 당 중앙위 부위원장 박금철, 선전선동부장 리일경 등 북한의 주요 인사들이 대거 참석하였다. 1955년에는 체육지도위원회 부위원장 궁선홍이 보고하고 위원장 최용건 부수상이 마무리 발언을 하는 등 정부 차원이었던데 비해, 1958년에는 당 중앙위원회 선전선동부장 리일경이 보고와 결론을 하는 등 당이 직접 행사를 주관했다. 체육부문에 대한 당의 직접적인 지도가 강화되었음을 의미한다.

---

40) 조남훈, 『조선체육사2』, 146쪽.

[표 4-11] 1958년 전국체육열성자회의 개요

일시	1958.6.30~7.1(평양국립예술극장)	
참석	전국 각지 체육인과 각급 체육지도위원회 일군, 당 정권기관 사회단체 체육관계 일군 1,300명	
	김일 정일룡 리주연부수상, 당중앙위 박금철부위원장, 리일경선전선동부장, 사회단체 지도일군들	
보고	당 중앙위원회 리일경 선전선동부장	-사회주의 앙양기 들어선 환경에서 열리는 열성자회의 의의 -지난 기간 체육사업에서 달성한 성과 언급 -체육사업에 잔존하는 결함 분석 비판 -당과 혁명에 충성, 혁명의 이익에 물불 가리지 않는 투사 강조 -체육과 스포츠 더욱 대중화, 민족경기와 민족 유희 계승 발전 -1차 5개년 계획 기간에 스포츠명수(4백명) 1등급(3만명) 소유자 양성, 스포츠기술 선진국 수준 도달, 체육지도기관 지도강화 등
토론	교육문화성 체육처 교학 김금균	-학교 내 육체교양사업 개선 강화 문제 대중적체육문화 발전을 위해 학교 내 육체교양사업 강화해야 학교 내 체육시설 확장 체육단 소속 학생들에 대한 사회주의적 애국주의사상교양 강화 체육지도체계, 지도이론 확립 대책 강구 추진 제기
	2.8팀 소속 공화국 스포츠명수 박구람	-륙상경기 발전 문제 일제때 기술 활씬 능가, 국제무대에서 높은 평가 등 성과 언급 각급체육지도위원회 역할 제고 개인영웅주의공명주의 가족주의 지방주의 등 부르죠아사상 청산 스포츠기술 제고하여 최근 간간 선진국가 수준 앞설 결의 피력
	민청 중앙위원회 체육부장 최능환	-청소년학생들에 대한 사회주의적 애국주의사상 교양사업 강화 김일성 동지를 수반으로 당 중앙위 주위에 단결 당 과업을 물불 가리지 않고 수행하는 혁명전사로 교양 강조 체육부문 잠입 당 체육정책 비방 중상, 집행을 의식적으로 태공한 반당종파분자들과 추종자들 행위 폭로 비판, 1차 5개년 기간 과업(명수 4백명 등) 환영, 근년간 선진국 수준 언급
	김책제철소 민청 부위원장 김창동	-로동청년들 속에서 체육문화사업 강화 강조, 성과와 경험 소개 전체 종업원 89% 체육단 활동 지난해 전국선수권대회 금27 은14 동11 당 체육정책을 전체 종업원 청년들에 침투 및 쩨흐, 브리가다 까지 채육체계 확립, 엄격한 제도 질서 확립 결과 언급
	황남도 청단군 체육지도위원장 김주숙	-지방 인민들의 체육사업 성과 언급 남조선에선 근로인민들의 체육사업은 상상할 수 없는 일 전체 인민들 인민보건체조 진행, 소년학생들 어려서부터 체육을 체계적으로 진행 관습 및 달리기 등 각종 체육사업 인입 강조 황남도 체육인들과 평북도 체육인들이 경쟁할 것 호소
	직총 중앙위원회 체육부장 리덕종	-근로자 체육사업 개선에 직맹단체 역할 제고 지도사업 개선 강화, 천리마로 달리는 사회주의 건설 촉진 기여
	기타	내각직속 체육지도위 부위원장 유병석, 평양체육지도위 부위원장 변인봉, 량강도 체육지도위 부위원장 김승일, 사범대학 체육학부 교원 송주명, 평양 제1녀자 고급 중학생 고정숙 등 당 체육정책 관철 피력

결론	당 중앙위원회 리일경 선전선동부장	-문화혁명의 중요 일환인 체육스포츠 지도사업 개선 강화 문제 체육지도위, 각급 지도기관의 당 체육정책 관철 노력 및 당 단체, 사회단체, 정권기관 역할 강조 인민보건체조 매일 군중적 실시, 달리기운동 각급학교 집체실시 스포츠기술 제고, 국제수준 도달 노력 정확하고 전망성 있는 목표 지표 수립, 체육사업 혁신 지적 체육인들의 당성 강화, 체육사업에서 강한 규율, 대열에서 순결성과 통일 단결 고수 강조
참고	회의 참가자들	-당 정부 주위 단결, 당 정책 관철 결의하여 당 중앙위 전달편지 채택
	체육지도위, 민청중앙위 공동명의	-1957년도 인민체력검정 성과 단체 상장 수여 평남도 체육위, 백남훈지배인공장 민청위, 평남 은산군류정리 민청위, 김책공대 민청위, 함북도 청진수산사업소 민청위, 소년단 평남도 안주고급중학교 각각 1등상과 우승기 함남도 영흥군 민청위 등 15개 단체 2등상 황남도 연안군 민청위 등 22개 단체 3등상

출처: 『로동신문』, 1958년 7월 1일자, 1958년 7월 2일자, 1958년 7월 2일, 『조선중앙년감 1959년판』, 228쪽.

= 1958년 12월 당 중앙위 상무위 결정, "군중체육사업 발전과 스포츠기술 수준 제고"

1958년 12월 당 중앙위원회 상무위원회가 결정한 "군중체육사업을 가일층 발전시키며 스포츠 기술수준을 제고할 데 대하여"는 북한체육이 군중체육으로 본격적으로 전환되는 계기를 마련했다. 1958년 1월의 내각결정 제30호가 근로자들의 체력 향상과 스포츠 기술의 제고 등 내각 차원의 다소 소극적인 조치에 머물렀다면, 1958년 12월 당 상무위 결정은 북한권력이 직접 체육사업을 전군중적인 사업으로 전환하겠다는 강한 의지를 담고 있었기 때문이다. 이 시기 북한권력은 군중체육 활동을 통해 집단주의와 극복정신을 고양시켜서 노동에 대한 열의와 조국보위를 준비시키는 한편 스포츠 기술을 향상시켜 나가고자 했다. 당시 『로동신문』은 "대중의 앙양된 기세를 계속 견지하여 사회주의 건설에서 혁명적 고조를 더욱 높이는 것을 요구"하고 있는 바로 이러한 때에 당이 직접 나서서 "사회주의 건설의 촉진을 위한 군중적인 체육을 더욱 발전시키는 것이 매우 긴요한 문제"라고 주장했다. "근로자들을 건강하고 조화된 신체의 소유자로 되게 함으로써만 주밀하고 능률적인 로동에서 혁신적인 성과를 달성"할 수 있기 때문에, "체육을 군중적으로 발전시키는 것은 근로자들의 체력을 단련시키며 그들을 집단주의와 난관을 극복하는 정신으로 교양함으로써 근로자들의 로력적 열성을 더욱 높이며 나아가 조국 보위에 준비"시켜야 한다는 것이었다. 이외에도 당 상무위 결정은, [표 4-12]에서 보는 것처럼 다양한 내용들을 포함하고 있었다.[41]

먼저 대중체육 부문에서는, 군중체육의 기본 조직인 '체육단'을 보다 광범위하게 조직하고 청소년학생들을 이에 대중적으로 망라시키며 그로 하여금 대중 속에서 정상적으로 활동하는 군중적인 조직이 되도록 했다. 군중체육의 기본인 '인민체력검정'에 전반적 대상자들을 합격시키도록 하였다. 이를 위해 당 단체와 체육지도기관들은 근로자들에 대한 체육 교수와 훈련사업을 그들의 준비 정도와 육체적 조건에 알맞게 진행하며 체조, 육상경기, 수영, 민족체육을 널리 보급하도록 하였다. 특히 군중체육과 스포츠 발전에서 중요한 고리인 각급 학교의 체육 교수사업과 과외체육사업에 관심을 돌려 체육교수를 정상적으로 진행하며 과학성을 높이도록 했다. 체육의 군중화에 절실히 필요한 체육시설 및 기자재를 완비하도록 전 군중적인 사업을 병행하도록 했다. 이어 종목체육에서는, 높은 기술을 토대로 하는 훌륭한 스포츠는 널리 보급된 군중적 체육과 함께 체육인들 자신의 정력적이고도 일상적인 훈련에 기초해야만 발전할 수 있다고 강조했다. 군중체육을 급속히 발전시킴과 동시에 스포츠기술 분야에 잔존하는 신비주의, 보수주의 및 소극성을 퇴치하도록 했다. 체육인들의 육체단련을 전면적으로 발전시키고 기술수준을 높임으로써 끊임없이 '기록갱신운동'을 전개해 나가도록 했다.

특히 체육지도체계를 강화하기 위해 체육지도기관들과 체육인 대열의 순결성을 보장하며 그들 속에서 '당적 사상체계'를 더욱 확고히 하도록 했

---

41) "체육 및 스포츠 사업을 전군중적 운동으로 발전시키자," 『로동신문』, 1959년 1월 18일.

다. 체육지도기관 내 지도일군과 체육인들 가운데 "혁명적 사상과 규률을 지키지 않고 도덕적으로 건실치 못하며 약간의 기술에 자고자대하면서 새롭고 선진적인 것을 배척하려는 현상이 아직도 남아"있다고 지적했다. 이런 "낡은 부르죠아사상 잔재의 표현과 특히 자유주의적 행동이 더는 허용되지 말아야 한다"고 강조했다. "확고한 혁명적인 사상과 고상한 사회주의적 도덕품성은 세련된 체력과 함께 체육인들에게 있어서 필수적인 것이며 또 이는 체육, 스포츠 발전의 가장 중요한 담보"가 될 수 있다고 설명했다. 각급 당 단체들은 체육부문에서 당의 체육정책을 관철시키고 체육인들 속에서 건전한 사상, 당적 사상체계를 더욱 확고히 수립하기 위한 '조직정치사업'을 강화하도록 했다. 체육인들에 대한 공산주의 교양을 강화하며 그들 속에서 비판과 자기비판의 기풍을 확립하는 것이 매우 중요하다고 설명했다. 이에 따른 당 단체들의 체육 부문에 대한 '조직지도사업'을 강화하고, 민청, 직맹 단체들의 역할을 높이도록 했다.

[표 4-12] 1958년 12월 당 중앙위 상무위원회 결정 개요

대중체육 부문 =군중체육 역점	-사회주의 건설 촉진의 절실한 문제의 하나 -체력단련 집단주의/극복정신교양, 로력적 열성제고, 조국보위 준비, 스포츠기술 향상 -'체육단' 광범히 조직, 청소년학생 대중적으로 망라 -'인민체력검정'에 전반적 대상자 합격 -당 단체/체육지도기관, 체육 교수와 훈련사업 진행, 체조/륙상/수영/민족체육 보급 -각급 학교, 체육 교수사업과 과외체육사업 활성화 -체육시설 기자재 완비
종목체육 부문 =스포츠기술 향상	-신비주의, 보수주의 및 소극성 퇴치 -육체단련 및 기술수준 향상, '기록갱신운동' 광범히 진행
체육지도체계 =사상지도체계확립	-체육지도기관, 체육인 대열 순결성 보장, '당적 사상체계' 확립 -당 단체, 체육인들 속에서 '조직정치사업' 강화 -체육에 대한 '지도체계' 정비 강화, 각급 체육지도기관 기능 역할 제고 -당 단체, 체육부문에 대한 '조직지도사업' 강화, 민청 직맹 역할 제고 책임일군들이 근로자 체력 발전 점검

출처: 『로동신문』, 1959년 1월 18일자.

= 1959년 2월 14일 내각결정 제15호, "군중체육사업을 발전, 스포츠기술 수준 제고"

1959년 2월 14일 채택된 내각결정 제15호 "군중체육사업을 발전시키며 스포츠기술 수준을 제고할 데 관하여"는 [표 4-13]에서 보는 것처럼, 당 중앙위 결정에 대한 보다 구체적인 방안들을 포함하고 있었다.[42] 먼저 대중체육과 관련해서는, 전체 근로자들이 매일 1시간 이상 체육운동을 실시하도록 했다. 이를 위해 각 기관, 기업소, 학교, 협동단체 책임자들이 종업원들에 대한 체육사업을 책임지고 지도하도록 했다. 1959년부터 매년 3월, 6월, 8월, 10월의 제2주를 '인민체력검정' 주간으로 설정하고 전체 군중들이 참가하도록 하였으며 간부들이 솔선수범하도록 했다. 생산, 건설 및 사무직장, 농업협동조합 등 모든 주민지구에 체육운동의 기본조직인 '체육단'을 조직하고 많은 군중들을 참여시켜 체육열성자들을 육성하도록 했다. 학교체육에서는, 체육 수업시간을 늘리는 방향에서 체육과정과 교수요강에 대해 재검토하며 교수수업에서 교조주의와 형식주의를 없애고 사상 및 과학성을 높이는 한편, 학생들의 육체교양에 대한 교육일꾼들의 책임성을 높이도록 했다. 한 학교 내 체육단 사업을 강화하는 동시에 교원 및 학생들의 '과외체육운동'을 매일 1시간씩 진행하며 학생들에 대한 의료검사사업을 매년 실시하도록 했다. 근로자체육에서는, 사회주의경쟁에서 체육사업 성과를 경쟁종목의 하나로 평가하도록 했다. 근로인민들 속에서 체육단련을 위한 체육의 기본 종목인 체조, 육상, 수영과 스키를 더욱 대중화하면서, 국방체육과 민족체육을 발전시키고 체육, 유희, 등산, 여행, 등 대중적 체육행사를 많이 조직하도록 했다. 야영과 탐험의 근거지인 백두산 호반에 200명을 수용하는 200평방메타의 '체육인 야영소'를 1959년 하반기 중에 건설하고 1960

---

42) 『조선중앙년감 1960년판』, 246쪽; "공화국 내각에서 군중체육사업을 발전시키며 스포츠 기술수준을 제고할 데 관한 대책을 강구," 『로동신문』, 1959년 2월 27일.

년부터 부전호반과 백암에 체육인 야영소를 건설하도록 했다.

이어 종목체육과 관련해서는, 스포츠의 교수 및 훈련체계를 확립하며 선수들의 육체단련과 기술수준 향상 사업을 '체육의료사업'과 밀접히 결부시키는 동시에 경기지도원들을 체계적으로 육성하도록 했다. 특히 교수 및 훈련사업에서 교조주의와 형식주의를 퇴치하고 신비주의와 보수주의를 청산하도록 했다. 이를 통해 선수 대열을 정치적으로 견실하며 유망한 청년들로 강화하도록 했다. 또한 선수 육성사업과 청년팀, 소년팀의 교수훈련체계를 확립하며 그의 교수 및 훈련을 강화함으로써 명수 및 유급선수 대열을 확대하도록 했다. 이를 위해 1959년 4월말까지 각 전문학교와 대학, 그리고 2급 이상의 기업소 및 농업협동조합에 체조, 육상, 수영, 사격, 축구, 농구, 배구 등 주요 종목의 '선수단'을 조직하게 했다. 1959~1960년 기간에 중요 생산 및 건설 직장과 시·군 소재지에 '청소년스포츠학교'를 200개로 늘리도록 했다. 1959년부터 매년 10~12월에 각 체육인과 선수단의 연중 '스포츠 교수훈련 정형' 사업을 진행하고 이에 기초한 각 종목의 급별 연맹전 체계를 수립하게 하고, '국가대표팀'을 1959년 3월 말까지 조직하도록 했다. 각 기관, 기업소 및 학교들이 선수등급 2급 이상을 소유한 선수들과 청소년 스포츠학교 학생들에게 매일 2시간 이상 체육훈련을 진행할 수 있는 조건을 보장하도록 했다.

체육지도체계 확립과 관련해서는, 1959년 5월 말까지 각 '부문별 체육협회'와 '종목별 분과위원회' 조직을 정비하고 그의 기능과 역할을 높이도록 했다. 국가 및 사회적 체육사업에 대한 통일적인 지도 방안을 강구하고 체육에 대한 규정기술지도를 유일적으로 작성 공포하며, 기업소, 학교, 농업협동조합 및 공원의 체육시설을 제외한 일체의 체육 및 스포츠시설들의 통일적인 관리 운영을 '체육지도위원회'에 위임했다. 체육간부 양성에서는, 사범교육기관들에서 육체교양사업을 강화하고 평양체육대학의 교수 훈련사업에서 사상 및 과학성을 높이도록 했다. 1959~1960학년도부터 평양체육대

학에 '예과'를 설치하는 동시에 '전문부' 학생을 추가 양성하도록 했다. 보통
교육부문 체육보건 일군과 체육일군들을 양성하기 위한 '재교육반'을 운영
하되, 1959년 4월 1일부터 평양체육대학에서 3개월 기한으로 운영하고 이후
7월 1일부터는 각 도 소재지나 지구별로 '단기재교육'을 실시하도록 했다.
체육과학 및 체육선전사업에서는, 1959년 6월말까지 '체육과학연구소'를 설
치하며 체육의료사업체계를 확립하도록 했다. 이를 위해 '중앙체육의료소'
를 1959년 4월 말까지 설치하도록 했다. 그리고 앞으로 큰 기업소와 학교들
을 건설할 경우 '체육시설'을 기본건설계획에 포함시키도록 했다. '평양종합
체육관'을 1960년도에 건설하도록 했으며 수영장과 기타 실내훈련장들도
1959년 내에 건설하도록 했다. 내각결정 제15호는 전체 근로자들이 매일 운
동, 전체 군중들이 체력검정 참가 및 모든 지구에 체육단 조직 등 당의 군
중적 체육 방침을 실현하기 위한 방안들을 포함하고 있었다. 특히 근로자
들의 사회주의경쟁 종목의 하나로 체육활동을 보급시켰으며, 국가대표팀
구성과 체육과학연구소, 체육의료소 설치 등 스포츠 기술 향상을 위한 중
요한 조치들도 있었다. 모든 체육시설 관리를 체육지도위원회에게 위임하
는 등 체육위원회의 지도체계도 강화했다. 이로써 북한의 체육사업은 본격
적인 사회주의경쟁 시스템의 하나로 자리매김하였고, 사회주의 건설에 기
여하기 위한 대중적 혁신운동의 하나로 자리잡게 되었다.

[표 4-13] 1959년 내각결정 제15호 개요

대중체육 발전	-전체 근로자, 매일 1시간 이상 체육운동 실시, 각 기관, 기업소, 학교, 협동단체 책임자들이 책임지고 지도 -59년부터 매년 3월, 6월, 8월, 9월 제2주를 인민체력검정 주간으로 설정, 전체 군중들이 참가, 특히 간부들이 솔선수범 -생산, 건설, 사무직장, 농업협동조합 등 모든 주민지구에 '체육단' 조직
=학교체육 강화	-체육 수업시간 확대하는 방향에서 체육과정과 교수요강 재검토 -체육수업에서 교조주의·형식주의 퇴치, 사상 및 과학성 제고 -학생들의 육체교양에 대한 교육일꾼들의 책임성 제고 -학교 내 체육단 사업 강화, 교원 학생들의 과외체육운동 매일 1시간씩 -학생들에 대한 의료검사사업 매년 실시
=근로자체육 강화	-근로자들의 사회주의경쟁 종목의 하나로 체육사업 성과 포함 -체육 기본종목(체조 육상 수영 스키) 더욱 대중화, 국방체·민족체육, 체육·유희·등산·여행·야영 등 널리 조직 -백두산 호반에 200명 수용 체육인 야영소 59년 하반기 건설
종목체육 발전 =스포츠기술 향상	-교수 훈련 체계 확립 -육체단련과 기술수준 제고 사업을 '체육의료사업'과 밀접히 결부 -경기지도원 체계적 육성 -교조주의 형식주의 퇴치, 신비주의·보수주의 청산 -청년팀, 소년팀 교수훈련체계 확립, 교수 및 훈련 강화 -59년 4월 말까지 전문학교, 대학, 2급 이상 기업소, 농업협동조합에 '선수단' 조직 -59~60년에 중요 생산/건설직장, 시·군 소재지에 '청소년스포츠학교' 200개로 확장 -59년부터 매년 10~12월에 '스포츠 교수훈련 정형 사업' 진행, 각 종목 급별 연맹 전 체계 수립, '국가대표팀' 59년 3월말까지 조직 -2급 이상 선수/청소년스포츠학교 학생들 매일 2시간 이상 체육훈련 보장
체육사업체계 =지도체계 확립	-59년 5월 말까지 '부문별 체육협회,' '종목별 분과위원회' 조직 정비 -국가 및 사회적 체육사업에 대한 통일적 지도 대책 강구, 규정기술지도 유일적 작 성 공포, 일체 체육시설 관리 운영(기업소/학교/ 농업협동조합/공원 시설 제외)할 것을 '체육지도위원회'에 위임
=체육간부 양성	-사범교육기관들에서 육체교양사업 강화, 평양체육대학 사업 개선 강화, 교수 및 훈련사업에서 사상 및 과학성 제고 -1959~1960학년도부터 평양체육대학에 '예과' 설치 및 '전문부' 학생 추가 양성, 보통교육부문 체육보건일군, 체육일군 육성을 위한 '재교육반' 운영(59년 4월부터 평양체대에 3개월 기한의 재교육반 운영, 7월부터는 각 도 소재지나 지구별로 단 기재교육 실시)
=체육과학의료 연구	-1959년 6월 말까지 '체육과학연구소' 설치 -1959년 4월 말까지 '중앙체육의료소' 설치
=체육시설 확충	-향후 큰 기업소, 학교 건설의 경우 '체육시설'을 기본건설계획으로 건설 -평양종합체육관 건설을 1960년에, 수영장과 실내훈련장은 1959년에 건설

출처: 『조선중앙년감 1960년판』, 246쪽; 『로동신문』, 1959년 2월 27일.

= 1959년 3월 내각직속 체육지도위원회 조치 발표

1959년 3월에는 내각직속 체육지도위원회 조치가 발표되었다. 당시 김기
수 위원장은 "근로자들이 건강하고 전면적으로 발전된 육체적 조건을 가짐
으로써만 현대적 과학기술의 토대 위에서 진행되는 주밀하고도 능률적인
로동에서 높은 성과를 달성할 수 있으며, 나아가 그들을 집단주의 사상과
난관 극복의 정신으로 더욱 튼튼히 무장시키며 조국 보위에 준비시킬 수
있다"면서, 체육을 급속히 발전시키기 위해 해결해야 할 기본 문제들을 지
적했다.[43] 먼저 "당 체육 정책을 철저히 관철"시키는 것이 "체육사업에 수
백만의 광범한 근로자와 청년학생들을 인입하는 것"인데도 "해당 일군들 속
에서 아직도 몇몇 선수본위의 체육행사만 위주로 하면서 광범한 군중 속에
서 체육사업을 전개할 데 대하여 무관심하며 생산과 체육을 대립시키는 경
향이 근절되지 않고 있다"고 지적했다. 그리고 "일군들의 관점과 인식부터
바로잡고 대중 속에 당 체육정책을 깊이 해설 침투시킴으로써 모든 근로자
들 특히 청소년들로 하여금 체육을 일상생활화 하도록 지도"하도록 했다.
당의 체육사업의 성공적인 수행은 "체육지도일군들과 체육인들 속에 확고
부동한 '당적 사상체계'를 확립하며 전체 체육인들을 김일성 동지를 수반으
로 하는 당 중앙위원회에 무한히 충실한 붉은 전사로 교양 육성"하는 것이
중요하다면서, 체육사업을 급속히 발전시키기 위해서는 "체육부문 일군들
이 체육사업 발전을 위해 김일성 동지의 교시와 당의 방침을 철저히 인식
하고 이를 책임적으로 조직 지도"하는 데 달렸다고 설명했다.

---

43) "체육 및 스포츠의 더욱 급속한 발전을 위하여-내각직속 체육지도위원회 위원장
김기수," 『로동신문』, 1959년 3월 27일.

(3) 군중체육 활성화를 위한 사업 정비 내용

= 체육간부, 경기심판원, 지도원 양성

1959년 2월 내각결정 제15호에 따라 '평양체육대학'에 예비과 및 전문부가 설치(10년제)되었다. 또 신의주와 함흥에는 4년제 '중등체육학교'(초급중학교 졸업생 대상)가 설립되었으며 각 도에는 '단기 체육간부양성소'가 설치되었다.[44] 그 결과, [표 4-14]에서 보는 것처럼, 1960년에만 체육간부양성기관에서 200여명의 체육간부들이 배출되었으며, 2,925명의 체육교원과 체육일군, 사회적 체육열성자들이 재교육을 받았다.[45] 이에 앞서 1953년 '평양사범대학'에 체육학부, 1956년 '신의주교원대학'에 체육과가 각각 설치되었으며, 1958년 3월 19일의 내각결정 제30호에 따라 1958년 9월 1일부터 두 곳을 통합해 '평양체육대학'이 신설되었다.[46] 1956년 5월 1일에는 내각 체육지도위원회에 직속 '중앙체육간부양성소'를 설치했다.[47] 중앙체육간부양성소에서는 체육일군들의 이론과 실기 수준을 높이기 위한 재교육기관으로서 '관리간부반'과 '사범반' 등 두 개 반을 두어 운영했는데, 관리간부반은 각급 체육지도위원회와 사회단체 내 체육부문 담당일군들이 대상이었다. 사범반은 초등 및 고등중학교의 무자격 교원들을 교육했다. 각 경기종목별 '순회지도'와 계층별, 직종별 '단기강습회'를 통해서도 체육일군들을 양성했다.[48] 한편 1957년 당시 국가 심판원은 92명, 도 심판원은 219명이었으며 국가 심판원 중 5명이 국제심판원으로 등록되었다. 같은 해 223명의 경기지도원도 양성되었다. 1960년에는 [표 4-15]에서 보는 것처럼, 3,465명의

---

44) 『조선중앙년감 1960년판』, 246쪽.
45) 『조선중앙년감 1961년판』, 231쪽.
46) 『조선중앙년감 1959년판』, 228쪽.
47) 『조선중앙년감 1957년판』, 118쪽.
48) 조남훈, 『조선체육사2』, 151쪽.

훈련지도원과 3,413명의 공화국 및 도·시·군 심판원들이 활동하였다.[49] 1959년 당 상무위 결정 및 내각 결정 이후 심판원 수는 10배 이상, 경기(훈련)지도원 수는 15배 이상 증가한 수치였다.

[표 4-14] 1953~1960년 체육간부 양성 현황

연 도	내 용	
1953년	평양사범대학 체육학부	
1956년	신의주교원대학 체육과	
1956년 5월 1일	중앙체육간부양성소	내각 체육지도위원회 직속 관리간부반/사범반, 순회지도/단기강습반
1958년 9월 1일	평양체육대학	평양사범 체육학부/신의주교원대 체육과 통합
1959년 12월 14일	평양체육대학(예비/전문)	10년제
	신의주/함흥중등체육학교	4년제, 초급중 졸업생 대상
	각 도 단기체육간부양성소	
1960년	체육간부 200명, 체육교원/체육일군/체육열성자 2,925명 재교육	

출처: 『조선중앙년감 1960년판』, 246쪽; 『조선중앙년감 1961년판』, 231쪽; 『조선중앙년감 1959년판』, 228쪽; 『조선중앙년감 1957년판』, 118쪽; 조남훈, 『조선체육사2』, 151쪽.

[표 4-15] 1957~1960년 경기심판원, 지도원 양성 현황

연 도	내 용	
1957년	국가심판원 92명(국제심판원 5명), 도 심판원 219명	경기지도원 223명
1960년	공화국 및 도·시·군 심판원 3,413명	훈련지도원 3,465명

출처: 『조선중앙년감 1958년판』, 150쪽; 『조선중앙년감 1961년판』, 231쪽.

= 부문별/종목별 체육협회, 청소년체육학교(스포츠학교)

1950년대 후반 북한의 '군중체육' 방침을 실현하기 위해서 체육지도위원회는 가장 먼저 '부문별 체육협회'와 '종목별 체육협회' 정비에 착수했다. 먼

---

49) 『조선중앙년감 1958년판』, 150쪽; 『조선중앙년감 1961년판』, 231쪽.

저 부문별 체육협회 창립을 위한 회의가 1959년 3월부터 6월까지 진행되었다.[50] 회의 결과에 따라 이미 조직되었던 직맹부문, 교통운수부문, 인민군, 내무부문 체육협회들이 각각 강철, 기관차, 2.8, 번개 체육협회 등으로 개편재정비되었다. 농업부문과 학교부문에는 각각 풍년체육협회와 천리마체육협회를 신설함으로써 체육협회 조직과 범위가 [표 4-16]의 내용과 같이 크게 확대되었다.[51] 체육위원회 산하 비상설기구였던 '종목별 분과위원회'도 '종목별 협회'로 개편되었고 기능과 역할도 높아졌다. 경기대회의 조직과 집행, 심판원 양성사업 등을 관장하게 해 업무의 효율을 높였다. 종목별 체육협회는 위원들과 경기지도원, 심판원, 경기대회 임원들을 1년에 2일씩 체육사업에 참여하도록 했다. 체육부문 기초단체들에 대한 지도가 강화되면서 초급체육단체 및 스포츠학교들도, [표 4-17]과 같이 1959년부터 크게 증가했다.[52] '체육구락부(스포츠구락부)'들은 1958년 4월까지 '청소년체육학교(스포츠학교)'로 개편되었다.[53] 각 도에 '체육선수단'을 더 조직했으며 체육훈련도 강화했다. 체육지도위원회는 1959년부터 매년 10~12월에 모든 체육인들과 선수단의 연중 체육교수훈련정형에 대한 '국가판정사업'을 실시했다.[54]

---

50) 『조선중앙년감 1961년판』, 231쪽.
51) 조남훈, 『조선체육사2』, 149쪽.
52) 『조선중앙년감 1958년판』, 150쪽; 『조선중앙년감 1959년판』, 208쪽; 『조선중앙년감 1960년판』, 247쪽; 『조선중앙년감 1961년판』, 231쪽.
53) 『조선중앙년감 1959년판』, 228쪽.
54) 조남훈, 『조선체육사2』, 152쪽.

[표 4-16] 1959년도 부문별 체육협회 재정비 현황

명칭	재정비 내용	소속 단체
강철체육협회	-직맹부문에서 변경 1959년 3월~5월 초순 도(시) 위원회 조직 완료	2,940개 초급체육단체, 로동자/기술자/사무원 41만 명
2·8체육협회	-인민군부문에서 변경	
번개체육협회	-내무부문에서 변경	
기관차체육협회	-교통운수부문에서 변경	
풍년체육협회	-농업부문에 신설 1959년 3~4월 완료	4,430개 초급체육단체, 농업부문/ 교육기관/기업소 근로자 110만 명
천리마체육협회	-학교부문에 신설 1959년 4월~6월까지 각 도/시/군위원회 완료	3,300개 초급체육단체, 9월 23일 창립대회

출처:『조선중앙년감 1961년판』, 231쪽; 조남훈,『조선체육사2』, 149쪽.

[표 4-17] 1957~1960년 초급체육단체, 청소년체육학교(스포츠학교) 현황

	1957년	1958년	1959년	1960년
초급체육단체 /회원	8,694개/ 614,838명	8,639개/ 1,109,487명	12,424개/ 2,500,000명	13,124개/...
스포츠학교 /회원	17개/ 4,305명	55개/ 16,510명	85개/ 17,560명	28,112명/...

출처:『조선중앙년감 1958년판』, 150쪽;『조선중앙년감 1959년판』, 208쪽;『조선중앙년감 1960년판』,
247쪽;『조선중앙년감 1961년판』, 231쪽.

= 국방체육구락부와 국방체육소조

국방체육 보급을 위한 국방체육구락부와 국방체육소조도 늘어났다. 전후 근로자와 청소년학생들을 노동과 국방에 튼튼히 준비시키기 위한 목적에서 1955년 1월 당 중앙위원회는 "근로자들 속에서 군사기술과 군사체육 보급사업을 강화할 데 대하여"를 결정했다. 1955년 4월 7일 당 중앙위원회 정치위원회 제9차 회의는 근로자와 청소년학생들 사이에 체육사업을 군중적으로 벌이고 군사과학과 군사기술을 보급하면서 국방체육을 강화하기 위한 방안들을 결정했다. 1955년 2월 조국보위후원회 중앙위원회 전원회의

는 국방체육을 강화하기 위한 대책들을 마련했다.[55] 조국보위후원회는 평양을 비롯한 주요 도·시·군들에 각종 구락부와 소조를 조직하고 구락부생들과 소조원들에게 전통적인 국방체육기술을 습득시키고 체력을 단련시켜 그들을 조국보위에 기여하도록 했다. 그 결과는 [표 4-18]에서 보는 것처럼, 1956년 당시 12개의 항공구락부와 777개의 항공소조, 17개의 통신구락부와 118개의 통신소조, 32개의 사격구락부와 912개 사격소조, 136개의 자동차 및 뜨락또르소조, 4개의 해양구락부와 39개의 해양소조가 설립되었다.[56] 이 가운데 '항공구락부'는 도 소재지와 주요 도시에 설치하고, 초급반(초급항공조), 중급반(중급항공조와 낙하산조), 고급반(비행조와 고급항공조)을 두었으며 초급 활공사를 육성했다. 대학과 고중, 전문학교, 중학교의 '항공소조'에서는 초보적인 항공기술을 지도했다. 주요 도시에도 '사격구락부'가 설치되었으며, 공장과 기업소, 학교, 농촌에 '사격소조'가 조직되었다. 특히 사격소조는 조국보위후원회 중앙위원회의 지도 아래 산하 도·시·군위원회가 지도 관리했다. 해안지대와 큰 강, 호수를 낀 도시들에는 '해양구락부'와 '해양소조'가 조직되었다. 생산직장과 각급 학교에도 '통신소조'가 조직되었으며, 여기에서 기초적인 통신기술을 습득한 소조원들이 '통신구락부'에 편입되어 무선전신의 원리와 방법들을 배운 다음 유급무전수가 되었다. 운수 장비가 많은 기업소와 직장, 뜨락또르임경소, 자동차관리소, 학교들에 조직된 자동차 및 뜨락또르 소조와 구락부도 조직되었다.[57] 조국보위후원회는 국방체육종목 보급을 위해 1958년 6월까지 4,500여 개의 '국방체육구락부와 소조'에서 103,000여 명의 근로자들과 청소년학생들을 포함시켜 '국방실용체육' 종목을 교육했다.[58]

---

55) 조남훈, 『조선체육사2』, 133쪽.
56) 『광명백과사전』, 162쪽.
57) 조남훈, 『조선체육사2』, 133~135쪽.
58) 그 결과 각종 국방체육구락부와 국방체육소조들에서 배출된 근로자와 청년들이 자동차운전사, 뜨락또르운전사, 모터찌클수, 무선총신수, 사격수, 비행사 및 활공

[표 4-18] 1956년도 국방체육구락부/소조 현황

구락부(도/시)		소조(초급단체/학교)	
항공구락부	12개	항공소조	777개
사격구락부	32개	사격소조	912개
통신구락부	17개	통신소조	118개
자동차/뜨락또르구락부	12개	자동차/뜨락또르소조	136개
해양구락부	4개	해양소조	39개
총 인원		84,200명	

출처:『광명백과사전』, 162쪽.

= 체육시설 기자재

1950년대 후반 평양과 함흥 원산 청진 해주 개성 등 여러 도시와 농촌 학교에서 대중적 운동으로, [표 4-19]에서 보는 것처럼, 수많은 체육시설들이 복구되거나 새로 건설되었다.[59] 1957년에는 5,000명의 수용 능력을 가진 신의주 정규 풀을 비롯하여 송도원수영장, 신의주 10월청년경기장, 혜산체육관들이 현대적 시설로 완비되었다. 또 400m 트랙을 갖춘 경기장 249개와 4,000여개의 크고 작은 운동장이 정비되었다. 1958년에는 현대적 설비의 모란봉경기장을 비롯하여 비교적 규모를 갖춘 경기장 등 모두 240여개의 경기장과 4,500개의 크고 작은 운동장, 1만여 개의 롱구장과 배구장, 13개의 수영장, 24개의 체육관과 체육실을 갖추게 되었다. 1959년에는 비교적 규모를 갖춘 4,937개의 경기장과 운동장, 16,045개 롱구장과 배구장, 1,330개 수영장, 182개의 체육관과 체육실을 갖추었다. 1959년에는 혁명 전적지 백두산 삼지연에 대규모의 스키장이 새로 건설되었다. 1960년에는 71개의 경기장과 4,233개의 운동장, 8개의 체육관, 183개의 체육실, 1,377개의 대소 수영

사가 되어 건설현장과 보위초소에서 맡은 임무를 잘 수행하게 되었다고 한다. 조남훈,『조선체육사2』, 151~153쪽.

59)『조선중앙년감 1958년판』, 150쪽;『조선중앙년감 1959년판』, 228쪽;『조선중앙년감 1960년판』, 247쪽;『조선중앙년감 1961년판』, 231쪽;『조선중앙년감 1962년판』, 283쪽.

장 등 시설들이 늘어났다. 1961년에는 86개 경기장, 4,188개 운동장, 8개 체육관, 152개 체육실, 28개 정규 수영장, 120개 간이수영장을 갖추었다.

이에 앞서 1950년대 전반기에 평양시 모란봉경기장을 비롯한 원산·함흥·청진·해주·개성 등과 기타 각 도시와 농촌에서 경기장이 건설되었다.[60] 특히 모란봉경기장 건설에는 김일성종합대학 학생들이 동원되었으며, 김일성이 1954년 6월부터 8월 사이에 5번이나 현장을 둘러볼 정도로 북한권력이 역점을 둔 사업이었다. 1954년 8월 12일 공사 시작 3개월 만에 16,000평방메타 부지에 4만여 명을 수용할 수 있는 현대적 설비의 경기장으로 완성되었다. 1954년 8.15해방 9돐 기념 '전국체육축전'도 이곳에서 진행되었다.[61] 1956년 봄부터는 동평양에 2만여 명 수용 능력을 갖춘 현대적인 경기장 건설 공사가 시작되었다. 각 도·시·군 소재지에서도 경기장 건설 공사가 활발히 전개되었다. 민청 창립 10주년과 관련하여 정부에서는 내각 결정으로 평양시에 현대적 체육관을 건설할 것을 결정하였다.[62]

한편 사회주의 기초 건설 시기 평양과 원산에 세워진 전문 '체육기구 공장'과 각 도의 지방 산업공장에서 체육기자재를 대량 생산하면서 근로자들과 청소년학생들의 수요를 어느 정도 충족시킬 수 있게 되었다. 체육활동에 대한 인민대중의 관심이 높아지면서 체육기자재와 체육시설을 너 많이 공급해야 했다. 당과 정부에서는 중앙과 지방의 체육기자재 공장에 대한 생산 조건을 개선하고, 국가 규정에 입각한 체육기자재의 품종을 더 많이 생산하도록 했다. 기관, 기업소, 학교, 농촌들에서는 자체의 힘으로 지방의 자원을 최대한 동원해 필요한 시설들을 마련했다고 한다.[63]

---

60) 『조선중앙년감 1956년판』, 141쪽.
61) 조남훈, 『조선체육사2』, 135~136쪽.
62) 『조선중앙년감 1957년판』, 118쪽.
63) 조남훈, 『조선체육사2』, 154쪽.

[표 4-19] 1958~1961년 체육시설 현황

연도	경기장	운동장	롱구장	배구장	정구장	수영장	체육관	체육실
1958년	240	4,500	10,000			13	24	
1959년	4,937		16,045			1,330	182	
1960년	71	4,233				1,377	8	183
1961년	86	4,188				28/120	8	152

출처: 『조선중앙년감 1958년판』, 150쪽; 『조선중앙년감 1959년판』, 228쪽; 『조선중앙년감 1960년판』, 247쪽; 『조선중앙년감 1961년판』, 231쪽; 『조선중앙년감 1962년판』, 283쪽.

= 체육선전사업 강화, 체육과학 연구, 공훈체육인 칭호 제정

1950년대 북한은 체육에 대한 사회적 관심을 높이기 위해 체육선전 사업을 강화하였다. [표 4-20]에서 보는 것처럼, 1954년 '조국보위를 위하여'사와 1956년 '체육출판사'가 복구되어 일반체육과 국방체육에 대한 출판선전사업을 강화할 수 있는 조건이 마련되었다. 이후 잡지 『체육과 스포츠』, 『조국보위를 위하여』가 월간으로 발간되었으며, 『인민체력검정지도서』, 『체육 및 스포츠 지도 자료집』, 『민간군사체육참고서』, 『모형항공기의 리론과 설계 제작』 등의 단행본을 출판했다. 개정된 륙상, 체조, 롱구, 빙상, 스키의 경기 규칙집과 사격, 통신, 모형함선의 이론학습에 필요한 여러 가지 참고서들도 발행했다.[64] 〈체육단의 노래〉, 〈체육대회의 노래〉, 〈우리공장 선수들〉을 비롯한 체육과 관련된 노래와 기록영화·과학영화들도 창작, 보급했다.[65]

체육사업을 과학적인 토대 위에서 발전시키기 위한 '체육과학연구소'와 함께 체육사업을 의료 사업과 연계해 발전시키기 위한 '체육의료소'도 설립되었다.[66] 1956년 2월 24일 채택된 내각명령 제14호에 근거하여 '스포츠명수(체육명수)' 칭호를 받은 인민체육일군들에게 보조금 지급과 물자 공급이

---

64) 조남훈, 『조선체육사2』, 155쪽.
65) 『광명백과사전』, 163쪽.
66) 『조선중앙년감 1960년판』, 246쪽.

보장되었다.[67] 1960년 11월 11일 최고인민회의 상임위원회는 정령으로 '공훈체육인' 칭호를 제정했다.[68] 이로서 북한체육은 전쟁 이전 수준으로 회복되었다. 1950년대 후반부터 체육사업에 대한 당적 지도체계가 강화됨으로써, 대중체육과 종목체육을 모두 발전시키기 위한 기본적인 토대도 마련되었다고 한다.

[표 4-20] 1954~1959년 체육선전사업 현황

1954년 복구	체육출판사 조국보위를 위하여 사	월간 『체육과 스포츠』 월간 『조국보위를 위하여』
1958~1959년	체육도서	29종, 154,000부
	체육노래	다수
	기록영화/과학영화	우리공장 선수들(1959년) 등

출처: 조남훈, 『조선체육사2』, 155쪽; 『광명백과사전』, 163쪽.

2. 국가재건 시기 대내 체육활동

국가재건 시기 북한체육의 대내활동은 군중체육의 활성화, 국방체육종목의 대중화, 민족체육의 장려, 정치사상교양사업과 결부, 체육기술 혁신운동과 체육기술의 발전 등으로 요약할 수 있다.[69]

군중체육 활성화 방안은 인민체력검정 강화, 집단체조 형식의 발전, 국방체육경기, 생산체육경기의 확대 등으로 구체화되었다.

---

67) 『조선중앙년감 1957년판』, 118쪽.
68) 『광명백과사전』, 163쪽; 『조선전사(년표)』, 321쪽.
69) 제1차 5개년 기간 동안 북한이 체육스포츠 부문에 지출한 금액은 1958년 300만 원(신화폐), 1959년 540만 원, 1960년 750여만 원 등 1,600여만 원이었다. 『조선중앙 년감 1959년판』, 227쪽; 『조선중앙년감 1960년판』, 246쪽; 『조선중앙년감 1961년 판』, 231쪽.

1) 군중체육 활성화와 인민체력검정, 인민/집단체조, 민족체육, 답사행군 장려

(1) 인민체력검정, 인민보건체조, 집단체조

= 인민체력검정 활성화

1955년 4월 20일 개정된 인민체력검정 규정과 실시 요강에 따라 근로자들과 청소년학생들이 적극적으로 참여한 결과, [표 4-21]에서 보는 것처럼, 1955년 101,248명에서 1956년에는 187,824명이 검정 기준에 합격하는 등 큰 폭으로 증가했다.[70] 1956년 2월에 발표된 내각 명령 제14호에 힘입어 1957년에는 전해에 비해 약 6만여 명이 증가한 248,137명이 검정 기준을 통과했다. 1958년에는 무려 440,000명이 체력검정에 합격하는 등 체육의 대중화 사업이 활성화되었다. 1959년도부터 3월, 6월, 8월, 10월의 제2주를 '인민체력검정주간'으로 설정하고 인민체력검정 훈련과 검정사업을 실시했으며, 매년 3월 첫 주간에 전국 각지에서 인민체력검정 개막행사를 진행하도록 했다. 1959년 인민체력검정에는 1,402,122명의 근로자와 학생들이 참가한 가운데 1급, 2급에 292,365명(전체 실적을 157% 초과 달성), 소년급에 남자 147,429명, 여자 94,820명 등 총 534,611명이 검정 기준을 통과했다. 1960년부터는 전체 인민이 체육교양체계의 기본이 되는 인민체력검정에 의무적으로 참가하도록 했다. 1960년에는 1,329,435명의 근로자들과 청소년학생들이 참가한 가운데 667,486명이 합격했다.[71] 인민체력검정에 경쟁제도를 도입하면서 근로자와 청소년학생들의 참여도가 높아졌다. 1959년 2월 14일 근로자들 속에서 하루 1시간 이상 체육활동을 정상적으로 진행할 데 대한 결정에 따라 건강 증진과 노동생산성 향상, 육체적 단련을 위한 체육활동

---

70) 『조선중앙년감 1957년판』, 118쪽; 조남훈, 『조선체육사2』, 138쪽.
71) 이상의 내용은 『조선중앙년감 1958년판』, 150쪽; 『조선중앙년감 1959년판』, 228쪽; 『조선중앙년감 1960년판』, 247쪽; 『조선중앙년감 1961년판』, 230~231쪽.

이 전개되었는데, 당시 체육지도위원회가 근로자들에게 권장한 하루 1시간 운동 방법은 [표 4-22]와 같은 내용을 담고 있었다.

[표 4-21] 1955~1960년 인민체력검정 기준 합격자 현황

연도	1955	1956	1957	1958	1959	1960
총합격자(명)	101,248	187,824	248,137	440,000	534,611	667,486
비고	검정규정 개정			경쟁제도 도입	검정주간 설정	전체인민 참가

출처: 『조선중앙년감 1957년판』, 118쪽 ; 조남훈, 『조선체육사2』, 138쪽; 『조선중앙년감 1958년판』, 150쪽; 『조선중앙년감 1959년판』, 228쪽; 『조선중앙년감 1960년판』, 247쪽; 『조선중앙년감 1961년판』, 230~231쪽.

[표 4-22] 1959년 체육지도위원회 권장 하루 1시간 운동 방법

아침 기상 후	10분	인민보건체조, 산보, 가벼운달리기, 팔굽혀펴기, 고무줄당기기, 냉수마찰
하루일 시작 전	10분	인민보건체조, 생산체조, 청년체조, 달리기
작업행정에	2분	1~2시간에 1회(1~2분) 간단한 체조
점심시간	20~30분	배구, 롱구, 탁구, 철봉, 평행봉, 널뛰기, 그네, 씨름, 체육유회 조직
작업직후	3~4분	직종별 간단한 생산체조
작업완료 후	상황따라	취미 소질 별로 운동, 작업반/직장/학년/학급간 경기 조직 특히 인민체력검정 대비 훈련, 또는 체육유회 집단체조 예술체조
자기 전	10분	간단한 체조, 산보

출처: 조남훈, 『조선체육사2』, 156~157쪽.

= 인민보건체조, 집단체조

1955년 3월 체육지도위원회와 직총중앙위원회, 민청중앙위원회가 '인민보건체조'를 전인민적으로 실시하도록 결정했다. 1948년부터 보급되었지만 전후 인민경제 복구 건설과 증산운동에 맞춰서 전체 인민이 참여하도록 했다. 이를 위해 매년 4월 1일부터 5월 31일까지를 '인민보건체조 보급월간'으로 정하고, 아침체조와 작업간 체조 등 두 종류로 구분했다. 보건체조에 대

한 선전해설 사업과 체조지도원들을 정하고 체조를 할 수 있는 장소와 방송시설 등도 갖추도록 했다.[72]

1950년대 집단체조는 형식에서 다양한 발전을 이뤘다. 전반기 집단체조들은 장과 절 체계를 구성하지 못한 채 단순한 체조동작으로 구성되었지만, 1950년대 후반 작품들은 제목에 [표 4-23]와 같은 경제계획과 관련된 전투적인 과업들을 반영했다. 1954년 8월 16일 평양에서 진행된 8·15해방 9돐 기념 '전국체육축전' 당시 집단체조 '소년단행진곡'과 청년군인들의 집단체조 공연이 있었는데, 청년군인들의 '보병기본체조'에 이어 여성 군무자들의 '곤봉체조', 청년군인들의 '창격전'을 선보였다. 1955년 6월 26일 6·25전쟁 5돐을 맞이해 평양모란봉경기장에서 진행된 '조선인민군종합체육대회'에서는 만경대혁명학원 학생들이 집단체조를 선보였다. 이날 행사에는 인민군 기병들의 집단적인 장애물돌파와 모터찌클 집단체조를 선보였다. 1955년 8·15해방 10돐 기념 '전국체육축전'에서도 집단체조를 공연했다. 1956년 5월 1일 평양시 청소년학생들이 출연한 집단체조는 하나의 장, 절, 체계에 따르는 구성을 가지고 등장한 특징을 지니고 있었다. 1958년 9·9절에 진행된 집단체조 '공화국 창건 10주년'과 '꼬마 5개년 계획'들은 체조대와 배경대를 배합해 진행함으로써 집단체조의 주제 사상이 두드러졌다.

1959년부터는 지방과 학교에서도 공연하도록 했으며, 집단체조를 경기화했다. 체육지도위원회는 1959년 3월, 5월, 7월에 700여 명의 각 도 체육지도기관 일군들과 체육교원들에게 '집단체조 조직과 훈련에 대한 강습'을 실시하고, 집단체조 교과서와 체조 대본을 배포했다. 각 시·군 학교들이 사전

---

72) 예를 들어 김책제철소 체육단위원회는 아침시간과 휴식시간에 인민보건체조를 진행하고 달리기, 철봉, 수류탄던지기 등을 널리 진행하여 인민체력검정에 응시할 준비를 하였으며, 1956년 5.1절 기념 제철소종합체육대회를 조직해 1,500여 명의 종업원들이 참가하도록 했다. 그 결과 같은 해 8.15해방 11돐 기념 체육축전에 참가한 함경북도 선수 131명 가운데 49명이 김책제철소 출신이었다고 한다. 조남훈, 『조선체육사2』, 137쪽.

에 매개 장을 훈련하게 한 뒤, 도 대회를 거쳐 전국대회에서 공연하도록 했다. 집단체조 전국대회에는 장별로 가장 우수한 단체들이 모여 종합 출연했다.[73] 1959년 9월 1일부터 30일까지 평양에서 처음으로 규정 종목인 〈영광스러운 우리 조국〉을 두고 '전국집단체조경기'가 진행했다. 1950년대 후반 집단체조는 주제에서 사상적인 내용을 반영하였고, 집단체조 배경대와 체조대의 형상을 수준 높게 진행했다. 대표적인 작품으로는 김일성이 참관한 1959년 8월 '조국해방 14돐 경축 집단체조 〈영광스러운 우리 조국〉'과 1960년 8월 '조국해방 15돐 경축 집단체조 〈우리 조국 만세〉' 등이었다.[74]

[표 4-23] 1945~1960년 집단체조 공연 현황

연도	작품명	장소	비고
1946.5.3	'소년들의 련합체조'	평양시건설운동장	해방 후 최초 작품
1947.4.22	'특별체육의 밤'	민청체육관	체육관 개관 기념
1947.5.1	'김일성장군만세'		평양시 학생들
1948.10.31	'조선은 하나다'	모란봉경기장	공화국 창건 기념
1949.10	'조국의통일을 위하여'		
1953.9.30	보병훈련체조	모란봉경기장	전후 첫 작품
1954.8.16	'소년단행진곡' 등		보병기본체조/곤봉체조/창격전 공연
1955.6.26	만경대혁명학원 집단체조	모란봉경기장	조선인민군종합체육대회 공연
1955.8.16	'해방의 노래'	모란봉경기장	배경대 최초 도입
1956.5.1	평양청소년학생 집단체조		장/절 체계에 따라 구성
1958.9.9	공화국 창건 10주년 작품		체조대/배경대 배합 진행
1959.8.15	'영광스러운 우리조국'	모란봉경기장	장/절 분리, 체조대/배경대 결합
1960.8.15	'우리조국 만세'	모란봉경기장	해방 15주년 기념

출처: 조남훈, 『조선체육사2』, 137~138, 157~158쪽;『광명백과사전』, 163쪽.

---

73) 이상의 내용은 조남훈, 『조선체육사2』, 137~138, 157~158쪽 참조.
74) 『광명백과사전』, 163쪽.

(2) 민족체육경기, 답사행군달리기

= 민족체육경기 장려

북한은 민족체육을 그 속에 담겨진 "민족적 특성으로 인해 인민의 민족적 긍지와 자부심을 북돋아주면서 사람들의 체력을 튼튼히 키울 수 있게 하는 좋은 운동"으로 설명하고 있다. 민족체육은 "한때 체육 분야에 기어든 반당 종파분자들의 후과 때문에 소홀"히 해오다가, 김일성의 교시에 의해 다양하게 발전되었다는 것이다. 1950년대 중반 북한은 특히 민족체육을 "체육 분야에서 교조주의와 사대주의를 극복하고 주체를 확립하며 인민들의 민족적 긍지와 자부심을 높여주는 동시에 근로자와 청소년학생들의 체력 향상에 기여"하는 것으로 인식했다.[75] 이에 따라 인민들 사이에 여러 형태의 '민족체육소조'를 조직했다. 민족체육의 형식과 내용, 경기방법도 다양하게 개발했다. 특히 여성들의 단순한 민속놀이였던 '널뛰기'가 경기종목으로 되었는데, '재주뛰기'와 같은 높은 기교의 고급 동작들이 추가되었다. 이와 함께 '씨름, 바줄당기기, 활쏘기, 장기' 경기규칙들도 제정하고 '그네뛰기' 경기규칙도 일부 개정했다.[76] 이 가운데 '활쏘기'는 1955년 8·15해방 10돐 기념 '전국체육축전'에 처음으로 경기종목에 포함되었다. '널뛰기'는 1956년에 경기종목이 되었다.[77]

= 답사행군달리기와 정치사상교양

1950년대 후반 북한의 대중체육의 또 다른 특징은 정치사상교양과 결부

---

75) 조남훈, 『조선체육사2』, 168~169쪽.
76) 『광명백과사전』, 163쪽.
77) 『조선중앙년감 1961년판』, 231쪽.

되어 진행된 점이다. 대표적인 형식이 '혁명전적지로의 답사행군'이었다. 북한은 답사행군이 1956년 6월 5~14일 김정일이 "학생들로 무어진 답사행군 대오를 이끌고 보천보와 삼지연, 리명수 일대의 혁명전적지들에 대한 첫 조직적인 답사행군을 진행"한 이후 보편화된 것으로 설명하고 있다.[78] 당시 답사 행군의 목적은 "육체적 단련뿐 아니라 행군과정을 통해 항일유격대원들의 생활을 실지 체험하면서 그들의 혁명정신을 따라" 배우는 데 두었다고 한다.[79] 특히 명절과 기념일을 계기로 혁명전적지, 혁명사적지에로의 집단달리기와 집단행군을 실시했다. 1958년부터 집단달리기운동, 혁명전적지에로의 체육여행, 야영, 등산, 탐험 등 군중적 체육행사들이 광범위하게 조직되었다.[80] 정치사상교양과 결부된 또 다른 형식으로 '만경대에로의 달리기, 보천보에로의 달리기, 수도평양에로의 달리기, 보천보에로의 스키행군, 혁명전적지에로의 체육행군' 등을 실시했다.[81]

2) 체육기술혁신운동과 생산경기, 군사경기, 해양경기

(1) 체육기술혁신운동

국가재건 시기 체육사업은 종목체육에서도 많은 성과가 있었다. 특히 1950년대 후반 체육인들 사이에 체육기술을 급속히 발전시키기 위한 노력

---

78) 『광명백과사전』, 163쪽.
79) 조남훈, 『조선체육사2』, 160쪽; 1956년 6월 5~14일 김정일은 평양제1중학교 학생들과 혁명전적지 답사단을 조직, 보천보, 삼지연 등 백두산 일대 혁명전적지들을 답사 행군(북한은 이것을 최초의 '백두산혁명전전지 답사단'으로 설명하고 있다). 답사행군 일행은 1956년 6월 8일 보천보에 도착(이곳에 1955년 8월 7일 김일성 동상이 건립되었다). 이후 김정일은 1956년 12월 민주청년동맹에 가입했다. 이찬행, 『김정일』, 1062쪽 참조.
80) 『조선중앙년감 1959년판』, 227쪽; 『조선중앙년감 1961년판』, 231쪽.
81) 조남훈, 『조선체육사2』, 161쪽

들이 있었다. 당시 북한은 체육기술이 "새로운 환경에 따른 혁명과업에 비해 낮은 수준"이었으며, "사회주의 건설의 다른 부문에 비해서도 뒤떨어져" 있다고 판단했다. 이어 당이 직접 체육인들 사이의 "교조주의와 형식주의를 극복"하기 위한 지도를 강화하면서, 체육훈련의 강도를 높이고 "선진 체육기술을 창조적으로 도입"하도록 독려했다고 한다. 당시 '체육기술혁신운동'의 사례를 살펴보면 다음과 같다.[82]

체육기술혁신운동은 먼저 '천리마선수단 칭호 쟁취운동'으로부터 시작되었다. 체육부문에 가장 시급한 과제로 제기되었던 "당과 수령을 중심으로 일심 단결한 체육인들로 선수단 대열을 꾸리는 것"과 관련 있었다. 예를 들어, '중앙체육강습소' 축구선수들은 '천리마선수단칭호쟁취운동'에 궐기한 뒤 당의 요구대로 훈련강도를 높이면서 당의 혁명전통을 실생활에 구현하기 위한 투쟁을 벌였다. 그 결과 당의 체육정책을 끝까지 관철하려는 불굴의 투지와 고상한 공산주의적 품성을 배양하게 되었으며 교수훈련에서도 "사대주의와 교조주의, 형식주의, 기술신비주의를 척결하는 문제"를 해소해 나갔다고 한다. 륙상부문에서는 일부 창던지기와 포환던지기 선수들 가운데 "다른 나라 선수들의 본을 맹목적으로 따라 하면서 한 해에도 몇 차례나 던지기 동작을 바꾸다가 다시 본래 동작으로 되돌아오면서도 기록이 크게 떨어지는 현상"이 지적되었다. 다른 종목의 선수들 중에도 외국에 다녀오면 자기의 독특한 기술, 전술을 버리고 남의 것을 통째로 삼키는 현상이 있었다. "훈련강도와 부담량을 높여 땀을 더 많이 흘릴 데 대한 당의 요구를 받아들이지 않는 현상"도 제기되었다고 한다. 예를 들어 일부 체육인들은 "우리 체질로는 못 견딘다," "다른 나라에서는 2시간씩 훈련한다"고 하면서 훈련시간을 늘리는 대신 실제 내용에서는 밀도를 낮추는 방법으로 형식적으로 훈련하거나 경기 전후에 필요 이상의 휴식을 취함으로써 훈련에서 극

---

82) 조남훈, 『조선체육사2』, 163~165쪽.

한점을 넘기지 못해 체육기술을 갱신하지 못하는 경향이 지적되었다. 이후 체육인들은 "사회주의 건설의 모든 부문에서 천리마대고조를 일으키고 있는 현실에 적응"할 수 있도록, 체육기술의 급속한 발전을 위해 교수훈련에서 "교조주의, 사대주의, 형식주의 및 기술신비주의를 대담하게 없애고, 주체를 확립하기 위한 투쟁"을 전개했다는 것이다.

(2) 생산체육경기 활성화

1959년 10월 22일 당 중앙위원회 상무위원회 확대회의에서 김일성은 "경제사업에 대한 지도와 문화혁명수행에서 제기되는 몇 가지 문제에 대하여"라는 제목의 연설을 통해 "공장, 기업소, 농촌에서의 체육사업은 생산발전을 촉진시키는 데 복종시키며 그에 적극 이바지하는 방향에서 조직, 진행되어야 한다"면서 생산경기 방식을 널리 보급시키도록 했다.[83] 북한은 생산경기를 "항일혁명투쟁시기에 진행되었던 생산과 결부된 체육활동의 고귀한 경험에 기초한 것"으로 주장하면서, "천리마 속도로 전진하는 우리의 벅찬 현실에 완전히 부합되는 새로운 군중체육 형식"이며 "체육과 생산 로동을 밀접히 결합시킨 독창적인 체육형태"로 설명하고 있다. 생산경기는 처음에는 작업반 대항이나 직장 대항의 형식으로 진행되다가 점차 대중적인 형식으로 공장, 기업소 단위로 확대되어 전국적인 규모로 확대되었다.[84] 당시 북한에서 진행된 생산체육경기 부문과 경기 종목을 종합해 보면 [표 4-24]와 같다.

---

83) 김일성, "경제사업에 대한 지도와 문화혁명 수행에서 제기되는 몇 가지 문제에 대하여: 조선로동당 중앙위원회 확대회의에서 한 연설, 1959년 10월 22일," 『김일성저작집 제13권』, 421쪽.

84) 예를 들어 1960년 3월 7일부터 5일간 당시 승리자동차공장에서 생산경기대회를 진행하였는데 이 기간 동안 공장의 시간당 계획은 209%, 설비이용률은 78.8%, 출근률은 98.8%(일부 직장은 100%)에 이르렀고 112건의 창의 고안이 생산에 도입되었다고 한다. 조남훈, 『조선체육사2』, 159~160쪽.

[표 4-24] 1959년 생산체육경기 종목 현황

부 문	경기 종목
기계공업부문	절삭경기/기계조립 및 분해경기/용접경기
건설부문	부재생산경기/휘틀 및 블로크 조립경기/미장경기/벽돌축조경기/콩크리트타입경기/철근조립경기
채굴공업부문	착암경기/굴진경기/착암기 분해 및 조립경기/운반경기
금속공업부문	압연경기/고속도용해경기
경공업부문	천생산경기/재봉경기
농기계작업소	뜨락또르보수정비경기/뜨락또르분해조립경기/뜨락또르운전경기 및 짐운반경기
농업부문	새땅찾기경기/자급비료생산경기/퇴비운반경기/가마니짜기경기/새끼꼬기경기/모내기경기/풀베기경기/추수경기/탈곡경기

출처: 조남훈, 『조선체육사2』, 159~160쪽.

(3) 군사체육경기

북한권력은 전후 복구 시기 근로자들 속에서 일반 체육활동과 함께 국방
체육도 강화했다.[85] 조국보위후원회는 평양을 비롯한 주요 도·시·군들에
각종 국방체육구락부와 소조를 조직했다. 구락부생들과 소조원들이 전통적
인 국방체육 경기종목 기술을 습득하고 체력을 단련하도록 했다. 1950년대
후반에는 일반 대중에게도 국방체육 경기종목들을 보급했다. 실시된 종목
들은 이어달리기식 보병총분해결합, 장애물극복달리기, 외나무건느기, 수
류탄던지기, 바줄당기기 등이었다. 특히 항공구락부에서는 '모형기로부터
활공기에로! 활공기로부터 비행기에로!'라는 구호 아래 모형항공기와 비행
기 훈련을 강화했다. 사격, 무선통신, 자동차. 모터찌클 훈련도 포함되었
다.[86] 1957년 11월 17일에는 개성시 공설운동장에서 '군사체육종합경기대

---

85) 북한은 국방체육을 (대중)국방체육과 국방(실용)체육으로 구분해 설명하고 있다.
이 가운데 (대중)국방체육 활동으로는 행군, 등산, 산들판달리기, 장애물이겨내
기, 수류탄던지기, 국방체조 등이 있으며, 국방(실용)체육 경기종목으로는 사격,
활쏘기, 무선통신, 방향탐색, 락하산, 모형항공, 모터찌클, 자동차, 군사5종 경기
등이 있다. 『광명백과사전』, 94~141쪽 참조.
86) 『광명백과사전』, 162~163쪽.

회'가 있었다. 개성시내 11개 학교와 20개 생산직장, 3개의 사무직장 단체에서 987명의 남녀선수들이 참가했다. 당시 경기는 [표 4-25]와 같은 종목과 방식으로 진행되었다.[87]

[표 4-25] 1957년 군사체육종합경기대회 종목 및 방식

종 목	방 식	
군사체육경기 (13개 종목)	남녀 820명 참가	
	장애물돌파경기	외나무다리, 평행봉, 철조망, 작은/큰 담벽 극복
	중량물운반경기	100m구간, 모로기기로/엎드려기기로/달리며끌기
	이어달리기식 보병총분해결합경기	단체별 10명(녀자1명포함), 50m앞 보병총 이어달리기식 분해결합 진행
모형항공기	42명 참가, 초급기(단체경기), 중급기/국제기(개인경기) 내연기관식 모형항공기 15분 동안 시험비행 성공	
사격경기	33개 직장/학교 선발 66명 참가, 엎드려 3발씩 사격	
무선통신경기	통신구락부생 27명 참가, 송신경기만 진행	
자동차운전경기	자동차구락부생들이 5분간 '홍'자 글자 돌기 정확하게 빨리 운전 경기	

출처: 조남훈, 『조선체육사2』, 170~171쪽.

(4) 해양체육경기

북한에서는 1959년 "수산업을 더욱 발전시키기 위하여"라는 제목의 김일성 연설 이후 해양체육이 강화되었다. 김일성은 연설에서 "청년들을 바다에서 수영도 하게하고 뽀트도 타게 하고 물고기도 잡게 해야" 한다면서, "바다에 나가려는 대중적 기세가 높아지며 누구나 바다를 두려워하지 않고 거기에서 자유롭게 활동하여 바다를 정복하며 그 자원을 개발"하라고 주문했다.[88] 김일성의 연설 이후 '조정, 단정, 돛배, 모터뽀트 혜염' 등 해양체육 관련 도서들이 출판되었으며, '혜염지도원과 심판원들을 위한 강습회'도 조

87) 조남훈, 『조선체육사2』, 170~171쪽.
88) 김일성, "수산업을 더욱 발전시키기 위하여: 강원도수산부문 당열성자회의에서 한 연설, 1959년 6월 11일," 『김일성저작집 제13권』, 318쪽.

직되었다. 평양, 원산, 신의주, 흥남, 해주에 '해양체육구락부'가 신설되었
다. 1959년에는 신포, 원산 등지에서 '해양소조 지도일군'들을 대상으로 하
는 강습회가 열렸다. '단정훈련, 수기신호, 헤염훈련, 모형함선제작법, 해양
체육경기규칙' 등이 교육 내용이었다. 전국의 수영장은 청소년들과 근로자
들이 자체의 힘으로 건설하도록 했다. 1959년 8월 26~30일 신포에서 체육지
도위원회 주관으로 '전국청년해양체육축전'이 열렸는데, '헤염경기, 물에뛰
여들기, 수구, 단정경기, 수기신호경기, 도하경기' 등 여러 '해양체육종목' 경
기들을 진행했다. '심해어로경기, 사돌경기' 등 직접 바다에 나가 어로작업
을 하는 생산경기들도 함께 진행했다고 한다.[89]

3) 국내 행사대회 기록

= 국가명절과 기념일을 계기로 다양한 행사대회가 열렸다.

전국빙상선수권대회(1954년 1월, 1955년과 1956년의 2월), 조국해방기념
전국체육축전(조국해방 9돌, 10돐, 11돐), 조선인민군 종합체육경기대회
(4차, 5차, 6차), 전국사격경기대회(1955년 3월과 4월, 1956년 5월), 구기련맹
전(1955년 3월), 1부류 축구련맹전(1956년 8월, 10월), 전국민족체육경기대
회(1956년 6월), 전국모형항공기경기대회(1956년 9월) 등이 있었다. 이들 경
기대회와 체육축전들에 "수백 명의 선수들이 참가하여 자기들의 앙양된 패
기와 완강한 의지, 투지와 향상된 체육기술을 남김없이 발휘"했다고 한
다.[90] 이 가운데 특히 1955년 8월 12~17일 평양 모란봉경기장에서 진행된

---

89) 1959년 해양체육축전에는 각 도에서 선발된 1,000여 명의 해양경기 선수들과 함께
    어로생산경기에 참가한 600여 명의 생산경기 선수들이 참가했는데, 이들 선수 가
    운데 80% 이상이 전국 규모 대회에 처음 출전했고, 각 종목에서 1, 2, 3위를 차지
    한 선수 가운데 30%가 20살 미만이었다. 조남훈, 『조선체육사2』, 166~167쪽.
90) 『광명백과사전』, 162쪽.

8·15해방 10주년 기념 '전국체육축전'은 해방 이후 가장 큰 규모였다. '전국체육축전'에는 각 도(평양시, 개성시)와 민족보위성, 내무성, 교통성, 건설성 등 15개 단체에서 2,200여 명의 선수들이 참가하였다. 축전에서는 "보천보, 홍의(함북), 1211고지, 개성시, 신의주로부터 각각 출발해 각 도 인민들이 김일성 원수와 해방의 은인인 위대한 쏘련 인민들에게 드리는 편지를 평양까지 전달하는 계주에 500여 명의 청년 체육인들이 참가"하였으며, "마스껨에는 8,000여 명의 남녀 청년들이 참가"했다고 한다. 1955년 한 해 동안 북한 각지에서 진행된 각종 경기대회에 연 인원 145만여 명의 운동선수들이 참가하는 등 이 시기 북한에서 체육활동은 대중들 속에 널리 자리 잡았다고 한다.[91] 체육축전에서 진행된 경기는 체조, 륙상, 축구, 롱구, 배구 등 16개 종목이었으며, 체조, 자전거, 활쏘기, 승마 경기는 시범종목이었다. 선수들 가운데는 "기관사인 로력영웅이 교통성 대표 축구선수로, 령변견직공장의 녀성 로력영웅이 씨름선수로, 전투영웅이 조선인민군대표 수류탄던지기 선수로 출전"하였다. 이상의 경기에서는 20개 종목에서 공화국 새기록이 수립되었고, 축구, 배구, 롱구 등 각종 구기종목경기의 우수 선수와 단체들에게는 기술상과 전술상이 수여되었으며, 종합성적 1위는 보위성, 2위는 평양시, 3위는 함경북도 선수단이 각각 차지했다.[92] 1960년 7월 31일부터 8월 18일까지 평양에서 진행된 조선민주주의인민공화국 '제1차 인민체육대회'가 열렸다. 이 대회는 규모 및 형식면에서 해방 이후 사상 최대의 체육축전이었다. 대회에는 전국 각지의 로동자, 농민, 사무원, 학생들 가운데 선발된 5,000여 명의 선수들이 참가하였다. 이들 선수 가운데 107명이 162개 종목에서 공화국기록을 갱신하였으며, 5명의 선수들이 세계기록을 돌파했다.[93]

---

91) 『조선중앙년감 1956년판』, 141쪽.
92) 조남훈, 『조선체육사2』, 139쪽.
93) 『광명백과사전』, 164쪽.

[표 4-26] 1953~1960년 국내 주요 체육행사대회 현황

연도	행사대회
1954년 8월 16일	8·15해방 9돐 기념 전국체육축전
1955년 8월 12~17일	8·15해방 10돐 기념 전국체육축전
1956년	5·1절기념 전국산별대항종합체육대회
1956년 6월	전국민족경기대회, 4개 종목 308명
1956년	8·15해방 11주년기념 전국청년학생체육축전, 15개 단체, 2,633명
1957년 8.15~17일	8·15해방 12주년기념 체육축전
1957년 4.7~13일	사회주의 10월혁명경축 체육절기념 전국선수권대회
1958년 9.8~13일	공화국창건 10주년 경축 전국체육축전
1958년 8.15~17일	8·15해방 13주년 기념 체육축전
1959년 5.1~7일	제2차 전국로동자체육대회
1959년 10.25~31일	전국청소년스포츠학교체육대회
1959년 6.4~9일	보천보전투승리 22주년 기념 전국민족경기대회
1959년 7.19~24일	전국농업부문체육대회
1959년 8.15~19일	8·15해방 14주년 경축 전국학생소년체육축전
1959년 10.25~31일	체육절 제정 10주년 기념 전국선수권대회
1960년 7.31~8.17일	8·15해방 15주년 조선민주주의인민공화국 인민체육대회

출처: 『광명백과사전』, 162, 164쪽; 『조선중앙년감 1956년판』, 141쪽; 『조선중앙년감 1957년판』, 118쪽; 『조선중앙년감 1958년판』, 150쪽; 『조선중앙년감 1959년판』, 228쪽; 『조선중앙년감 1960년판』, 247쪽; 『조선중앙년감 1961년판』, 231쪽.

= 스포츠기술이 급속하게 발전했다.

스포츠기술 향상은 1950년대 중반부터 꾸준하게 이뤄졌다. 1956년에는 수영, 스키를 제외한 57개 종목에서 기록이 갱신되었다. 특히 스포츠 명수 박구람 선수가 1956년 한 해 동안 륙상경기 1500m 기록을 세 번이나 갱신했다. 구기부문에서도 기술수준이 급격히 성장했는데, 특히 남녀롱구, 남녀배구, 축구, 탁구 종목의 성장이 두드러졌다. 이 부문에서 17명의 공화국 스포츠명수들이 배출되었다. 1957년 스포츠선수 등급제에 의한 등급 선수는 명수 17명(여자 4명), 제1급 선수 174명(여자 35명), 제2급 선수 142명, 제3급 선수 311명 등 모두 644명에 이르렀다. 체육대회에서 명수급 기준을 돌파한 선수는 12명, 1급 기준 돌파 선수는 152명에 달했다. 1957년 수상경기를 비

롯한 륙상, 빙상, 력기 등에서도 46개 종목에 걸쳐 142명이 기록을 갱신했다.[94] 1958년에는 스포츠명수 22명, 1급선수 185명을 포함하여 스포츠선수 등급제에 의한 선수는 1,000명에 달하였다(1957년에는 744명이었다). 그리고 88명의 명수급 기준 돌파자와 89명의 1급 기준 돌파자들이 배출되었으며, 116명의 선수들이 66개 종목에서 기록을 갱신했다. 1959년 말 스포츠명수는 59명이었으며 유급선수는 수천 명에 달했다. 1960년도에는 명수급 돌파자가 365명, 선수등급 1급 기준 돌파자 994명, 2급 기준 돌파자 3,279명, 3급 기준 돌파자 9,741명, 청년급 기준 돌파자가 9,677명, 소년급 기준 돌파자가 7,060명이었다.[95]

[표 4-27] 1956~1960년 북한의 신기록 및 체육명수 현황

연도	공화국 신기록선수	체육명수	비고
1956	161	17	161명 선수들이 47개 종목 공화국기록 갱신 체육명수 17명, 1급 선수 112명 배출
1957	142	12	46종목 142명 기록 갱신
1958	116	22	66종목 116명 공화국기록 갱신
1959	248	59	248명 선수들이 324번 공화국기록 갱신 체육명수 59명, 유급선수 수천 명
1960	6,370	365	6,370명이 공화국새기록 수립(신인선수 227,350명) 체육명수365명, 1급994명, 2급3,279명, 3급9,741명 소년급 7,060명 등 14,014명

출처: 『조선중앙년감 1957년판』, 118쪽; 『조선중앙년감 1958년판』, 150쪽; 『조선중앙년감 1959년판』, 228쪽; 『조선중앙년감 1960년판』, 247쪽; 『조선중앙년감 1961년판』, 231쪽.

---

94) 『조선중앙년감 1957년판』, 118쪽; 『조선중앙년감 1958년판』, 150쪽. 박구람 선수는 800m경주에서 1분 54초5, 1500m에서 4분 3초로 기록 갱신. 이외에도 수영에서는 400m 5분45초, 1500m 23분47초6, 력기 75kg급에서 342.5kg, 빙상경기에서 3000m 5분 52초5(녀자기록), 1500m 2분 27초6으로 각각 기록 갱신.

95) 『조선중앙년감 1959년판』, 228쪽; 『조선중앙년감 1960년판』, 247쪽; 『조선중앙년감 1961년판』, 231쪽. 1960년도에 신금단 선수(녀자)는 400m를 53초, 800m를 2분 04초5로 뛰어 세계기록을 돌파하였다. 모형항공기 부문에서는 아2급 모형활공기 선수 리현덕이 900점, 기록수신 '수'자에서 박홍빈 선수가 430으로부터 520으로, 김정자 선수는 기록수신 '수'자에서 440에서 450으로, 안명자 선수는 통신문자 125에서 135로 기록 달성.

3. 국가재건 시기 대외 체육활동

국가재건 시기 북한체육의 대외활동은 먼저 사회주의나라 체육조직들과의 연계 강화 등 국제 체육교류에 집중되었다. 이를 위해 북한은 내각직속 '체육지도위원회'가 조직된 다음 달인 1954년 7월 체육지도위원회 명의로 중국 등 사회주의국가 체육지도기관들에게 국가적이며 통일적 조직인 위원회가 출범한 사실을 통보했다. 이어 이들 사회주의 국가들과의 체육적 연계 및 협조에 대한 협약을 체결하였다. 이로서 북한과 다른 나라 체육지도기관들 사이에 공식적인 연계가 맺어지게 되었으며 이들 국가들과의 체육적 협조도 가능하게 되었다. 이후 북한은 1959년 8월 2일 '내각비준 제791호'로 내각직속 체육지도위원회에 대외체육사업을 전담하도록 하는 '선전 및 국제부'를 신설했다.96)

1) 친선교류 확대와 국제체육기구 가입

(1) 체육 친선교류 확대

= 사회주의국가들과의 체육교류는 종목별 친선경기나 공동훈련 형식으로 진행되었다.

1954년 3월 소련 체육문화 및 경기위원회 초청으로 소련을 방문한 북한의 남녀롱구선수단은 인민군체육단 단원들과 인민군 속에서 선발된 선수, 그리고 대학 및 고급중학교 남녀 롱구 선수 등 35명으로 구성되었다. 롱구

---

96) 당시 선전 및 국제부의 임무는 "당의 대외정책에 입각하여 자주성을 견지하면서 사회주의국가 체육조직들과의 친선단결을 발전"시키며, "세계 여러 나라 체육인들과의 친선관계를 도모"하고, "국제체육기구 안에서 북한의 지위를 확보"하는 것이었다고 한다. 조남훈, 『조선체육사2』, 141, 174쪽

단은 소련 연방 공화국 수도들과 기타 도시들에서 22번에 걸친 친선경기를 했다. 이를 통해 북한과 소련 양국의 친선을 강화하고 두 나라간의 체육문화교류 촉진하였으며, 이들 친선경기는 북한의 체육문화 발전에 많은 도움을 주었다고 한다. 1954년 7월 31일부터 8월 8일까지 헝가리 부다페스트에서 진행된 제12차 세계 하기 대학생체육대회에도 북한의 학생 축구단이 참가하여 세계 각국 학생들과 친선 축구경기를 진행한 결과 국제축구경기에서 5위, 리그전에서 3위를 차지했다.97) 1955년 6월 체코슬로바키아 해방 10주년을 기념하여 프라하에서 열린 전국종합체육대회에도 내각 체육지도위원회 부위원장을 단장으로 하는 체육지도위원회, 교육성, 민족보위성, 내무성 체육대표단이 참가했다. 1955년 7월 31일부터 8월 14일까지 폴란드 바르샤바에서 진행된 제5차 세계청년학생축전에도 축구 · 롱구 남녀 및 녀자 배구팀이 참가하였다. 축구 · 롱구 남녀팀, 녀자 배구팀은 귀환 도중 소련 레닌공산청년동맹의 초청으로 모스크바에 체류하였으며, 중국 신민주주의청년단의 초청으로 약 1개월 동안 북경, 상해, 남경, 광주, 무한 등을 방문했다. 1955년 11월 17~26일에는 중국 북경에서 진행된 국제친선사격경기대회에도 15명의 선수들이 참가했다.98) 1956년도에는 6월에 북한을 방문한 중국 동력체육협회 남녀롱구팀과 북한 민족보위성, 체육지도원 중앙강습소 팀과의 경기에서 남자 53:51, 녀자 38:5의 점수로 북한팀이 승리했다. 1956년 9월 북한을 방문한 프랑스 마르세이유대학 체육구락부 녀자 롱구단과 평양여자대학생 팀과의 경기에서도 54:53의 결과로 승리했다. 1956년 10월 중국 북경에서 진행된 북한, 중국, 월남 3개국 친선 축구련맹전에서는 북한팀이 1위를 차지했다.

97) 『조선중앙년감 1954~1955년판』, 165쪽.
98) 『조선중앙년감 1956년판』, 141쪽.

= 사회주의 국가들과의 체육문화 교류도 활발하게 진행되었다.

1956년 4월 루마니아 부카레스트에서 진행된 '인민민주주의국가 체육관계자협의회'와 1956년 8월 중국 북경에서 진행된 북한, 중국, 몽고, 월남 4개국 체육지도자협의회에 북한 대표단이 참가한 것이 대표적인 사례였다.[99] 이밖에도 1956년 11월 제2차 국제고속도무선통신경기대회에 참가한 무선통신 선수들이 1위와 3위를 차지하고 수자기록송신경기에서 대회 신기록을 세웠다. 1957년 제6차 세계청년학생축전에서도 북한 선수들은 축구, 롱구(남녀), 배구, 탁구, 권투, 력기, 레스링, 체조, 륙상 등 종목에서 금메달 5개, 은메달과 동메달을 각각 8개씩을 따내는 성과를 거두었다.[100] 국가재건 시기 북한은 아시아지역 사회주의국가들과의 교류를 넓혀 나갔다. 본격적인 교류는 1956년 8월 11일부터 15일까지 중국 베이징에서 열린 조선, 중국, 월남, 몽고 등 당시 아시아지역 사회주의국가 체육지도기관 대표자 회의에서 구체화되었다. 회의에서 4개국 체육조직들이 친선협조를 강화하고 체육기술을 높이기 위해 축구, 배구, 륙상 종목 경기들을 4개 나라에서 번갈아 개

---

99) 『조선중앙년감 1957년판』, 118쪽. 조남훈의 기록에 의하면, 1956년 4월 소련 모스크바에서 진행된 '인민민주주의나라 체육지도위원회 위원장회의(후에 사회주의나라 체육지도기관 대표자회의 또는 위원장회의로 발전)'에 북한 대표단이 처음으로 참가하였다고 한다. 회의에서는 1957년 7월 모스크바에서 진행될 제6차 세계청년학생축전과 이 기간에 열리는 제3차 국제청년친선체육경기 준비와 관련된 문제들이 토의되었으며, 제3차 국제청년친선경기에 국제체육련맹들의 규정에 따라 해당 국제체육련맹에 가입한 나라의 선수들만이 참가하게 되어 있는 것과 관련하여 북한을 포함한 일련의 사회주의국가 체육조직들이 해당 종목별 국제체육련맹에 가입할 수 있도록 공동으로 협력할 데 대한 문제들이 토의되었다고 한다. 이러한 사실에 근거하면 『조선중앙년감』의 '체육관계자협의회'와 조남훈의 '체육지도위원장회의(체육지도기관위원장회의)'가 동일한 것을 둘 중 하나가 의도적으로 다르게 기록했을 가능성이 있다. 1956~57년 당시 반종파투쟁과 관련하여 소련 중심의 국제 체육문화교류 사실을 은폐하려는 것일 수 있기 때문이다. 이 책에서는 이 같은 사실을 확인할만한 다른 자료를 입수하지 못한 관계로 우선 두 내용이 서로 다른 것으로 간주했다.

100) 『광명백과사전』, 164쪽.

최하기로 결정했다. 이후 1956년 10월에는 중국 베이징에서 조선, 중국, 월남 등 3개국 선수들이 참가한 축구경기가 열렸다.[101]

(2) 국제체육기구 가입

= 이 시기 북한은 '국제체육기구' 가입에도 역점을 두었다.

올림픽경기나 세계선수권대회 등 국제경기대회에 자유롭게 참가하려면 종목별 국제체육기구에 가입해야했다. 이들이 경기대회 준비와 진행을 도맡아 하고 있었으며, 기술에 관한 규정에서부터 세부 규칙, 일정계획, 선수단 구성, 경기진행과 질서유지, 심판사업 등 전반적인 사업을 관장했다. 세계적인 기록을 공인하는 주체도 이들이었다. 1956년부터 1960년 사이 북한은, [표 4-28]과 같이, 모두 13개의 국제체육기구의 정식 회원이 되었다.[102]

[표 4-28] 1956~1960년 북한의 국제체육기구 가입 현황

연도	체육기구
1956.2.11	국제배구연맹
1956.10.24	국제사격동맹
1956.12.3	국제아마츄어롱구련맹
1957.3.7	국제탁구연맹
1957.6.8	국제아마츄어권투협회
1957.6.8	국제빙상동맹
1957.9.22	국제올림픽위원회
1958.6.5	국제축구련맹
1958.7.5	국제체조련맹
1958.7.22	국제아마츄어레스링련맹
1959.5.29	국제항공련맹
1959.9.28	국제력기련맹
1960.3.5	국제아마츄어자전거련맹

출처: 조남훈, 『조선체육사2』, 178쪽.

---

101) 조남훈, 『조선체육사2』, 175쪽.
102) 조선중앙년감 1957년판』;『조선중앙년감 1958년판』;『조선중앙년감 1959년판』;『조선중앙년감 1960년판』;『조선중앙년감 1961년판』; 조남훈, 『조선체육사2』, 178쪽.

2) 국제경기대회 참가와 남북 '유일팀' 추진

(1) 국제경기대회 참가

북한 선수들이 국제경기대회에 정식으로 참가한 것은 1956년 8월 30일부터 9월 12일까지 프랑스 파리에서 열린 '세계배구선수권대회'가 처음이었다. 이를 위해 북한은 1956년 2월 11일 '국제배구연맹'에 가입했다. 경기 결과는 북한 남녀선수들이 미국, 브라질, 프랑스, 터키 팀과의 경기에서 남자 배구선수들은 24개 선수단 가운데 18등을 차지했다. 여자 배구선수들은 17개 국가 가운데 8등이었다.[103] 1957년 7월 28일부터 8월 11일까지 소련 모스크바에서 열린 '제6차 세계청년학생축전 체육경기'와 '제3차 국제청년친선경기'에 북한은 대규모 선수단을 파견했다. 축구, 남녀농구, 배구, 탁구, 권투, 력기, 레스링, 체조, 륙상 등 9개 종목에 걸쳐 99명에 이르렀다. 같은 해 올란바또르에서 진행된 4개국 친선시합(남녀 륙상경기선수 참가) 이외에도, 북한은 빙상경기 선수단을 중국, 몽고에, 탁구 선수들을 중국 등에 파견하여 일련의 친선경기들을 진행했다.[104] 1958년에는 소련에서 진행된 4개국 빙상 친선경기(11.26-7), 제37차 세계사격선수권대회(8.7-26), 아세아 4개국 배구경기(10.25-27)에 참가했다. 축구 선수단의 소련, 월남 방문, 력기 선수단의 중국 방문, 녀자 롱구 선수단의 체코슬로바키야, 불가리야 방문 등 다양한 친선경기들이 진행되었다. 제37차 세계사격선수권대회에서 북한은 전투보총사격단체경기에서 633점으로 3위를 차지했다. 군용보총속사사격에서 김기선 선수가 179점으로 금메달(1등), 김정순, 한순녀 선수들이 각각 은메달(2등), 남자 소구경 영국식 사격경기 세계명수휘장쟁탈전에서 2명이 동메달(3등)을 차지한 결과였다.[105] 1959년에는 북한의 남녀선수들이 소

---

103) 『조선중앙년감 1957년판』, 118쪽.
104) 『조선중앙년감 1958년판』, 150쪽.

련 쓰웨드드롭쓰크에서 진행된 빙상선수권대회를 비롯해, 쏘련 중앙아시아
에서 있었던 축구경기, 소련 모스크바에서 진행된 륙상, 롱구(남녀)경기에
참가했다. 중국(륙상, 수영), 루마니아(축구), 볼가리아(륙상 축구 레스링)
등 6개국에 파견된 218명의 북한 선수들이 18개의 종목에서 친선경기 진행
했다.106) 1960년에는 모스크바에서 진행된 즈나멘쓰끼 형제기념 국제륙상
경기대회를 비롯해 중국(북경, 상해)에서 진행된 수영경기, 소련에서 있은
롱구, 레스링, 축구경기, 파란(와르샤와)에서 진행된 배구경기, 몽고(울란바
또르)에서 진행된 4개국 배구친선경기대회(조선, 중국, 몽고, 월남), 중국(북
경)에서 진행된 탁구경기 등 7개 종목에 111명의 선수들이 친선경기에 참가
했다.107)

(2) 남북 '유일팀(단일팀)' 추진

1950년대 후반부터 북한은 남한과의 유일팀(단일팀) 구성 문제를 [표 4-29]
와 같이 적극적으로 제기했다.108) 1956년 10월 3일 평양의학대학 학생들이
서울대학교 학생들에게 과학문화체육 분야 교류를 제안했다. 1958년 3월 20
일 평양시 체육인들도 남한과의 체육문화 교류 및 종목별 유일팀 구성을
주장했다. 같은 해 4월 19일에는 북한사격협회가 제37차 세계사격선수권대
회에 남과 북의 유일팀을 구성하자는 내용의 서한을 보냈다. 특히 북한의
조선올림픽위원회는 1957~1958년 사이에 남한에 유일팀을 구성하자는 내용
의 서한을 3차례 발송했다. 북한의 축구, 롱구, 체조, 배구, 레스링, 력기협
회 등도 남한의 해당 협회에 유일팀 구성을 촉구하는 내용의 서한을 각각

---

105) 『조선중앙년감 1959년판』, 228쪽
106) 『조선중앙년감 1960년판』, 247쪽.
107) 『조선중앙년감 1961년판』, 231쪽.
108) 통일원 남북회담사무국, 『남북한 통일·대화 제의 비교 제1권⟨1945~1987⟩』(1993),
　　 31~41쪽.

발송했다. 1959년 북한 조선올림픽위원회는 1960년 로마 올림픽경기대회에 남과 북이 유일팀 구성을 위해 국제올림픽위원회가 노력해줄 것을 요구했다. 국제올림픽위원회는 1959년 5월 25~27일 개최된 제55차 총회에서 남북한 유일팀을 참가시키기로 하고, 남북이 이 문제에 합의하도록 권고했다. 이후 조선올림픽위원회는 1959년 7월 4일자 서한에서 남북한 올림픽 대표들이 8월 홍콩에서 회담하자고 제안하고 이를 공개했다.[109]

[표 4-29] 1956~1959년 **남북체육회담** 관련 북한의 주요 제의 및 주장

출 처	내 용
1956.4.28 조선로동당 제3차 대회 '선언문'	<평화통일에 관한 행동강령 제시> 중 ● 평화적 통일을 촉진시키기 위하여 현존하는 남북조선간의 장벽이 제거되고 인민들의 호상접촉과 협상이 이루어져야 함. - 인민의 호상왕래 및 서신거래 실시 - 경제·문화·과학·예술·체육교류 조직
1956.7.20 전국청년학생회의, '남조선청년학생들에게 보내는 편지'	<남북 청년학생대표회의 제의> ● 금년 8.15 평양에서 개최되는 해방 11주년 기념 전국청년학생축전에 남반부 청년학생들의 참가를 희망함 - 청년학생단체·체육단·예술단과 관광목적의 단체·개인을 환영 ● 1957년 제6차 세계청년학생축전(모스크바)에 남북 청년학생들의 참가준비를 위하여 공동준비위원회를 구성할 것을 제의함 - 이를 위한 남북조선 청년학생대표접촉 제의 - 접촉장소는 서울·평양 또는 어느 곳이나 남조선청년학생들에게 일임
1957.12.18 조선올림픽위원장 홍명희, 대남서한'	<제17회 국제올림픽위원회 남북단일팀 구성·참가 제의> ● 제17차 국제올림픽대회에 남북조선이 유일팀을 구성하여 피견하도록 공동노력할 것과 실무문제 토의를 위한 남북조선 올림픽위원회와 체육인사 대표들이 만날 것을 제의함. - 일시·장소: 1958년 내 적당한 장소
1959.10.26 부수상 남일, 최고인민회의 제2기 제6차 회의 보고	<조국의 평화적 통일에 관한 새로운 방안 제시> 중 ● 남북조선 인민간의 상호왕래와 서신거래, 경제·문화·과학·예술·체육 및 기타부문의 상호교류를 실현할 것을 요구함.

출처: 통일원 남북회담사무국, 『남북한 통일·대화 제의 비교 제1권<1945~1987>』(1993), 31~41쪽.

---

109) 이상의 내용은 조남훈, 『조선체육사2』, 178쪽; 『로동신문』, 1959년 9월 21일.

3) 국제 경기대회 기록

이상에서 살펴 본 국가재건 시기 북한이 참가한 주요 국제 체육경기대회와 관련 기록은 [표 4-30]과 같다.

[표 4-30] 1953~1960년 북한의 주요 국제경기대회 현황과 기록

연도	경기대회(기록)
1954년 3월	남녀롱구선수단 22번 친선경기, 소련
1954년 7.31~8.8	제12차 세계하기대학생체육대회(국제5위, 리그전3위), 부다페스트
1955년 7.31~ 8.14	제5차 세계청년학생축전(축구, 남녀롱구, 녀자 배구), 바르샤바
1955년 11.17~26	국제 친선사격경기대회(선수15명 참가), 북경
1956년 6월	중국남녀롱구팀 : 민족보위성, 체육지도원 중앙강습소 (남자53:51,녀자 38:5 승리), 북한
1956년 9월	프랑스 마르세이유대학 체육구락부 녀자 롱구단 : 평양여자대학생팀 (54:53 승리), 북한
1956년 10월	북한, 중국, 월남 3개국 친선 축구련맹전(1위), 북경
1956년 11월	제2차 국제고속도무선통신경기대회 (무선통신 1,3위, 수자기록송신경기 신기록)
1956년 8.30~9.12	세계배구선수권대회(남자18등, 여자8등), 파리
1957년	제6차 세계청년학생축전(금5, 은8, 동8)
1957년 7.29~8.11	제6차 세계청년학생축전 및 제3차 국제 청년친선경기 (9개 종목 99명 대규모 선수단 참가), 모스크바
1957년	4개국 친선시합(남녀 륙상), 빙상경기선수단 중국, 몽고 방문, 탁구 선수단 중국 방문
1958년 8.7-26	제37차 세계사격선수권대회(전투보총사격 단체 3위, 군용보총속사사격 금(1등), 은2, 남자 소구경 영국식 사격경기 세계명수휘장쟁탈전 동2)
1960년	쏘련(빙상선수권대회, 축구경기, 륙상, 롱구남녀), 중국(륙상, 수영), 루마니아(축구), 불가리아(륙상 축구 레스링) 등 6개국 218명 선수들과 18개 종목 친선경기, 모스크바 즈나멘쓰끼 형제기념 국제륙상경기대회, 중국(수영), 쏘련(롱구, 레스링, 축구), 바르샤바(배구), 몽고(4개국 배구친선), 중국(탁구) 등 7개 종목 111명 선수 친선경기

출처: 『조선중앙년감 1954~1955년판』, 165쪽,『조선중앙년감 1956년판』, 141쪽,『조선중앙년감 1957년판』, 118쪽.『조선중앙년감 1958년판』, 150쪽;『조선중앙년감 1959년판』, 228쪽;『조선중앙년감 1960년판』, 247쪽;『조선중앙년감 1961년판』, 231쪽.

4. 소결: 총화 내용과 평가

= 총화 내용

국가재건 시기 북한의 체육사업은 1953년 8월 당 중앙위원회 제6차 전원회의에서 전쟁의 피해를 회복하고 체육단을 정비·강화하며 체육시설들을 복구 신설할 데 대한 방향이 제시되면서 본격화되었다. 이후 내각직속 체육지도위원회가 설치되고, 중요 생산 기업소들에 체육지도원이 배치되었으며, 각 도와 중앙체육단체들에 청소년스포츠학교가 창설되고, 체육 및 스포츠 분야에 거대한 국가자금이 지출되었다. 그 결과 체육시설, 체육단, 스포츠선수, 신기록, 국제대회 성적 등이 크게 발전했다. 1950년대 중반까지 북한체육은 선수 중심으로 진행되었다.

북한권력은 전후 복구사업에 이은 사회주의 기초 건설을 위해 선수중심의 종목체육보다는 인민대중의 체력과 정신력을 향상시킬 수 있는 대중체육, 특히 집단적 혁신운동에 도움이 되는 군중체육 형식이 더 효율적이라고 판단했다. 그럼에도 종목체육을 포기할 수 없었던 이유는 국제 경기대회가 동서 냉전의 대결의 장이 되고 있었기 때문이다 소련은 1952년부터 올림픽경기에 참가했다. 남한은 이미 1948년 올림픽 경기에 참가한 데 이어 1956년 대회를 준비하고 있었다. 1954년 체육지도위원회 설립과 사회주의 국가들과의 국제체육교류에 적극적으로 나선 것은 이러한 국제환경 변화에 따른 것이었다. 그러나 문제는 국제경기대회에 참가하기 위한 종목체육 육성과 더불어 경제건설을 위한 전체 인민의 대중체육 사이의 접점을 찾는 일이었다. '1956년 2월 내각 명령'을 통한 대중체육 활성화 방안을 발표했지만, 1956년 8월 종파사건의 여파로 대중체육 활성화 사업은 흐지부지되었다. 체육지도부가 대거 물갈이되었기 때문이다. 이후 2년여 동안 북한체육은 전반적인 침체 상태에 빠지게 된다. '1958년 3월 내각결정 제30호'를 통해 '군중체육'을 실현하기 위한 보다 강화된 내용으로 북한체육은 다시 본격적인 사업을 재개하기 시작했다. 반종파투쟁이 마무리되고 5개년 계획이 본격적으로 추진되는 시점이었다.

1958년부터 사회주의경쟁 방식인 천리마운동이 시작되었다. 1960년에는 전 국가적으로 사업 범위가 확대되었다. 이러한 정치경제적인 변화 속에서 북한의 체육사업은 집단적 혁신운동에 기여하기 위한 '군중체육'의 형식이 대세를 이뤘다. 1958년 평양에서 개최된 전국체육인열성자회의에서도 이러한 과제가 논의되었다.110) 먼저 "반당종파분자들의 여독을 철저히 청산"하는 문제가 거론되었다. "지난날 반당종파분자 궁선홍과 그의 추종자들이 당의 정당한 체육정책을 비방 중상하며 그를 왜곡 집행"했다고 비판했다. 이를 해결하기 위해 "당의 체육정책을 왜곡 집행하거나 비방하는 온갖 불순한 경향들과 날카로운 사상투쟁을 전개"하도록 했다. "지방주의, 도제관계, 선후배 관계 등 불건전한 요소들을 퇴치하고 체육인 대열의 순결성을 보장"하며, "당의 통일단결을 철저히 보장"하도록 했다. 이를 위한 내각직속 체육지도위원회의 역할을 강화하도록 했다.111) 이어 "체육의 대중화를 위

---

110) 1958년 전국체육열성자회의에는 전국 각지의 생산직장, 농촌, 사무기관, 학교들에서 온 체육인들과 각급 체육지도위원회 일군 그리고 당, 정권기관, 사회단체의 체육관계 일군 1,300여 명이 참가했다. 회의에는 김일, 정일룡, 리주연 부수상들과 당 중앙위원회 박금철 부위원장, 리일경 선전선동부장 및 사회단체 지도일군들도 참석한 가운데 당 중앙위원회 이일경 선전선동부장의 사업성과에 대한 보고가 있었다. "전국체육열성자회의에서 한 조선로동당 중앙위원회 리일경 선전선동부장의 보고," 『로동신문』, 1958년 7월 2일.

111) 당시 선전선동부장 리일경은 체육스포츠가 "광범한 대중이 참가하는 전 인민적 사업"이며 근로자와 청소년들을 "건전한 육체의 소유자로 단련"시키고 "대담무쌍한 용감성과 작전적인 지능을 발전"시키며, "명쾌하고 고상한 감정을 도야"시켜 사회주의 건설자로 "씩씩하고도 낙관적인 성격의 소유자로 교양 육성하는 유력한 수단의 하나"로 설명했다. 체육스포츠 사업의 높은 성과는 "단순한 행정적 지도 방법으로서는 도저히 이루어질 수 없으며 능숙한 조직지도사업과 정치사업을 요구"한다고 주장했다. 이에 반하는 부르죠아 체육이론은 "체육이 정치와는 하등의 관련도 없으며 단순히 인간의 건강을 증진하며 스포츠기술을 발전시키는데 복무"하는 것으로서, "우리나라 혁명과업 수행에서의 체육의 역할과 의

해 체육지도기관들과 교육행정기관들이 역할"을 다하는 문제가 제기되었다. 이를 위해 군중체육의 기본 조직인 체육단의 역할을 증대하고, 민족경기와 민족적 유희를 계승·발전시켜 인민들이 민족적 자부심과 조국애를 배양하도록 하였으며, 육체교양체계의 기본인 인민체력검정사업을 개선 강화하고, 각 교육행정기관과 체육간부 양성기관들이 체육수업에서 교조주의, 형식주의를 퇴치하도록 했다. 청소년스포츠학교의 지도체계를 확립 및각 부문의 국방실용체육 구락부 및 써클에 더 많은 청소년들을 포함시켜한 가지 이상의 국방 종목을 의무적으로 습득하도록 하는 것과 함께, 민청과 직맹 단체들의 지도 기능을 더욱 높이며, 체육시설과 기자재를 더 많이설치하도록 했다. 체육인들이 "옳은 지도와 계통적인 강력한 훈련을 부단히 진행"하는 문제도 거론되었다. "가까운 장래에 스포츠에서 선진국가 수준"을 따라잡도록 했다. 이를 위해 "훈련에서 과학성을 보장하고, 경기지도원들의 역할 높이도록 했다. 제시된 목표는 '1차 5개년 계획 기간 동안 스포츠명수 400명, 1등급 3,000명 이상 양성'하는 것이었다. '각급 체육기관들의체육단 대항전 조직 및 체육선전사업 강화, 체육지도기관들과 체육단체 내당원들의 당적 사상체계 확립, 민청, 직맹의 역할을 제고'하도록 했다. 그 결과 1962년 '인민체력검정' 합격자가 1957년보다 3.7배 증가했다. 전국 어로부문, 방직부문, 주택부문의 '생산체육경기'들도 활발해져 '노동자들의 체력증진과 새로운 노동기준량 창조 및 선진 작업 방법 도입, 창의 고안 운동을촉진'시켰다. '집단체조'는 1961년 하반기에만 100여 시·군에서 550,000명의청소년학생들이 참가하는 성과를 이뤘다.[112]

의를 부인"하고 "인민체육 발전의 사회주의적 사상적 성격을 거부"하는 것으로비판했다. 체육인대회에서 당 선전선동부장 리일경은, 체육인들이 가장 선진적인 계급인 로동계급의 입장에 서서 "로동계급의 맑스-레닌주의당인 조선로동당의 영도" 아래 "자기 해방을 위한 투쟁에 적극 참가"할 것을 촉구했다.

112) 1962년 전국체육열성자대회는 1958년 12월 30일 당 중앙위원회 상무위원회 결정 실행에 대해 총화하는 중요한 자리였다. 대회에서는 "군중체육사업을 발전

= 평가

이처럼 국가재건 시기 체육사업은 1950년대 전반기에는 전쟁으로 붕괴된 체육사업 체계 복구에 집중되었으며, 후반기에는 군중체육을 확대하기 위한 사업체계 정비에 중점을 두었다. 이를 위해 국가 차원에서 내각직속 체육지도위원회 조직 및 1개년 사업 계획 진행, 각종 규정 정비에 이어, 체육지도위원회 정비 및 간부양성 체계 개선, 군중체육발전 및 스포츠 기술 제고 방침 등이 제시되었다. 인민 차원에서는 종목별분과위원회 및 체육협회 복구, 하부 단체 조직과 체육구락부 설치 등에 이어, 체육협회 정비 및 간부 양성 체계 개선, 경기종목 보급 및 시설 확충 등으로 구체화되었다. 이에 따른 대내활동은 군중체육의 활성화, 국방체육종목의 보급, 민족체육 장려, 체육기술 혁신으로, 대외활동은 사회주의국가와 연계 강화, 국제체육기구 가입, 남북유일팀 제의 등으로 나타났다.

이상의 내용을 종합하면 [표 4-31]과 같은 구조와 동인으로 요약할 수 있으며, 다음과 같은 경향들도 확인할 수 있다.

첫째, 이 시기 북한체육은 사회주의국가들과의 교류를 넘어 세계적 차원의 각종 국제경기대회에서의 경쟁을 확대해 나갔다. 그것은 1956년 세계배구선수권대회 참가 및 1958년 세계사격선수권대회 금메달, 1960년 사회주의체조선수권 1위에 이어 빙상, 육상 등 일부 종목에서 세계적인 수준에 도달하였다는 자신감의 반영이었다. 남북유일팀(단일팀)으로 올림픽경기에 참가하려는 대남공세도 강화되었다. 둘째, 이 시기에도 북한체육은 강제효과의 지표로 볼 수 있는 각종 체육경기대회에서의 기록이 계속 향상되는 경향을 보였다. 이는 전후 복구 및 사회주의 기초 건설을 위한 사회주의국

시키며 체육 기술 수준을 제고할 데 대한" 당 중앙위 결정과 "체육사업을 급속히 발전"시킬 데 대한 김일성의 교시를 실천하기 위한 대책들이 토의되었다. "체육기술의 전반적 앙양을 위하여 훈련에서 땀을 더 많이 흘리자: 전국체육열성자대회 진행," 『로동신문』, 1962년 11월 4일.

가들로부터의 경제원조가 계속되었으며, 혁명정신을 강조하는 집단혁신운동으로 정치력 또한 강화되었기 때문으로 볼 수 있다. 셋째, 이 시기 북한체육은 소련 등으로부터의 원조로 경제력이 확보되었으며, 1950년대 후반이후 정치력을 강화해 나갔다. 그것은 반당종파투쟁 이후 민족체육과 국방체육, 군중체육 형식의 강조로 나타났으며, 정치사상과 결부된 체육활동 및집단주의 정신을 강조하는 체육활동이 보편화되었다. 따라서 이 시기 북한에서는 경제력과 정치력이 함께 강화되는 속에서 체육정책에서도 기술력과 정신력을 모두 강조했다고 할 수 있다. 마지막으로 이 시기 북한체육은전후 체육사업 체계 복구 과정에서 대중체육의 기반을 다지면서 종목체육기술도 계속 향상시켜 나갔다. 국가재건 시기 북한체육은 대중체육의 활성화를 통한 종목체육 기술 향상이라는 상호 보완의 원칙을 실현해나갔다.집단적 군중체육 및 체육기술 혁신운동이 전개된 1960년대 후반에도 대중체육과 종목체육이 서로 보완되는 관계를 유지한 것으로 보인다.

[표 4-31] 국가재건 시기 체육사업의 구조와 동인

체육사업 〳 시기	국가재건 시기(1953~1960)	
국가	체력/정신력/기술력 강조 종목체육 /대중체육 조화	체육지도위원회 강화,1개년 계획, 규정정비, 군중체육 및 스포츠 기술 제고 조치
인민		종목별분과위, 체육협회, 하부단체, 구락부, 협회 개편, 경기종목보급, 공훈체육인칭호
↑↑	↑↑	
대내	노동력/국방력	인민체력검정 활성화, 집단체조 발전, 국방/민족/생산 체육 보급, 체육기술 혁신
대외	국가위력	체육친선교류 및 국제 경기대회 참가 확대 국제체육기구 가입, 남북 유일팀 추진
↑↑	↑↑	
성과	당과 국가의 체육지도체계 확립, 군중체육 형식 활성화 (지도/간부/시설/단체/종목/대회)	
평가	1. 대외경쟁: 확대 경향 2. 강제효과: 상승 국면 3. 내용/형식: 정신력기술력 모두 강조, 대중체육에 의한 종목체육 발전 4. 대중/종목: 보완 관계	
↑↑	↑↑	
헤게모니 결과	정치군사	종파투쟁 및 당-국가 건설, 김일성 중심의 유일지도체계 형성
	경제건설	생산방식에서 사회주의적 개조, 대중동원 방식 전개
	국제관계	민주기지론 및 평화통일론, 다변화 외교 모색
국가전략	전후 복구 및 사회주의 기초 건설 전략	

제5장

국가발전 시기(1961~1970)

: 국방체육

1. 국가발전 전략과 국방체육 사업

1) 국가발전 전략

(1) 사회주의의 전면적 건설 전략

제1차 5개년 기간에 '생산관계의 사회주의적 개조'를 완성하고 공업화의 기초를 닦음으로써 사회주의의 기초 건설을 완성한 북한은 1961년부터 사회주의를 전면적으로 건설하는 단계로 넘어갔다. 이는 1961년 9월에 개최된 조선로동당 제4차 대회에서 '사회주의의 전면적 건설'을 위한 7개년 계획이 채택되면서 공식화되었다. 7개년 계획은 공업화와 전면적인 기술재건을 실현하고 이에 상응하는 문화혁명을 추진하는 것과 함께 주민들의 생활수준을 획기적으로 높이는 것을 기본 과제로 설정했다.[1] 그러나 사회주의 공업화를 목적으로 한 7개년 계획은 주변정세의 변화로 큰 차질을 빚게 되었다. 1960년대로 접어들면서 본격화된 중소분쟁, 중국과 인도 국경에서의 군사적 긴장, 1962년 10월 쿠바 미사일위기, 남한에서의 군사정권 출현과 한미일 3각 군사동맹, 1960년대 중반부터 단계적으로 확대된 월남전 등이 북한으로 하여금 국방력 강화에 총력을 기울이게 했다.

1962년 12월에 소집된 전원회의에서 '경제건설과 국방건설의 병진' 방침

---

1) 조선로동당 중앙위원회 당력사연구소, 『조선로동당력사』 (평양: 조선로동당출판사, 1991), 394쪽.

이 제시되었다. 그리고 1966년 당 대표자회에서 '경제국방 병진노선'이 재확인되었다.[2] 북한은 1966년 당 대표자회에서 7개년 계획을 3년 연장해서라도 자체의 힘으로 완수하기로 하는 등 자주노선을 공식화하였다. 이후 1967년 12월 김일성의 연설을 통해 '정치에서의 자주, 경제에서의 자립, 국방에서의 자위의 원칙'으로 구체화되었다.[3] 대외관계에서도 북한은 중국과 소련 위주의 사회주의권 외교에서 탈피해 제3세계 국가와 비동맹 국가들을 대상으로 하는 비동맹 위주의 자주외교 노선에 집중했다. 김일성은 1965년 4월 인도네시아에서 진행된 반둥회의 10주년 기념 회의에 참석해 소련이나 중국의 위성국가라는 이미지를 벗고 국제무대에서 자기의 목소리를 내기 시작했다.[4]

사회주의의 전면적 건설단계에서 북한은 청산리정신, 청산리방법, 대안의 사업체계, 군 협동농장경영위원회 중심의 농업지도체계 등 새로운 대중지도 방식들을 확립해 나갔다. 1960년 2월 김일성이 평안남도 강서군 청산리 현지지도에서 내놓은 '청산리방법'은 "웃기관이 아래기관을 도와주고 윗사람이 아랫사람을 도와주며, 늘 현지에 내려가 실정을 깊이 알아보고 문제 해결의 올바른 방도를 세우도록" 하는 것이었다. 모든 사업에서 "정치사업, 사람과의 사업을 앞세우고 대중의 자각적인 열성과 창발성을 동원하여 혁명과업을 수행"하도록 했다.[5] 1961년 12월에 제시된 '대안의 사업체계'는 "공장, 기업소들이 당 위원회의 집체적 지도 밑에 모든 경영활동을 진행"하도록 했다. "정치사업을 앞세우고 생산자 대중을 발동"하도록 해서 "제기된

2) 『조선로동당력사』, 405, 425~428쪽.
3) "현 정세와 우리 당의 과업: 조선로동당 대표자회에서 한 보고, 1966년 10월 5일," 『김일성저작집 제20권』, 406쪽; 김일성, "국가활동의 모든 분야에서 자주, 자립, 자위의 혁명정신을 더욱 철저히 구현하자: 조선민주주의인민공화국 최고인민회의 제4기 1차 회의에서 발표한 조선민주주의인민공화국 정부정강, 1967년 12월 16일," 『김일성저작선집 제4권』 (평양: 조선로동당출판사, 1968), 533쪽.
4) 서대숙 지음, 『현대북한의 지도자: 김일성과 김정일』 (서울: 을유문화사, 2000), 109~113쪽.
5) 『정치용어사전』 (평양: 사회과학출판사, 1970), 594~595쪽.

경제과업을 수행"하도록 하고 "우가 아래를 책임적으로 도와"주는 등의 경제관리에서의 군중노선을 구현하고자 했다.[6] 기업관리에서 대안의 사업체계가 확립됨으로써 당 위원회의 집체적 지도가 지배인 유일관리제를 대체하게 되었다.

사회주의 공업화와 병행하여 사회주의 농촌을 건설하는 것도 중요한 과제였다. 1961년 12월 군(郡) 인민위원회로부터 농촌경리에 대한 지도기능을 분리해 새로 전문적인 농업지도기관인 '군 협동농장경영위원회'를 운영하는 새로운 농업지도체계가 수립되었다. 북한은 이로써 "농촌경리의 관리운영 방법을 공업의 선진적인 기업관리 방법에 끊임없이 접근시키게 되었다"고 설명했다. "모든 경영활동을 계획화하고 조직화하며, 농업생산에 대한 기술지도를 강화할" 수 있게 되었다고 한다. "전인민적 소유와 협동적 소유를 유기적으로 결합시키고 공업과 농업의 생산적 연계를 더욱 강화"할 수 있게 되었다는 것이다.[7] 새로운 사업방법과 사업체계가 수립된 후인 1964년 2월 당 전원회의에서 김일성은 "우리나라 사회주의 농촌문제에 관한 테제"를 발표하고, 사회주의 농촌 문제 해결의 세 가지 원칙을 제시했다. 첫째, 농촌에서 기술혁명과 문화 사상혁명을 철저히 수행하며, 둘째, 농민에 대한 노동계급의 지도, 농업에 대한 공업의 방조, 농촌에 대한 도시의 지원을 강화하며, 셋째, 농촌에 대한 지도와 관리를 공업의 기업관리 수준에 접근시키며 협동적 소유를 인민적 소유에 부단히 접근시키는 문제 등이었다. 이후 북한에서는 농촌건설을 위한 투자와 농업현물세 폐지 등 농업생산을 늘리기 위한 여러 가지 조치들이 나왔다.[8]

---

6) 『정치용어 사전』, 177~178쪽. 북한에서 사회주의 건설의 총노선이 된 천리마운동이 생산이라는 하나의 목표를 가지고 경쟁하는 것이 아니라, 생산자를 공산주의 사상으로 교양하고 개조하여 생산에서 집단적 혁신을 이룩한다는 목표를 가지고 있었기 때문에 다른 사회주의 국가들의 생산경쟁과 구별되었다고 한다. 황장엽, 『나는 역사의 진리를 보았다』(서울: 한울, 1999), 134~135쪽.
7) 『조선로동당력사』, 401~402쪽.

1967년 5월 당 중앙위원회 제4기 제15차 전원회의에서 당의 유일사상 문제가 제기되었다. 전원회의에서는 당원들이 당의 유일사상인 김일성의 혁명사상으로 튼튼히 무장하고 이에 반하는 온갖 현상들과 비타협적 투쟁을 하며, 김일성의 사상과 의지대로 사고하고 행동하도록 하는 원칙이 결정되었다. 이후 북한에서는 당원들과 근로자들 속에서 유일사상 교양이 강화되었다.[9] 북한은 1970년대에 들어서면서 사회주의 완전승리를 위한 과업들을 추진했다. 7개년 계획을 3년 연장하긴 했지만 사회주의의 전면적 건설이 이루어진 것으로 판단했다. 1970년 11월에 개최된 제5차 당 대회에서 새로운 '6개년 계획'이 공식화되었다. "사상 기술 문화의 3대 혁명을 강력히 추진하여 이미 수립된 사회주의 제도를 더욱 견고히 하고, 사회주의의 완전 승리를 앞당기기 위한 과업"이 제시되었다. 당 5차 대회가 제시한 '6개년 계획'의 기본 과업은 "공업화의 성과를 공고히 발전시키며 기술혁명을 새로운 높은 단계로 전진"시키는 것이었다. 그럼으로써 "사회주의의 물질적 토대를 더욱 튼튼히 하며 인민경제의 모든 부문에서 근로자들을 힘든 노동에서 해방"시키는 것이었다.[10] 이후 북한에서는 주민들의 정치사상교양사업이 강화되었다. 정권기관들의 기능과 역할을 높이기 위한 조치들도 취해졌다.

(2) 국가발전을 위한 체육의 방향

1960년대 사회주의의 전면적 건설을 추진하는 과정에서 북한권력이 체육사업에서 강조한 내용들을 김일성 교시를 중심으로 살펴보면 다음과 같다.[11] 먼저 김일성은 1961년 9월 11일 제4차 당대회 중앙위원회에서, 5개년

---

8) 1964년부터 1966년까지 농업 현물세를 연차별로 폐지했다. 농촌의 기본 건설과 문화주택 건설을 국가부담으로 진행하며, 농촌의 주요 생산설비와 농기계들을 국가가 무상으로 공급하기 위한 대책들도 세워졌다. 『조선로동당력사』, 411~414쪽.

9) 『조선로동당력사』, 431~432쪽.

10) 『조선로동 당력사』, 458쪽

11) 통일연구원, 『김일성저작집CD롬』 (서울: 통일연구원, 2001), 검색 조건을 '체육'으

계획의 성과를 토대로 한 인민경제발전 7개년 계획과 관련해 직업동맹 단체들이 사회주의경쟁운동, 특히 천리마작업반운동을 발전시켜 나가도록 했다. 이를 위해 민청단체들이 "체육사업을 군중적으로 벌려 젊은 세대들을 정신적으로뿐만 아니라 육체적으로 끊임없이 단련하며 그들을 로동과 국방에 믿음직하게 준비"시키도록 했다.[12] 체육사업은 학생들의 의식개조 방편으로도 활용되었다. 1961년 4월 25일 전국 교육일군 열성자대회에서, "사회주의를 건설하기 위해서는 물질기술적 토대를 닦는 것과 함께 사람들의 의식을 개조"하기 위해 체육교육을 강화하도록 했다. "아무리 공부를 잘해도 몸이 허약해서 만날 앓기만 한다면 그가 나라를 위하여 아무런 유익한 일도 할 수 없을 것은 뻔한 일"인데도 "어떤 교원들은 이 단순한 진리를 잘 알지 못하고 교육에서 체육사업을 대수롭지 않게" 여기는 점도 지적했다.[13]

체육사업은 민청 조직을 강화하기 위한 수단으로도 활용되었다. 1962년 5월 3일 출판보도 일군과 민청 일군들과의 담화에서 김일성은, 청소년들이 거의 다 학교에 다니고 모두 다 사회로 나가기 때문에 "민청 사업에서 절반 이상을 학생사업에 돌려야 한다"면서, 학생시절에는 어떤 일을 맡아서 해보고 싶어 하기 때문에 학생들 속에서 체육대회와 다채로운 체육활동을 많이 조직하도록 했다.[14] 그래서 "청소년들 속에서 체육을 대중화하고 생활화하여 그들을 로동과 국방에 더욱 믿음직하게 준비"시키라는 것이었다.[15] 특히 가정환경이 복잡한 청년들을 덮어 놓고 의심하여 따돌릴 것이 아니라,

---

　　로 입력한 결과 총 136개의 연설/담화 문건이 검색되었다. 이 가운데 국가건설 시기에 해당하는 1961~1970년에 속하는 23개 문건을 분석했다.

12) 조선로동당 제4차 당대회 중앙위원회 사업총화 보고, 1961년 9월 11일," 『김일성 저작집 제15권』, 157쪽.

13) "청소년교양에서 교육일군들의 임무에 대하여: 전국 교육일군 열성자대회에서 한 연설, 1961년 4월 25일," 『김일성저작집 제15권』, 71쪽.

14) "출판보도 일군과 민청 일군들과 한 담화: 출판사업과 학생교양사업을 강화할 데 대하여, 1962년 5월 3일," 『김일성저작집 제16권』, 229쪽.

15) 사회주의로동청년동맹의 과업에 대하여: 조선민주청년동맹 제5차 대회에서 한 연설, 1964년 5월 15일," 『김일성저작집 제18권』, 307쪽.

"그들을 사로청 생활에 차별 없이 참가시키고 능력과 소질에 따라 분공도 많이 주며 여러 가지 발표 모임이나 체육활동, 예술공연 같은 데도 적극 참가"시키도록 했다.16)

그런 가운데 체육사업은 노동력 낭비 요인으로 지적되기도 했다. 1962년 2월 12일 내각 제1차 전원회의 결론에서, "적지 않은 공장, 기업소들에서는 생산부문 로동자들을 떼서 로임을 제대로 다 주면서 전문적으로 예술소조 활동을 시키거나 체육을 시키고 있으며 심지어는 출근하지 않는 사람들에게 로임을 주는 현상"이 거론되었다.17) 1963년 1월 7일 당 중앙위원회 정치위원회 확대회의에서도, 농촌 노동력 사정이 악화된 것과 관련해, "적지 않은 협동농장들에서 그 바쁜 농사철에 청장년들을 동원하여 체육이나 예술소조 활동을 하게"하는 점이 지적되었다.18) 1964년 12월 19일 당 중앙위원회 제4기 제10차 전원회의에서도, "생산부문 로력보다 비생산부문 로력이 더 빨리 불어나 이 둘 사이에 균형이 맞지 않는 것"이 기본 결함으로 지적되었다. "기구 정원 로력과 상업 일군이 필요이상 늘어났고 공부하는 학생과 교원이 너무 많으며 의료일군도 지나치게 빨리 늘어났고, 예술인과 체육선수들도 너무 많"기 때문에 이들을 생산부문으로 돌리게 했다. "전문 예술인들과 체육인들을 너무 많이 가지고 있을 필요가 없"으며, "체육과 예술은 군중적으로 발전"시키고 체육을 로동과 국방을 위해 모든 근로자들이 늘 하도록 해야 한다는 것이었다. 전문 체육인이나 예술인들도 학교에서 일

---

16) "청소년들에 대한 공산주의적 교육 교양의 몇 가지 문제: 조선로동당 중앙위원회 제4기 제20차 전원회의 확대회의에서 한 결론, 1969년 12월 5일," 『김일성저작집 제24권』, 334쪽.

17) "사회주의 기업소들의 경영활동에 대한 재정은행기관들의 통계적 기능을 강화할 데 대하여: 조선민주주의인민공화국 내각 제1차 전원회의에서 한 결론, 1962년 2월 12일," 『김일성저작집 제16권』, 1585쪽.

18) "농촌에 대한 로력 지원사업을 전인민적 운동으로 벌리며 건설에 대한 지도체계를 고칠 데 대하여: 조선로동당 중앙위원회 정치위원회 확대회의에서 한 결론, 1963년 1월 7일," 『김일성저작집 제17권』, 43쪽.

정한 정도로 나오기 때문에 전문가를 따로 양성하지 않도록 했다. "이름난 체육인들이 다 체육대학을 나온 것도 아니고 전문단체에서 나온 것도 아니며, 그들 가운데 특별히 전문교육을 받은 사람이란 몇 명" 안 되기 때문에 "필요 이상 있는 전문예술단체 성원들도 조절"해야 한다는 것이었다.19) 특히 1967 년 7월 3일 당 중위원회 제4기 제16차 전원회의에서는, '비생산 부문의 노동 력 축소' 방안이 제시되었다. "체육이나 예술에 취미 있는 사람들끼리 모여 서 서로를 뭇고 그 가운데서 제일 잘하는 사람을 책임자로 뽑아가지고 모 두 같이 일하다가 일이 끝나면 같이 소조활동"을 하도록 했다. 심지어 "소 조활동은 널리 군중적"으로 하고 유급지도원을 따로 두지 않도록 했다.20)

체육은 노동자들의 문화혁명 방편으로도 활용되었다. 1964년 6월 26일 당 중앙위 전원회의는, "로동자들의 문화수준을 높이지 않고서는 사상혁명 과 기술혁명도 성과적으로 밀고 나갈 수 없"으므로, 시간이 없다고 하면서 공부도 안하고 회의도 안하고 체육과 문화소조 사업도 안 한다면 "우리는 자기의 의식수준과 지식수준을 높일 수 없을 것이며 흥겹고 활기있게 일하 며 생활하지 못할 것"이라고 지적했다. 로동자들 속에서 체육과 문예소조 사업도 활발히" 해서 "모든 로동자들이 언제나 높은 자각성과 건전한 체력 을 가지고 흥겹게 일하며 문화적으로 생활"하도록 했다.21) 대남전략에서도 체육은 중요한 사업이었다. 1965년 1월 8일 워싱턴에 있는 조선문제연구소 소장에게 보낸 회답 서한에서, "조국통일은 더는 지연시킬 수 없는 절박한 민족적 과업"이며 "자주적이며 민주주의적인 원칙에 기초하여 평화적인 방

---

19) "지도일군들의 당성, 계급성, 인민성을 높이며 인민경제의 관리운영사업을 개선 할 데 대하여: 조선로동당 중앙위원회 제4기 제10차 전원회의에서 한 결론, 1964년 12월 19일,"『김일성저작집 제18권』, 493쪽.
20) "당면한 경제사업에서 혁명적 대고조를 일으키며 로동행정사업을 개선강화할 데 대하여: 조선로동당 중앙위원회 제4기 제16차 정원회의에서 한 결론 1067년 7월 3일,"『김일성저작집 제21권』, 351쪽.
21) "근로단체사업을 개선 강화할 데 대하여: 조선로동당 제4기 제9차 전원회의에서 한 결론, 1964년 6월 26일,"『김일성저작집 제18권』, 375쪽.

법으로 실현"할 것을 주장했다. "남조선 당국이 련방제를 접수할 수 없다면 당분간 정치문제는 제쳐 놓고라도 남북간의 경제문화교류를 실현"하기 위해 "과학, 문화, 예술, 체육 등 각 분야에 걸친 문화적 련계를 회복하며 남북간의 인사래왕을 실현"하자고 제안했다.[22]

1960년대 체육사업은 본격적인 사회주의 건설 과정에서 전체 인민을 대상으로 전개되었으며, 국방경제 노선이 본격화되면서 부터는 비생산부문의 노동력 낭비 요인으로 지적되었고, 급기야 노동력과 국방력을 동시에 도모할 수 있도록 국방체육을 위주로 하는 대중체육 방침으로 점차 변형되었다. 이러한 경향은 1969년 11월 4일 '전국체육인대회'에서의 김일성 연설을 통해 체계적으로 정리되었으며, 1970년 제5차 당대회에서 체육발전의 기본 방침으로 재확인되고 1972년 사회주의헌법을 통해 법적으로 규정되었다고 할 수 있다.

당시 김일성의 체육관련 교시를 토대로 정리한 [표 5-1]에서도 동일한 흐름을 확인할 수 있다. 먼저 교시의 목적을 살펴보면, 정치군사(안보) 측면 (22)이 경제건설 측면(13)보다 훨씬 많이 나타났다. 교시의 대상에서는 정부(9) 부문에 비해 당 조직(26)이 압도적으로 많았고, 군대(1) 부분은 미미한 수준이었다. 체육사업의 내용 부분에서는, 정신력(20)에 대한 강조가 지배적이었으며, 체력(5)과 기술력(4) 측면은 아주 적게 나타났다. 체육의 형식에서는 대중체육(8)이 월등히 많았고, 종목체육(4), 공통(8) 순이었다. 특히 1960년대 후반부터 국방체육(2)의 형식에 대한 강조가 두드러지기 시작했다. 정치군사(안보) 요인(22)이 경제건설 요인(13)보다 큰 비중을 차지한 것은, 학교, 민청, 당, 내각의 체육사업에 대한 조직사업이 강조되었기 때문으로 설명될 수 있다. 이러한 사실은 1960년대 대내외 환경 변화 속에서 체육사업에서도 정치군사(안보) 목적 가운데, 특히 군사력 강화를 위한 목적

---

22) "워싱톤에 있는 조선문제연구소 소장에게 보낸 회답서한, 1965년 1월 8일," 『김일성저작집 제19권』, 39쪽.

을 더욱 강조한 사실과도 연결된다. 경제건설 측면도 적지 않았던 것은 근
로자들의 문화혁명 수단으로 체육사업이 활용되었기 때문이다.

[표 5-1] 국가발전을 위한 체육의 방향

	교시	대상	목적	체육 내용	체육 형식
1	1961.9.11	민청	로동국방준비	정신육체	체육사업/군중적
2	1961.12.15	당 정치위	농공업관리	교양사업	체육경기
3	1962.2.12	내각 전원	정치교양	몸건강	체육
4	1962.3.8	당 조직선전부	당생활	몸건강(조직)	체육
5	1962.5.3	민청	활동조직	학생교양	체육활동
6	1962.8.8	지방당경제일군	증농수준	문화혁명	체육
7	1962.10.6	인민위	학생교양	기구/전문체육교원	체육무용
8	1963.1.7	당 정치위	농촌기술혁명	낭비현상	체육
9	1963.4.18	당 부장회의	노동국방준비	교양사업	체육
10	1964.5.15	민청/사로청	로동국방준비	교양사업	대중/생활화
11	1964.6.23	당 평양시	건설과업	체육관	
12	1964.6.26	당 중앙전원	근로사업개선	자각성/체력	
13	1964.12.19	당 중앙	인민경제	학교자체해결	군중적으로
14	1965.1.8	위싱턴소장	조국통일	경제문화교류	체육(경기)
15	1965.11.15	당 군당사업		인민소비품개선	
16	1965.12.16	영화부문일군	기록영화		군중체육강화
17	1967.3.17	도시군당비서	유일사상	국방사업	체육
18	1967.7.3	당중앙전원	노동행정개선	사상준비철저	군중적운동
19	1969.2.11	당중앙부장협회	노동행정사업	군중교양체육관	
20	1969.2.15	당평남대표협회	농촌문화혁명	외화벌이	TV(체육경기)
21	1969.10.27	인민군	국방건설	당정치사업	체육경기
22	1969.12.5	당중앙전원	사로청	복잡청년분공	체육활동
23	1970.11.2	당중앙대회	로동국방준비	체력/과학기술	대중/국방

대상/목적		정치군사	경제건설	국제관계	소계
	군	1			1
	당/단체	16	10		26
	정/학교	5	3	1	9
	소계	22(조직)	13(건설)	1(경기)	(중복)

내용	정신력	20	자각성/교양/의식개조/문화사업/문화혁명/문화건설/ 노동행정/정치사업/조국통일/과업수행/국방사업
	체력	5	육체/몸/체력/건강
	기술력	4	(시설/과학 포함)
형식	대중체육	8	군중적/전문(×)/대중생활화/대중/국방체육
	종목체육	4	기구/과학기술/경기
	공통	8	체육사업/경기/활동/무용/소조/사업

이상에서 살펴본 것처럼, 국가발전 시기 북한권력이 체육부문에 주문한 핵심적인 내용은 혁명정신을 강조하는 '국방체육'의 활성화로 요약해 볼 수 있다. 당시 북한권력이 추진한 국방을 위한 체육 방침은, 국가 차원에서 '전체 인민의 체육활동, 국방체육 형식의 강조, 주체의 체육 방침, 체육간부 및 체육선수 양성 조치' 등으로, 인민 차원에서 '체육단체 및 체육소조 개편' 등으로 구체화되었다. 특히 '전인민적 운동'에 집중했던 1960년대 전반기 사업의 성과는 후반기부터 본격화된 '국방체육'의 전면적 실시를 위한 풍부한 토대가 되었던 것으로 보인다.

2) 국방체육 사업

(1) 체육기술 향상과 전인민적 운동 전개

1960년대 초반 북한에서는 생산관계의 사회주의적 개조를 바탕으로 본격적인 사회주의 건설이 추진되는 가운데, 체육부문에서도 1950년대 후반 확립된 사업 체계와 내용을 실현해 나갔다. 체육을 대중적으로 발전시켜서 전체 인민을 로동과 국방에 준비시키는 한편 다양한 종목의 체육기술도 발전시켜 나간다는 전략이었다. 1961년 9월 11일 제4차 당대회에서 김일성은 '인민경제발전 7개년 계획'과 관련해 사회주의 경쟁운동인 '천리마작업반운동'을 확대시키도록 했는데, 이를 위해 민청 단체들이 체육사업을 군중적으로 진행하도록 주문했다. "젊은 세대들을 정신적으로뿐만 아니라 육체적으로 끊임없이 단련"시켜서 "로동과 국방에 더욱 믿음직하게 준비"시키도록 했다.[23] 이후 북한 전역에서 체육으로 청소년학생들을 정신적, 육체적으로 단련시키기 위한 활동이 확산되었다.

---

23) 김일성, "조선로동당 제4차 대회에서 한 중앙위원회사업총화보고, 1961년 9월 11일," 『김일성저작집 제15권』 (조선로동당출판사, 1981), 283~286쪽.

= 1962년 10월 15일 내각결정 제57호 "체육기술을 급격히 제고"

1962년 10월 15일 발표된 내각결정 제57호는 체육기술을 급격히 발전시키기 위한 조치였다. 대외적으로 1964년 올림픽을 앞둔 시점이었으며, 대내적으로는 청산리방법과 대안의 사업체계 등 새로운 대중지도 방식들이 도입되고 있었다. 내각은 [표 5-2]에서 보는 것처럼, 먼저 북한의 특성에 맞는 교수훈련 방법과 지도 이론, 전술체계를 확립하기 위한 연구사업을 강화하도록 했다. 한편으로는 체육지도위원회가 기존의 훈련 방법과 지도 이론 등 각 종목별로 경기규정을 재검토하도록 했으며, 체육과학연구소와 체육의료소의 기능과 역할을 높여서 개별 선수들이 육체적 발전 정도와 기능을 체계적으로 연구하게 했다. 다른 한편으로는 늘어나는 체육종목에 필요한 체육기자재와 운동기구 생산도 보장하도록 했다.[24)]

[표 5-2] 1962년 내각결정 제57호 개요

사 업	내 용
체육지도위원회	-북한 특성에 맞는 교수훈련 방법, 지도이론, 전술체계 확립
	-경기규정 재검토
체육연구/의료소	-선수들의 육체적 발전 연구 토대 마련
체육기자재	-기자재/기구 생산 보장
학교체육	-선수후비 육성

출처: 조남훈, 『조선체육사2』, 182쪽.

= 1962년 11월 1일 전국체육열성자대회

1962년 11월 1~2일 평양에서 개최된 '전국체육열성자대회'는 '군중체육사업을 발전시키며 체육 기술수준을 제고'할 데 대한 1958년 12월 30일 당 중앙위원회 상무위원회 결정 실행에 대해 총화하고, 체육사업을 급속히 발전시킬 데 대한 김일성 교시를 실천하기 위한 방안들을 토의하는 자리였다.

---

24) 조남훈, 『조선체육사2』(평양: 금성청년출판사, 1992), 182쪽.

이날 대회에서 [표 5-3]에서 보는 것처럼, 체육사업 전반에 대해 논의했다.[25] 먼저 조선체육지도위원회 김기수 위원장은, 북한 각지에 조직된 사회적 '체육협회'와 군중체육의 기층조직인 '초급체육단체'들이 활발히 움직인 결과, 근로자들과 청소년학생들 사이에 체육이 널리 보급되고 체육기술이 향상되었으며, '인민체력검정' 합격자 수가 5년 전보다 3.7배 증가했다고 보고했다. 이어 직총 중앙위원회 현종수 체육부장은, 전국 어로부문, 방직부문, 주택부문의 '생산체육경기'들이 노동자들의 체력 증진뿐만 아니라 새로운 노동기준량 창조와 선진 작업방법 도입과 더불어 창의고안 운동을 촉진했다고 주장하면서, 1961년도 하반기에만 100여 개 시·군에서 550,000명의 청소년학생들이 집단체조에 참가했다고 소개했다.

토론에서는 "가까운 시일 안에 전문선수 50만 명, 훈련지도원 6천 명, 체육명수 5천 명"을 늘리는 목표도 제시되었다. 이를 위해 새로 조직되는 '국가종합선수단'과 '각 도 체육강습소' 등 전문선수단을 튼튼히 꾸리면서, 륙상, 체조, 수영 등 기본 종목과 함께 "젓기배, 유술, 빙상 및 설상 종목, 지상호케이 등 개별 종목을 전반적으로 발전"시켜 나가기로 했다. 마지막으로 당 선전선동부장 김도만은, "사회주의 건설에서 결정적인 전환"이 일어나고 "기술혁명과 문화혁명이 촉진"되고 있는 현실에서 "체육인들 앞에는 더욱 무거운 임무가 부과"되었다면서, 아무리 강한 대상과 맞서더라도 "그를 능히 타승할 수 있는 준비"를 갖추고 "훈련과 경기에서 더 좋은 성과"를 거둠으로써 "당과 수령과 인민의 기대에 보답"하라고 역설했다.

---

25) "체육기술의 전반적 앙양을 위하여 훈련에서 땀을 더 많이 흘리자: 전국체육열성자대회 진행,"『로동신문』, 1962년 11월 4일자;『조선중앙년감 1964년판』, 223쪽. 대회에는 각 도·시·군 체육지도위원회 일군들과 각급 학교 모범체육교원들, 기타 관계부문 일군들이 참가했다. 특히 당 중앙위원회 부위원장인 김창만 내각 부수상, 최고인민회의 상임위원회 부위원장인 홍명희 조선올림픽위원회 위원장, 당 중앙위원회 김도만 선전선동부장, 민청 중앙위원회 홍순권 위원장, 내각에서 한수동 제3사무국장 등 주요 인사들이 참석하는 등 중요한 행사였다.

[표 5-3] 1962년 전국체육열성자대회 개요

일시		1962.11.1~2 (평양)
참석		각 도, 시, 군(구역) 체육지도위원회 일군, 각급 학교 모범체육교원, 관계부문 일군 당 중앙위원회 부위원장 김창만 내각 부수상, 최고인민회의 상임위원회 부위원장 홍명희 조선올림픽위원회 위원장, 당 중앙위원회 김도만 선전선동부장, 민청 중앙위원회 홍순권 위원장, 내각 한수동 제3사무국장
보고	조선체육지도위원회 김기수 위원장	-사회적/군중체육 기층 조직인 체육협회/초급체육단체 활발 체육의 대중화 급속히 발전, 근로자 학생들 체력 증진, 체육기술 향상, 인민체력검정 5년 전보다 3.7배 증가
토론	직총 중앙위원회 체육부장 현종수	-로동자들 속에서 체육의 군중화 사업 경험 소개 6개고지 점령 관련 어로/방직/주택부문 생산체육경기, 노동자 체 력증진, 로동기준량 창조, 선진작업방법 도입, 창의고안 촉진, 1961년 후반 '집단체조' 100개 시/군 55만 명
토론	평남 용강고등경제학교 교원 김형찬	-학교체육사업 군중화/ 선수 육성 경험 소개 과외체육활동 일과표에 포함, 학급별 매일 2시간씩 륙상 훈련 주 1회 반별경기, 월 1회 교내경기 조직, 학급/교내기록돌파운동 교원 학생 체육열성자, 륙상경기규칙 훈련방법 강습 후 경기 지도 체육기자재 2천 점 확보, 61년 2,3급 선수 7명에서 62년 1급 5명 등 유급선수 103명, 63년엔 전교 500명 모두 목표
토론	함남 북청군 성남중학교 초급체육단체위원 장 김원춘	-토요일에 '체육의 날' 조직 운영 경험 소개 1960년 2월초부터 매일 괴외체육 1시간, 매주 토요일 체육의 날, 월요일은 체육기술학습의 날 전체 교원 각종 경기규칙/실무학습, 체육수업 지도할 수 있게 함 인민체력검정 기본, 각종 경기를 당의 혁명전통과 수상 교시 결부
토론	기타(군중체육)	-가까운 미래에 400만 애호가, 20만 체육열성자 확보 대책 토론
토론	2·8체육단 륙상선수 류만형	-마라손 기록 갱신 훈련 경험 토론 현재 2시간 15분 16초 2를 1963년에 2시간 14분 30초, 1964년 제 18차 올림픽 이전에 2시간 14분 도달 결의
토론	기타(체육기술)	-선수 50만 명, 훈련지원 6천명, 체육명수 5천명 확보 목표 새로 조직되는 국가종합선수단, 각 도 체육강습소 강화 올림픽 기본종목 위주, 각 종목 전반적 발전 대책 지적 수상 교시 연구/당정책교양 강화/공산주의교양/혁명전통과 결부 각급 체육지도기관 일군, 청산리정신/청산리방법 구현 강조
토론	개성시체육지도위 원회 위원장 정덕규	-제18차 국제올림픽경기대회 남북조선 유일팀 구성 관련 토론 -남한 체육관계자, 체육인들에게 보내는 편지 채택
발언	당 중앙위원회 선전선동부장 김도만	-체육분야 성과 총화 경험 교환 의의 언급 -사회주의 대고조 시기 체육문화사업 발전, 체육기술 시위 -체육에 대한 근로자 관심 제고, 기술문화혁명 체육인 임무 지적 체육인/선수, 당과 수령에 충직한 애국자/혁명가정치활동가로 당정책/국내외 정세학습/혁명전통교양 강화/정치문화 수준제고 -체육지도기관 일군 역할 강화, 군중체육사업 적극 전개 강조 -체육은 혁명사업, 강한 상대 타승, 당/수령/인민에 보답

출처: 『로동신문』, 1962년 11월 4일자; 『조선중앙년감 1964년판』, 223쪽.

= 1965년 2월 19일 내각 결정 제7호, "체육사업을 전인민적 운동으로 전개"

1965년 2월 19일 내각 결정 제7호를 통해 체육사업을 '전인민적인 운동'으로 전환하기 위한, [표 5-4]와 같은 다양한 조치들이 제시되었다.[26] 체육지도기관의 기능을 먼저 강화했다. 이를 위해 '군중체육사업 조직지도체계가 개편'되었는데, 학교체육은 고등교육성과 보통교육성이, 로동자와 사무원들의 체육은 직총 중앙위원회가, 농업근로자들의 체육은 농업근로자동맹 중앙위원회가, 전체 청소년학생들의 체육은 사회주의로동청년동맹 중앙위원회가 각각 책임지도록 했으며, '조선체육지도위원회'가 전국적인 군중체육사업을 종합 지도하게 했다. 체육지도위원회가 체육기술을 발전시키기 위한 사업도 주관하게 했다. 이를 위해 인민경제 부분별 체육협회를 해산하고 리(읍, 로동자구)·기관·기업소·협동단체와 학교별로 '체육위원회'를 조직하도록 했다. 시(구역)·군 체육지도위원회와 공장·기업소 체육지도원들의 역할도 높였다.

이 시기 대중화 사업은 학교체육에 집중되었다. 체육교양사업을 학생들 수준에 맞게 개선하게 하고, 매년 인민체력검정에서 중학교는 소년급에, 기술학교는 제2급에, 고등기술학교와 대학은 제1급에 각각 합격하게 했다. 이를 위해 학교에서는 매일 '과외체육활동'을 1시간 이상 하도록 했다. 일요일과 명절에도 다양한 체육행사를 진행하도록 했다. 기술학교에서 대학까지 '입학시험'에 체육과목이 포함되었다. 체육교수 요강과 과정안을 각급 학생의 신체발육에 맞게 다시 작성하게 했다. 고등전문학교 수준의 '체육학교'를 동서해안에 각각 신설하여 체육교원을 양성하도록 했다. 근로자들 사이에 군중체육을 확대하였다. 로동자, 농민, 사무원들이 생산에서 이탈 없이 직업적 특성에 맞게 륙상, 체조, 민족경기 등을 진행하도록 했다. 특히 당면

---

26) "공화국 내각에서 체육사업을 전인민적 운동으로 전개할 데 대한 결정을 채택", 『로동신문』, 1965년 2월 26일자.

한 혁명과업과 결부된 '생산체육경기'를 많이 조직하게 했으며, '사회주의 증산 경쟁과 천리마작업반운동 평가기준'에 체육사업이 포함되도록 했다. 근로자 모두가 인민체력검정에 합격할 수 있도록 인민체력검정 주간을 월간으로 개편했으며 종목과 기준도 현실에 맞게 개정하도록 했다. 휴일에도 등산, 야영, 운동회 등 다양한 군중체육 행사를 조직하게 했으며, 전체 근로자와 학생들을 대상으로 '신체검사'를 매년 실시하도록 했다.

국방체육을 강화하기 위한 방안도 제시했다. 우선 근로자와 학생소년들에게 사격, 활쏘기, 활공기, 모형항공, 무선통신 등 '국방실용체육종목'을 널리 보급하게 하고 학생들 사이에 '국방실용종목별 소조'를 운영하게 했다. '국방체육구락부'도 조직하도록 했으며, 낙하산, 활공기, 모형항공, 모형함선, 무선통신 등 관련 선수단을 운영하게 했다. 원산에는 '중앙해양구락부'를 설치하게 했다. 다양한 스포츠 종목을 보급하고 기술수준도 높이도록 했다. 근로자들과 학생들 사이에 '달리기, 높이뛰기, 던지기, 마라손'을 확산시키도록 했다. '체조, 수영, 스키, 스케트, 사격, 민족경기와 각종 구기 종목'도 널리 보급하도록 했다. '배드민턴, 야구, 지상호케이, 요트, 조정, 유술, 격검, 마술' 등 신규 종목도 보급하게 했다. 2~3년 내에 세계적인 종목 모두에서 높은 수준에 도달한다는 목표가 제시되었다. 평남 체육간부양성소를 '조선체육지도위원회 체육간부양성소'로 개편하게 했다. 각 도 체육간부양성소(평남 제외)와 각 도(직할시) 청소년체육학교를 폐지하는 대신 시(구역)·군 '청소년체육구락부'를 운영하도록 했다.

체육시설을 확충하고 사회적 운동으로 관리하기 위한 대책도 나왔다. 각 도(직할시), 시(구역), 군의 운동장을 잘 가꾸어 종합경기가 가능하게 했다. 체육기재 생산을 늘리고 품종과 질도 향상시키도록 했다. '평양체육기구공장'을 모체로 현대적 설비와 규모를 갖춘 운동구공장을 꾸리게 했으며, 각 도(직할시)에 '전문 운동구공장(직장)'도 세우도록 했다. 이후 북한체육에서 많은 변화가 일어났으며, 이후 '국방체육을 중심으로 하는 대중체육' 사업을 확산시키는데서 중요한 기반이 되었다.

[표 5-4] 1965년 내각결정 제7호 개요

사 업	내 용
체육지도	-학교체육=고등/보통교육성, 로동자사무원체육=직총 중앙위, 　농업근로자체육=농맹 중앙위, 청소년학생체육=사로청 중앙위가 각각 담당 -조선체육지도위원회=군중체육 종합 지도, 기술지도 집중 -체육협회 해산, 시(구역)군체육지도위/공장기업소 체육지도원 역할 강화
학교체육	-인민체력검정 소년급(중학교)/2급(기술학교)/1급(고등기술/대학) 전원 합격 -기술학교/대학 입학시험과목에 체육과목 포함, 매일 과외체육활동 1시간, 　일요일/명절 체육행사 진행 -고등전문학교급 체육학교 동/서해안에 신설, 교육과학연구원 역할 강화
근로자체육	-생산체육경기 널리 조직 -인민체력검정 주간을 월간으로 개편, 종목/기준 개정, 근로자 전원 합격 -휴일에 다양한 군중체육 행사, 천리마작업반운동 평기 기준에 체육 포함 -간부들이 모범적으로 참가, 매년 근로자/학생 신체검사 실시, 치료체육도입
국방체육	-국방실용체육종목 보급, 국방실용종목별 소조/국방체육구락부 조직
체육기술	-근로자/학생에 다양한 종목 보급 -평남 체육간부양성소를 조선체육지도위 체육간부양성소로 개편, 　도 체육간부양성소(평남제외)/청소년학교 폐지, 시/군 청소년체육구락부 조직
체육시설기자재	-각 도 전문운동구공장(직장) 설립

출처: 『로동신문』, 1965년 2월 26일.

(2) 국방체육을 위주로 체육을 대중화

= 1966년 10월 5일 당 대표자회, 국방경제 병진노선

　북한에서 국방건설과 경제건설의 병진 방침이 본격화된 것은 1966년 10월 5일에 열린 조선로동당 대표자회에서였다. 이보다 앞선 1962년 전원회의에서 김일성은 국방력 강화를 골자로 하는 '국방경제 병진노선'을 제기했다. 당시 중소분쟁 등 주변 정세가 급변하는 속에서 국방력 강화에 총력을 기울이기 시작했다. 김일성은 "현 정세와 우리 당의 과업"이라는 제목의 보고를 통해 경제건설과 국방건설을 병행해야 하는 이유를 설명했다.[27] "조

국 통일과 혁명의 전국적 승리를 달성"하기 위해 먼저 "북반부를 혁명의 기지"로 만들어야 한다면서, 이를 위해 북한의 혁명 투쟁과 건설 사업에서 특히 "원쑤들의 침략책동에 대비하여 국방력을 더욱 강화할 수 있도록 경제건설과 국방건설을 병진"시켜야 한다고 주장했다. 김일성은 특히 "방위력을 강화"하기 위해 "군대와 인민을 정치사상적으로 무장시키는 기초 위에서 당의 군사로선을 관철"해야 한다면서, 인민군대와 함께 로동자, 농민을 비롯한 "전체 인민을 무장시키며 전연과 후방을 막론하고 나라의 모든 지역에 방석 같은 방위시설들을 축성"할 것을 역설했다. 당의 국방경제 병진노선에 따라 당시 체육부문에 부과된 두 가지 핵심 과업은 '유일사상체계 확립'과 '국방체육을 위주로 대중체육'을 강화하는 것이었으며, 이를 실현하기 위한 다음과 같은 조치들이 이어졌다.

= 1967년 5월 30일 김일성 교시 "국방체육을 위주로 체육을 대중화"

1967년 5월 30일 "국방체육을 위주로 체육을 대중화"할 데 대한 김일성의 교시 이후 이를 실현하기 위한 국방체육 사업이 대대적으로 전개되었다. 국방체육 종목들이 확대되었고 형식도 다양해졌다.[28] 특히 체육인들을 대상으로 진행된 사상교양사업은 "체육 분야에서의 반당, 반혁명 종파분자들의 사상여독을 뿌리 뽑기 위한 사상투쟁"의 일환으로 전개되었다. "체육인들 속에 김일성 수령의 교시와 그 구현인 당의 노선과 정책을 깊이 침투시켜 그것을 뼈와 살로 만들며, 유일사상과 어긋나는 사소한 경향에 대해 묵과하지 말고 날카로운 사상투쟁을 벌여 제때에 극복"하자고 독려했다. 국방체육을 위주로 군중체육을 실현하기 위한 체육일꾼과 선수후비 양성사업도 병행했다. '평양체육대학'에 대한 당적지도가 강화되었으며 체육선수

---

27) 김일성, "현 정세와 우리 당의 과업: 조선로동당대표자회에서 한 보고, 1966년 10월 5일," 『김일성저작집 제20권』, 415~427쪽.
28) 『조선중앙년감 1968년판』, 197쪽.

들에 대한 정치사상 교양도 강화되었다. 각 도·시·군의 '청소년체육구락부'와 '체육단체' 등 선수후비 육성 기지들도 정비되었다.[29] 당시 김일성을 중심으로 하는 북한권력이 '유일사상 체계 확립'과 함께 '국방체육을 위주로 군중체육' 사업을 확대한 것은, "미제와 싸워 이기고 혁명의 전국적 승리를 보장"하려면 "정신적 준비와 함께 육체적 준비"도 잘 갖추어야 한다고 인식했기 때문이다.[30]

= 1969년 11월 4일 전국체육인대회 김일성 연설 "체육을 대중화, 로동국방 준비"

1969년 11월 3-4일 평양 만수대의사당에서 진행된 '전국체육인대회'는 해방 이후 20여 년간 추진되어 온 체육사업 전반의 내용을 총 정리하는 자리였다. 각 도·시·군 조선인민군과 사회안전부문 체육지도일군들, 공장, 기업소, 농촌, 학교들에서 선발된 체육인 대표들과 함께 재일본조선인체육련합회에서 온 대표단이 참가했다. 최고인민회의 상임위원회 부위원장인 조선체육지도위원회 강량욱 위원장이 "체육부문에 주신 경애하는 수령 김일성 동지의 교시를 철저히 관철하며 수령께 끝없이 충직한 붉은 체육전사가 되자"라는 제목의 보고를 했다. 토론에서는 그동안의 사업 성과들에 대한 총화가 진행되었다.[31]

김일성은 "체육을 대중화하여 전체 인민들을 로동과 국방에 튼튼히 준비시키자"라는 제목의 연설을 했다. 국방체육 위주의 대중체육 사업을 요지

---

29) 조남훈, 『조선체육사2』, 200~202쪽.

30) 『조선중앙년감 1969년판』, 292쪽; 『조선중앙년감 1970년판』, 300쪽.

31) 이어 대화폭의 조각품, 각 도(직할시) 체육인들과 조선인민군 및 사회안전성 체육인들의 편지, 재일본조선인총련합회 중앙상임위원회와 이사회 축기, 60만 재일동포들의 충성 맹세 편지, 전국체육인대회에 보내는 당 중앙위원회와 공화국 내각의 축하문 전달, 전국체육인대회 참가자 일동 맹세문에 이어, 남한 체육인들에게 보내는 호소문이 채택되었다. 『조선중앙년감 1970년판』, 300~301쪽.

로 하는 이날 김일성의 연설 내용은 이후 북한체육의 기본노선이 되었다. 김일성은 [표 5-5]와 같은 내용의 북한체육의 핵심 과제들을 일목요연하게 설명했다.[32] 먼저 "사회주의 건설과 조국보위사업을 강화"하기 위해 "인민들의 체력을 전반적으로 증진"기키는 것이 중요하다고 말했다. 북한 지역에 사회주의를 건설하고 "혁명기지를 튼튼히 다져서 미제를 몰아내고 조국을 통일"해야 할 중대한 과업이 있기 때문이라고 설명했다. 그리고 전체 인민이 그 어느 때보다 "긴장되고 동원된 태세로 사회주의 건설의 모든 전선에 몸바쳐 일"하면서 "미제와 판가리싸움을 할 만단의 준비"를 갖추도록 했다. 전체 인민이 "한 사람도 빠짐없이 체육을 하여 어떠한 난관과 애로라도 능히 이겨낼 수 있게 체력을 건강하게 발전"시켜야만 "강한 나라로 되고 조국통일도 주동적으로 맞이"할 수 있다고 말하는 등 '국방체육' 위주의 대중체육 사업의 당위성을 역설했다. 그리고 이를 위해 학교체육을 강화하고 모든 기관, 기업소, 협동농장에서 체육을 장려하라고 말했다. "체육을 대중화하고 전체 인민의 체력을 끊임없이 단련"시키면서 "전문체육인 대열을 강화"하고 "체육의 모든 종목들을 다 한 계단 더 높은 수준"으로 올리도록 했다. "광범한 인민대중이 체육을 하는 과정에서만 기술수준이 높고 재능 있는 체육인들이 많이 나올 수 있"으며 "전문체육인들이 높은 체육기술을 가져야 전체 인민의 체육 수준을 높은 수준에 올려" 세울 수 있기 때문이라고 설명했다. 체육기술 향상을 위한 전문체육인들의 훈련도 강화하도록 했는데, 특히 모든 체육종목에서 우승할 수 있도록 "우리나라 사람들의 체질에 맞는 주체적인 전술체계를 세우"도록 했다. 체육의 발전 여부는 체육인들과 체육부문 지도일군들이 당의 주체사상을 체육사업에 어떻게 구현하는가에 달려있다는 것이다.

집단체조의 중요성도 언급했다. 집단체조는 "청년학생들 속에서 집단주

---

32) 김일성, "체육을 대중화하여 전체 인민들을 로동과 국방에 튼튼히 준비시키자-전국체육인대회에서 한 연설, 1969년 11월 4일", 『김일성저작집 제24권』, 289~305쪽.

의 정신을 기르는데 목적"이 있다면서, 집단체조를 할 때 "한 사람의 동작이 틀려도 몇 만 명이 참가한 집단체조 전체에 손상을 주게 되므로 매 학생들은 자기 한 사람을 온 집단을 위해 복종시키기 위해 노력"하게 되기 때문에, 집단체조가 "사람들의 교양에서 아주 중요"하다고 강조했다. 김일성은 특히 체육인들이 '당의 유일사상'으로 철저히 무장하도록 강조했는데, 체육인들의 사명은 "전체 인민들의 체육수준을 더욱 높이는 데 있으며 전문체육인으로서 나라와 인민의 영예를 온 세계에 떨치는 데" 있기 때문에 모든 체육인들이 "로동계급화, 혁명화하기 위해 투쟁"해야 하며 "당의 혁명사상으로 무장하기 위한 당 정책학습을 강화"하고 "혁명적 조직생활을 잘하며 조직규율을 잘 지키는 것"이 중요하다고 설명했다.

[표 5-5] 1969년 전국체육인대회 김일성 연설 개요

김일성, 〈체육을 대중화하여 전체 인민들을 로동과 국방에 튼튼히 준비시키자〉 -전국체육인대회 연설, 1969.11.4-			
체육의 발전	중요성	나라의 흥망성쇠 결정 문제의 하나	
	역사적 고찰	고구려 시대 vs. 이조 500년	
	노동/국방 강화	사회주의건설 노동 참가	
		조국보위사업 강화	
		조국통일/세계혁명 임무 수행	
체육발전 방안	전인민적 운동	군중체육으로 지덕체 겸비: 전체 인민의 임무, 당의 구호	
		체육에 대한 관점 확립: 체육은 과학, 문화혁명의 구성부분	
		학교체육 강화	9년제 의무교육, 체력단련 습관화
			해주혁명학원 본보기
		학생들 체력단련	구기, 철봉/평행봉/기계체조
			민족체육, 등산/행군/수영
		기관/기업소/협동농장	업간체조, 국방체육(토/일요일)
		가정 체력단련	냉수마찰/덕수/아침운동
	전문체육인 유성	훈련 강화	체육인들의 임무
		주체적 전술체계	사대/교조주의 배격
			주체사상을 체육사업에 구현

	집단주의 정신	집단적 영웅주의 발휘	공명/개인영웅주의 근절
			집단체조 장려 이유
	체육시설/기구	전인민적 운동으로	도시군 인민위원회 일군들 노력
사상교양사업		당 유일사상으로 무장	인민 체육수준/영예 고양
			폭력/음주 근절
		노동계급화/혁명화 투쟁	과도기 임무
			당정책학습/조직생활/조직규률

출처: 『김일성저작집 제24권』, 289~305쪽.

= 1970년 11월 2일 조선로동당 제5차 대회 중앙위원회, '주체의 체육 건설 방침'

1970년 11월 2일 조선로동당 제5차 대회 중앙위원회 사업총화 보고에서 김일성은 1969년 체육인대회 연설을 통해 밝힌 북한체육의 기본 노선과 방침을 재확인하였다. 김일성은 "근로자들의 건장한 체력은 혁명투쟁과 부강한 사회 건설의 기초"라면서, "체육을 대중화하고 국방체육을 널리 발전시켜 모든 근로자들의 체력을 더욱 증진시키며 전체 인민을 로동과 국방에 튼튼히 준비시켜야 한다"고 강조했다. 김일성은 이를 위해 "체육사업에서 주체를 철저히 세우고 체육과학과 체육기술을 빨리 발전"시키라고 주문했다.[33] 북한은 김일성의 이날 연설 내용이 '주체의 체육 건설 방침'을 제시한 것으로 보았다. 이를 관철하기 위한 당과 내각 차원의 구체적인 조치들이 이어졌다. '체육시설건설과 체육기자재 생산을 전인민적 운동으로 발전시키기 위한 방침'과 '학교체육을 강화하고 체육을 전인민적 운동으로 확대하기 위한 방안' 등이었다.[34]

33) 김일성, "조선로동당 제5차 대회에서 한 중앙위원회 사업총화보고, 1970년 11월 2일," 『김일성저작집 제25권』, 284쪽.
34) 1971년 11월 10일 당 중앙위원회 정치위원회에서 토의한 "체육부문에 주신 경애하는 수령 김일성 동지의 교시를 철저히 관철할 데 대하여," 1971년 12월 22일 내각에서 채택한 결정 제176호, 1972년 8월 10일 당 중앙위원회 정치위원회에서 토의한 "경애하는 수령 김일성 동지께서 체육시설건설과 체육기자재생산을 전인민적 운동으로 발전시킬 데 대하여 주신 교시를 철저히 관철할 데 대하여," 1972년

= 1972년 9월 6일 당 중앙위 정치위원회 김일성 연설, "종목체육의 수준 향상"

1972년 9월 6일 당 중앙위원회 정치위원회에서 김일성이 지적한 내용을 통해서 볼 때 앞서 김일성이 제시한 '주체의 체육 방침'은 제대로 실현되지 않았던 것으로 보인다. 김일성은 "지난날 체육의 대중화 운동이 벌어질 때에는 우리나라 체육이 한동안 괜찮았는데 최근에 와서는 체육사업이 활기를 띠지 못하고 있으며 열이 식어"가고 있다고 지적했다. 그래서 지금은 거의 모든 체육 종목의 수준이 그 전보다 떨어져서 "선수들이 국제경기에 나가서도 좋은 성적을 얻지 못하고 있다"면서 다음과 같은 내용들을 지적했다.[35]

김일성은 먼저 학교체육이 부진한 점을 지적했다. "키크기 운동은 좀 하지만 구기 체육은 잘하지 않"고, "륙상이나 수영 같은 것도 잘하지 않"고, "등산훈련도 하지 않"아서 "학생들이 군대에 나가면 체력이 딸릴 수밖에 없"다고 설명했다. "전반적 10년제 고중 의무교육제가 실시"되고 있어서 "누구나 다 로동할 나이가 될 때까지 학교에서 의무교육을 받으며 집단생활"을 하기 때문에 얼마든지 "체육을 대중화할 수 있고 군중체육을 발전"시킬 수 있는데도, "사로청이 사업을 틀어쥐고 잘 지도하지 않기 때문"에 학교에서 체육사업이 잘 되지 않고 있다고 말했다.

이러한 점을 개선하기 위해 김일성은 사로청이 청년사업에서 체육활동을 강화하도록 했다. "단순히 교양사업만 할 것이 아니라 체육활동과 문학예술활동도 활발히 진행"해서 "모든 청소년들이 지덕체를 겸비"하도록 해야 한다고 말했다. "지식만 소유하지 말고 한 가지 이상의 체육과 한 가지 이

9월 21일 당 중앙위원회 정치위원회의 지시문 "학교체육을 강화하고 체육을 전인민적 운동으로 발전시킬 데 대하여" 등이었다고 한다. 그러나 자세한 내용은 아직 잘 알려지지 않고 있다. 조남훈, 『조선체육사2』, 271쪽.

35) "체육사업을 발전시킬 데 대하여: 조선로동당 중앙위원회 정치위원회에서 한 연설, 1972년 9월 6일," 『김일성저작집 제27권』, 382쪽.

상의 악기를 다룰 줄 알아야 한다"는 것이다. 나아가 사로청이 '모든 부문의 청소년 사업을 도맡아 지도'하게 했다. "지금처럼 몇 사람의 전문선수들이나 훈련"시키지 말고, "체육을 대중화, 전민화하여야만 체육선수후비도 많이 키울 수 있고 국제무대에 나가서도 훌륭한 체육기술을 보여줄 수 있으며 나라의 전반적 체육수준을 높이 끌어올릴 수 있"다고 설명했다. 그래서 사로청이 "모든 학교들에서 체육활동을 대중적으로 힘 있게 벌리면 청소년 학생들이 키도 빨리 크고 체력도 단련"되고 "우수한 체육선수들이 많이 나올 수 있으며 우리나라 체육수준이 쑥 올라갈 수" 있다고 강조했다. 김일성은 사로청이 "체육기자재 공장을 가지고 있으면서 조직사업을 잘하면 학교들에 체육기자재들을 충분히 갖추어줄 수 있을 것"이라면서 "사로청이 학교, 인민군대, 인민경비대의 체육사업을 비롯한 모든 부문의 청소년사업을 다 틀어쥐고 지도"하도록 했다.

김일성은 이어 체육단들이 젊은 선수들을 많이 확보하도록 했다. 체육대학과 사범대학, 교원대학, 고등체육전문학교에서 체육교원과 지도원을 많이 양성하도록 했다. 특히 "체육대학의 강습반이나 특설반에 나이 많은 체육선수들을 보내 몇 달씩 강습"을 받도록 해서 체육교원과 체육지도원으로 양성하도록 했다. 그래야만 "전문체육단들이 나이 많은 선수들을 내보내고 젊은 선수들을 제 때에 보충하는 등의 신진대사를 끊임없이 함으로써 체육을 발전"시킬 수 있다고 설명했다. 국내외 체육경기대회 참가 기회도 많이 만들게 했다. 체육경기대회를 많이 조직하고, 여러 종목의 경기를 다양하게 조직하며, 학생체육대회를 지역별이나 전국적으로 자주 조직하게 했다. 체육선수들과 체육부문 일군들을 외국으로 자주 보내 국제경기나 공동훈련에 참가하게 했다. 체육 관련 기술과 사업 경험을 배우기 위해 다른 나라에 견학이나 실습을 보내게 했다. 체육일군들을 국제체육기구에 참가시키고 국제심판원으로도 더 많이 보내게 했다. 체육 관련 출판물이나 다른 나라 체육잡지와 서적들도 번역해 보급하도록 했다. 체육기자재도 잘 보장해 주도록 했다. 김일성은 문제 해결을 위해 당이 직접 나서라고 주문했다. 당 중앙위원회가 도·시·군당 책임비서와 사상비서, 교육부장, 청년사업부장들을 불러 올림픽대회 대표단의 귀환보고를 들려주도록 했다. 사로청 중앙위원회와 지방 사로청 조직들도 체육을 발전시키기 위한 대책을 세우도록 했다. 인민군대도 체육단 등 체육사업을 강화하도록 했다. 중앙당 과학교육부와 청년사업부도 "앞으로 3년간 체육사업을 결정적으로 발전시키기 위해 모든 역량을 집중"시켜야 한다고 강조했다.

한편 김일성이 당 중앙위 정치위원회에서 연설할 당시 뮌헨에서는 제20차 올림픽경기대회(1972년 8월 26일~9월 11일)가 열리고 있었다. 사상 처음 올림픽에 참가한 북한은 10개 종목에 출전했는데, 사격 50m 소구경 세계신기록으로 금메달 1개, 은메달 1개, 동메달 3개를 확보한 상태였다. 같은 대회에서 8개 종목에 출전해 유도 미들급 은메달 1개에 머물렀던 남한과 비교할 때 결코 무시될 수 없는 괄목할만한 성과였다. 9월 6일 당 중앙위원회에서 김일성이 '축구, 녀자배구, 마라톤' 등 북한의 전통적인 강세 종목이 부진한 점을 지적한 것도 올림픽에서 성적이 좋지 않았기 때문이었다. 북한은 뮌헨올림픽이 열리기 전인 6월 26일 4·25체육선수단을 출범시켰다. 체육선수단 출범을 계기로 김정일이 북한 체육사업의 전면에 등장했다. 그런 점에서 9월 6일 김일성 연설은 후계자 김정일의 종목체육 사업을 지원하기 위한 것으로 볼 수 있다. 김정일은 권력승계 과정에서 청년군인들을 효과적으로 결집시키기 위해 이들이 선호하는 스포츠경기 종목에 역점을 두었던 것으로 보인다. 이러한 경향은 이전 시기의 김일성이 주도한 국방체육 중심의 대중체육 방침과 크게 대비되는 점이다.

= 1972년 6월 26일 김정일 담화, "4·25체육선수단 과업"

1970년대 초반 북한체육의 커다란 변화는 체육사업의 중심이 김일성에서 김정일로 이동하기 시작한 점이다. 김정일의 등장 시기는 북한체육의 형식과 내용이 '대중체육' 중심에서 점차 '종목체육' 중심으로 변화하는 시점과 일치한다. 1973년 9월 당 중앙위 비서로 임명된 김정일은 1974년 2월 당 중앙위 정치국 상임위원이 되었고 북한의 공식적인 후계자이자 계승자, 지도자로 추대되었다.[36] 같은 시기에 체육사업과 관련된 김정일의 활동도 증가했다. 1972년 6월 26일 발표 문건 "4·25체육선수단에 나서는 과업에 대하여",[37] 1972년 7월 2일 '평양시체육선수단 수영관에 대한 현지지도', 7월 25일 '4·25체육선수단 훈련장 건설에 대한 현지지도', 8월 10~11일 '2·8체육선수단에 대한 현지지도' 등이 있었다.[38] 김정일은 특히 4·25체육선수단원들과의 담화에서 종목체육의 중요성을 다음과 같이 강조했다.

김정일은 먼저 "위대한 수령님께서는 체육을 다른 나라들과 친선관계를 강화하는 수단"으로 보고 "체육사업을 발전시켜 예술교류와 함께 체육교류를 잘"하도록 교시했다면서, 그럼에도 "지금 체육부문에서는 수령님의 교시를 철저히 관철하지 못하고 있으며 체육교류를 당이 요구하는 수준에서 제대로 하지 못하고" 있다고 지적했다. 그 단적인 사례로서 1972년 뮌헨 올림픽 예선전에서 북한 선수들이 탈락한 점을 거론하면서, "새로 조직된 4·25

---

36) 자세한 내용은 『조선로동당력사』, 462~468쪽 참조.
37) 김정일, "4·25체육선수단 앞에 나서는 과업에 대하여: 4·25체육선수단 성원들과 한 담화, 1972년 6월 26일," 『김정일선집 제2권』, 387~395쪽.
　　김정일은 이 담화에서, 4·25체육선수단은 처음에 영화촬영소들 사이의 체육경기에 이어 영화부문과 무대예술부문 간의 체육경기, 이후 구성된 영화체육선수단을 발전적으로 해산하고 조직한 것으로서, 1932년 4월 25일 창건되었다는 조선인민혁명군 대원들의 수령에 대한 충실성, 불요불굴의 투쟁정신, 강한 규율성을 본받기 위해 이름 붙였다고 한다.
38) 이상 『조선전사(년표)』, 425쪽.

체육선수단은 앞으로 세계축구선수권대회에서 패권"을 잡아서, "조선을 〈체육의 왕국〉으로 되게 하는데서 선구자적 역할"을 하라고 주문했다. 이를 위한 과업으로서 4·25체육선수단은 당의 유일사상체계를 튼튼히 세우고 수령을 따르며 당의 명령과 지시를 무조건 끝까지 관철"하는 것과 "대오의 사상 의지적 단합"을 이룩하는 것, "완강한 투지와 인내력"을 키우는 것, "개인기술을 높이기 위해 적극 노력"하는 것, "모든 면에서 본보기"가 되는 것 등을 제시했다. 이어 "앞으로 선수들을 자주 교체하지 않을 것"이라면서, "국내외 경기에서 심판에 관계없이 실력으로 이기고 도덕적으로 이겨야" 한다고 말하고, "선수치료 및 체육기재 등을 아낌없는 지원"하겠다고 약속했다. 김정일이 스포츠 종목을 통한 국위선양을 우선시한 점은 그동안 국방체육 중심의 대중체육을 강조해 온 김일성의 발언과 차별되는 점이다. 이처럼 북한의 체육사업은 1970년 5차 당 대회를 기점으로 김일성이 주도했던 대중체육 중심에서 김정일이 주도하는 종목체육 중심으로 점차 변화되어 갔다.

(3) 국방체육을 위한 사업 정비 내용

= 체육간부(교원, 지도원), 체육선수, 경기심판원 양성사업

1960년대 초반 체육간부 양성사업은 전인민적 체육을 위한 체육교원, 훈련지도원 교육에 집중되었지만, 후반에는 국방체육 위주로 대중체육을 지도하기 위한 간부 양성에 집중되었다. 1962년 내각 결정 제57호에 따라 평양체육대학과 각 도 체육간부양성소, 각 사범대학과 교원대학에 체육과가 설치되었다. 이곳에서, [표 5-6]과 같이, 수많은 체육교원과 훈련지도원, 선수들이 양성되었다. 1962년에만 평양체육대학 및 각 도 체육간부양성소에서 4,500여 명의 체육간부들이 새로 양성되거나 재교육되었다. 1962년 유급선수 양성 사업은 전년에 비해 161% 증가했다. 그 중 명수급 기준 돌파자는

252%, 1급 선수 등급 기준 돌파자는 127% 증가했다.[39] 1963년에는 전년보다 15,000여 명이나 많은 체육간부와 선수후비들을 양성했다.[40] 1964년에도 수천 명의 체육교원, 훈련지도원, 선수들을 양성했다. 체육간부는 전년에 비해 20% 더 양성했다.[41] 1967년에는 한 해 동안 수만 명의 체육선수와 체육애호가들이 육성되었다. 체육인들은 체육대학 양성반에서 매 분기마다 수십 명씩 재교육을 받았다. 또 부문별 강습, 방식상학 등도 자주 조직되었다. 체육대학을 비롯한 각 도 사범대학, 교원대학들은 체육간부, 특히 체육교원들이 체계적으로 육성되었다. 1967년 졸업생수는 1966년의 약 1.5배에 달했다.[42]

경기심판원 양성사업도 1960년대 전반기에 집중되었다. [표 5-7]에서 보는 것처럼, 1961년 공화국심판원 84명, 도급 심판원 1,086명, 시·군급 심판원 2,533명이 재교육을 받았다.[43] 1962년에 도·시·군 심판원들이 전년보다 19% 많이 양성되었다.[44]

[표 5-6] 1962~1969년 체육간부와 체육선수 양성 현황

연도	체육간부		체육선수
	체육교원	훈련지도원	
1962년	4,500명 신규양성/재교육		유급선수 전년대비 161%증가
1963년	전년대비 15,000명 증가		
1964년	수천 명 양성(체육간부는 전년대비 20% 증가)		
1967년	수만 명 양성(체육교원은 전년대비 1.5배 증가)		

출처:『조선중앙년감 1963년판』, 254쪽;『조선중앙년감 1964년판』, 223쪽;『조선중앙년감 1965년판』, 191쪽;『조선중앙년감 1968년판』, 198쪽.

---

39)『조선중앙년감 1963년판』, 254쪽.
40)『조선중앙년감 1964년판』, 223쪽.
41)『조선중앙년감 1965년판』, 191쪽.
42)『조선중앙년감 1968년판』, 198쪽.
43)『조선중앙년감 1962년판』, 283쪽.
44)『조선중앙년감 1963년판』, 254쪽.

[표 5-7] 1961~1962년 경기심판원 양성 현황

연도	공화국 심판원	도급 심판원	시·군급 심판원
1961년	84명	1,068명	2,533명
1962년			19% 증가

출처: 『조선중앙년감 1962년판』, 283쪽; 『조선중앙년감 1963년판』, 254쪽.

= 체육단체, 청소년체육학교(구락부)

체육단체는 1961년에 [표 5-8]과 같이 크게 증가했다. 2급 팀의 경우를 보면, 전년에 비해 축구는 35개에서 111개 팀으로, 롱구(남녀)는 36개에서 130개 팀으로 급증했다. 특히 이전에 없었던 송구는 11개 팀, 투구는 5개 팀이 새로 조직되었다. '전문체육단체'에는 강철체육협회, 풍년체육협회, 천리마체육협회, 번개체육협회, 기관차체육협회들이 있었다. 체육활동의 기층조직의 기능을 담당하는 '체육단체'는 908개가 있었다. 여기에 1,070,505명의 근로자와 청소년학생(그 중 여성은 471,266명)들이 활동했다. '청소년체육학교'는 150여 개가 있었다. 여기에 28,000여 명의 청소년들이 선수후비로 육성되었다. 각 도 소재지와 중요 산업지대에 설치된 사격, 해양통신, 자동차, 뜨락또르, 항공 등 '(국방)구락부'들과 '크루쇼크'에서도 수만 명의 청소년들이 선수후비로 육성되었다.[45] 1962년에는 수십 개의 '1급 선수단'이 활동했다. 구기종목을 비롯한 17개 종목에 590개의 '2급 선수단'이 있었다. 각 지역의 공장, 기업소, 기관들에 조직된 수백 개의 '3급 선수단'들도 있었으며, 여기에 수만 명의 젊은 체육인들이 활동했다. 군중체육의 기층 조직인 '초급체육단체'는 9,097개가 있었다. 여기에 1,370,690명의 근로자와 청소년학생들이 포함되었다. 1962년 선수후비 양성기관인 '청소년체육학교'가 시·군소재지와 공장, 기업소, 학교에도 조직되었다. 이들 청소년체육학교는 1962년 당시 1960년인 2년 전보다 8.3배 증가했다. 이곳에서 수십만 명의 청소

---

45) 『조선중앙년감 1962년판』, 283~284쪽.

년학생들이 활동했다. 각 도 소재지와 중요 산업 지대에 설치된 사격, 해양, 통신, 항공, 자동차, 뜨락또르 등 각종 '구락부와 크루쇼크'에도 수만 명의 청소년들이 활동하면서 선수후비로 성장했다.46) 1964년에는 선수후비를 더 많이 육성하기 위한 사업이 진행되었다. 각 협회와 도(직할시) 체육지도위원회들이 도·시·군 청소년체육학교와 각급 학교, 공장, 기업소의 체육사업에 대한 지도를 강화했다. 동서해안의 해양 '구락부' 등에서도 수만 명의 체육선수, 체육애호가, 체육열성자들을 육성했다.47)

1965~1966년에도 여러 종목을 포함하는 수백 개의 '체육구락부'가 운영되었다. 공훈체육인, 체육명수, 유급체육지도원, 체육전문가들이 구락부생들에 대한 교수훈련 지도를 담당했다. 전국의 체육구락부들은 매년 유능한 선수후비들을 양성했으며, 지방의 체육기술 보급의 거점 역할을 담당했다.48) 1967년에도 '체육단'이 추가 설립되었다. 1966년도에 비해 거의 2배에 이르렀다. 1967년 말 현재 북한에는 '2·8, 평양시, 압록강, 기관차, 로동자, 제비, 갈매기, 월비산, 매봉산, 오성산, 반룡산, 묘향산'의 체육단들과 '두만강, 초병, 각 도' 체육단들이 있었다. 전국의 '체육구락부'에서 배출된 천여 명의 선수후비들이 각급 '체육단' 선수로 충원되었다. 각급 학교 '체육소조'에서도 선수후비들이 육성되었다.49)

---

46) 『조선중앙년감 1963년판』, 253~254쪽.
47) 1963년 12월 19일과 12월 21일 김일성이 교시한 내용에 따라 각급 체육기관과 체육단체들이 체육의 물질기술적 토대도 갖춰나갔다고 한다. 이상의 내용은 『조선중앙년감 1965년판』, 190~192쪽.
48) 『조선중앙년감 1966~67년판』, 245쪽.
49) 『조선중앙년감 1968년판』, 198~199쪽.

[표 5-8] 1960~1968년 체육학교(구락부) 현황

연도	현황
1960년	2급팀(축구 35개, 롱구(남녀) 36개)
1961년	2급팀(축구 111개, 롱구(남녀) 130개, 송구 11개, 투구 5개)
	전문체육단체(강철/풍년/천리마/번개/기관차 체육협회)
	체육단체(908개, 1,070,505명(여성 471,266명 포함))
	청소년체육학교(150여개, 28,000명)
	국방구락부/크루쇼크(사격/해양통신/자동차/뜨락또르/항공 등) 수만명
1962년	초급체육단체 9,097개, 1,370,690명; 1급(수십개)/2급(17개 종목 590개)/3급(공장/기업소/기관 수백 개), 시/군 소재지, 공장/기업소/학교에 조직, 1960년보다 8.3배 증가
	도 소재지, 중요 산업지대에 조직, 국방구락부/크로쇼크(사격/해양/통신/항공/자동차/뜨락또르) 수만 명
1964년	지도강화, 국방구락부/크르쇼크에서 수만 명 양성
1965~66년	수백개 체육구락부 운영
1967년	수 많은 체육단 조직 활동(2.8/평양시/압록강/기관차/로동자/제비/갈매기/월비산/매봉간/오성산/반룡산/묘향산/두만강/초병/각 도체육단) (전년대비 2배 증가)
	체육구락부 1천 여명 후비 양성, 각급 학교 체육소조에서도 후비 양성
1968년	각 도 체육단. 중앙급 체육단에서 유일사상 강조

출처: 『조선중앙년감 1962년판』, 283~284쪽, 『조선중앙년감 1963년판』, 253~254쪽, 『조선중앙년감 1965년판』, 192쪽, 『조선중앙년감 1966~67년판』, 245쪽, 『조선중앙년감 1968년판』, 198~199쪽.

= 국방체육구락부, 국방체육경기대회

1967년 9월부터 각 도마다 3~5개의 '국방체육구락부'가 새로 설치되었다. 기존의 청소년체육구락부와 별도로 운영되었다. 이곳에서는 청소년들을 대상으로 군사기술기재를 다룰 수 있는 초보적인 군사지식을 보급했다. 인민학교, 고등중학교, 전문학교 학생 만여 명이 과외시간에 참여했다. 사격, 모형항공, 모터찌클, 자동차, 뜨락또르, 무선통신 등을 전문적으로 배우도록 하였다. 각 도와 일부 시·군의 '해양체육구락부'에서는 해양체육선수후비를 양성했다.[50] 1969년에도 국방체육구락부와 국방체육소조들이 많이 조직되

었다. 군사기술기재에 의한 다양한 '군사실용체육'도 보급했다. 전인민적인
방위체계의 확립에 기여하고자 했다.[51] 1960년대 후반 국방체육구락부 현
황은 [표 5-9]와 같았다.

　당시 국방체육구락부의 구체적인 활동은 다음과 같았다.[52]

[사례1]
평양시 보통강구역 '국방체육구락부'에서는, 무선통신 2개조와 자동차,
륙상조에 150여 명의 청소년학생들이 참여했다. 구락부 교직원들은 구
역 당위원회의 지도 밑에 구락부를 청소년들에 대한 교육교양 학교로
꾸려 나갔다. 무선통신과 자동차 부속과 기재들은 자력갱생의 정신으로
해결했다. 여러 가지 륙상훈련 기재들도 장만했다. 건전지, 교환기, 자
동송신기 등 600여 개의 기구와 기재들도 갖춰 훈련에 활용했다. 그 결
과 무선통신조에서 훈련한 학생들은 단기간에 문자통신 160호, 후자수
신 150부호를 이뤄 모두 1급 수준에 도달했다.

[사례2]
안변군 '체육구락부'에서는, 1968년 8월 공화국 창건 20돌을 앞두고 군내
기관, 기업소, 협동농장별로 '강행군경기, 고지점령경기, 비상소집훈련
경기, 장애물극복경기' 등 13개 종목의 경기를 진행했다. 국방체육을 위
주로 하는 체육을 대중화하기 위한 목적에서였다. 이를 통해 무선통신
소조는 13개 학교에서, 모형항공소조는 16개의 학교에서 활성화되어 많
은 선수후비들을 키워냈다. 구락부생들의 훈련 결과는 판정검열, 기록
측정, 경기대회를 통해 평가되었다.

　1969년 4월 '국방체육구락부 지구별경기대회'가 처음으로 열렸다. 대회에
서는 '무선통신, 뜨락또르, 사격, 모형활공기, 활쏘기, 격검 등 7개 종목'에
걸쳐 '119개 단체에서 1,300여 명의 선수'들이 참가했다. 특히 모형항공경기

50) 『조선중앙년감 1968년판』, 198쪽
51) 『조선중앙년감 1970년판』, 303쪽.
52) 조남훈, 『조선체육사2』, 206~208쪽.

에 참가한 100명의 선수들이 높은 점수를 기록했다. 모형항공기 ㅎ-2급에 참가한 평양시 선수들의 평균기록은 종합 869점이었다. 1969년 8월 3일부터 17일까지 진행된 '제8차 전국체육구락부생 경기대회'에 13개조에서 2,600여 명의 선수들이 참가했다. 장거리 류상선수들이 30km, 5,000m, 10,000m달리기 기록을 갱신했다.

국방체육기술이 발전하면서 많은 국제기록과 공화국신기록이 수립되었다. 1969년에 진행된 '일당백상쟁탈경기, 만경대컵쟁탈경기, 보천보홰불상쟁탈경기, 공화국선수권대회에서 '모형항공, 락하산, 활공기, 사격, 무선통신, 궁술, 격검, 모터찌클, 조정, 요트' 등 여러 종목에서 43개의 공화국 신기록이 수립되었다. 1969년 7월 모스크바에서 진행된 '사회주의국가국제모형항공경기대회,' 10월에 국내에서 진행된 웰그리아와의 '모형항공친선경기대회'에서도 각각 1위를 차지했다. 같은 해 6월 뽈스까에서 진행된 '국제궁술경기대회'에서도 12개 참가 팀 가운데 종합단체에서 1위를 차지했다. 뽈스까와의 친선궁술경기에서는 단식 종합 남녀 1, 2, 3위를 모두 차지했다. 같은 해 10월 평양에서 열린 몽골와의 친선경기에서도 단체와 개인 모두 남녀 1위를 차지했다.[53]

[표 5-9] 1967~1969년 **국방체육구락부** 현황

연도	현황
1967년	각 도에 3~5개 국방체육구락부 신설, 초보 군사지식 교육
	과외시간에 인민/고중/전문학교 학생 만여 명, 사격/모형항공/모터찌클/자동차/뜨락또르/무선통신 교육
	각 도 및 일부 시, 군에 해양체육구락부, 후비 양성
1969년	국방체육구락부 및 국방체육소조 널리 조직

출처: 『조선중앙년감 1968년판』, 198쪽, 『조선중앙년감 1970년판』, 303쪽.

---

53) 『조선중앙년감 1970년판』, 303쪽.

= 체육시설 확충, 체육과학 연구, 인민/공훈체육인

체육시설기자재 확충 사업도 [표 5-10]에서 보는 것처럼 1960년대 전반기에 집중되었다. 1961년 당시 북한에는 비교적 규모를 갖춘 86개의 경기장과 4,188개의 운동장, 8개의 체육관, 152개의 체육실, 28개의 정규 수영장과 120개소의 간이수영이 있었다.[54] 1962년 말까지 14개의 체육관과 수많은 경기장과 정규 수영장들이 갖춰졌다(축구장 3,177개, 롱구장 4,600개, 배구장 3,608개, 정구장 1,399개, 탁구장 3,647개, 씨름장 6,035개, 1,535개의 간이 및 정규수영장, 121개의 체육실). 특히 혁명전적지 삼지연에 총연장 54km의 스키장이 1962년에 완공되었다. 삼지연스키장에는 수백 명을 수용할 수 있는 아동궁전체육관도 신축되었다.[55] 1963년 말 현재 정규경기장 170개, 체육관 29개, 체육실 354개, 수많은 경기장(축구장 3,286개, 롱구장 5,452개, 배구장 8,115개, 정구장 2,172개, 탁구장 4,850개, 씨름장 5,930개)과 정규 및 간이수영장 1,750개, 그네장 3,844개가 있었다.[56] 1964년 축구장 555개, 롱구장 2,255개, 배구장 5,632개, 정구장 677개, 씨름장 2,534개, 탁구장 4,004개, 정규 및 간이수영장 564개, 그네장 1,383개를 더 신설했다.[57]

체육과학연구에서는 "주체를 세우기 위한 투쟁을 통하여 우리 선수들의 사상의지적 및 체질적 특성에 맞는 독특한 기술과 전술체계를 새롭게 만들어내는데 힘을 넣어 나라의 체육기술발전에 이바지"하도록 했다고 한다. 그 결과, "배구에서 진인공격, 전인방어와 낮고 빠른 공략(=볼 패스)에 의한 타격 및 속도전술, 축구에서 전면공격과 전면방어에 의한 속도전술, 레스링에서 공격전술 그리고 스케트에서 낮은 자세에 의한 옆으로 강하게 밀어차기와 곡선활주기술의 련마" 등 북한 선수들의 "강의하고 빠른 체질에 맞는

---

54) 『조선중앙년감 1962년판』, 284쪽.
55) 『조선중앙년감 1963년판』, 253쪽.
56) 『조선중앙년감 1964년판』, 223쪽.
57) 『조선중앙년감 1965년판』, 191쪽.

기술 및 전술적 수법들을 연구 완성"했다고 한다.[58]

[표 5-10] 1961~1964년 체육시설 정비 및 신설 현황

연도	경기장	운동장	체육관/체육실	수영장/간이수영장	스키장/그네장
1961년	86(정규)	4,188	8/152	28/120	
1962년	축구장 3,177개, 롱구장 4,600개, 배구장 3,608개, 정구장 1,399개, 탁구장 3,647개, 씨름장 6,035개		14/121	1,535	삼지연스키장 신설
1963년	170(정규) 축구장 3,286개, 롱구장 5,452개, 배구장 8,115개, 정구장 2,172개, 탁구장 4,850개, 씨름장 5,930개		29/354		
1964년	축구장 555개, 롱구장 2,255개, 배구장 5,632개, 정구장 677개, 씨름장 2,534개, 탁구장 4,004개			564개 신설	그네장 신설 1,358개

출처: 『조선중앙년감 1962년판』, 284쪽; 『조선중앙년감 1963년판』, 253쪽; 『조선중앙년감 1964년판』, 223쪽; 『조선중앙년감 1965년판』, 191쪽.

1960년 11월 11일 최고인민회의 상임위원회는 '공훈체육인' 칭호를 제정했다. 당시 공훈체육인은, [표 5-11]에서 보는 것처럼, 1961년에 신금단, 신영규, 연승철, 조병걸, 최기철 등 5명을 지정했다. 같은 해 '국가훈장과 메달 수여자'는 총 285명이었다.[59] 1962년 새로 12명의 체육인들이 공훈체육인 칭호를 받았으며, 체육명수는 전년에 비해 1.1배 증가했다.[60] 1963년에는 64명의 선수들이 공화국 체육명수 칭호를 받았다.[61] 1966년 10월 8일 최고인민회의 상임위는 '인민체육인' 칭호를 결정했다. 수여 대상은 "불굴의 투쟁정신과 높은 체육기술을 발휘하여 나라의 체육사업 발전에 특출한 공훈을 세워 인민들의 사랑과 존경을 받는 체육인들"이었다.[62]

---

58) 『조선중앙년감 1970년판』, 303쪽.
59) 『조선중앙년감 1962년판』, 282쪽.
60) 『조선중앙년감 1963년판』, 254쪽.
61) 『조선중앙년감 1964년판』, 223쪽.
62) 『조선전사 (년표)』, 321, 378쪽.

[표 5-11] 1960년대 공훈체육인/체육명수/국가훈장 현황

연도	공훈체육인	체육명수	국가훈장/메달	인민체육인
1961년	신금단/신영규/연승철/조병걸/최기철 등 5명		285명 수여	
1962년	12명 추가	전년대비 1.1배 증가		
1963년		64명 추가		
비고	1960년 제정	1956년 제정		1966년 제정

출처:『조선중앙년감 1962년판』, 282쪽;『조선중앙년감 1963년판』, 254쪽;『조선중앙년감 1964년판』, 223쪽;『조선전사(년표)』, 321, 378쪽.

2. 국가발전 시기 대내 체육활동

1960년대 국가발전 시기 북한체육의 대내활동은 전반기에 학교체육 강화와 학생체육대회 활성화, 집단체조 수준 향상과 인민체력검정 강화로, 후반기에 집단달리기와 생산결부 대중체육 확산, 체육기술 향상과 국방체육종목 발전에 집중되었다. 이 가운데 학교체육은 학교체육사업의 개선 강화 조치와 학생체육대회 확대, 그리고 전투적 명칭의 사용 등으로 구체화되었다.

1) 학교체육, 집단체조, 인민체력검정, 답사행군달리기

(1) 학교체육 강화와 학생체육대회 확대

= 학교체육 강화

1960년대 전반기에 북한은 학교체육사업을 강화했다. 1962년 5월 3일 청소년 교양사업을 개선 강화할 데 대한 김일성의 교시가 나온 이후부터 각급 학교에서 체육사업이 활발하게 진행되었다. 인민체력검정을 비롯한 여러 가지 군중체육 활동을 폭넓게 조직했다. 당시 북한이 학교체육에 중점

을 둔 이유는 학생 수가 전체 인구에서 차지하는 비중이 적지 않았기 때문
이다. 이들 학생들을 통해 전인민적인 운동으로 체육을 확산시키고자 했다.
각급 학교에서는 체육수업과 과외체육 시간에 륙상, 체조, 수영 등 기본 종
목과 함께 각종 구기, 민족체육, 국방체육을 활발하게 진행했다. 여학생들
에게는 '예술체조와 체육무용'을 보급했다.[63] 1965년 7월 26일 김일성은 평
안북도 삭주군(당시 청성군) 청수중학교를 현지 지도하면서 학생들의 간단
한 체육무용을 관람했다. 이후부터 이 학교를 모범으로 체육무용을 발전시
키도록 했다. 전국의 학교에서는 '체육무용과 예술체조'를 강화하는 것이
청소년학생들의 체력 향상에서 중요한 문제로 간주되었다. '산간지대, 벌지
대, 중간지대, 도시와 농촌 등 지대적 조건과 학생들의 나이, 체질, 정서적
특성'에 맞게 다양한 형식과 내용으로 보급했다.[64]

계절별 운동을 장려했다. 여름철 체육으로는 수영이 널리 보급되었다.
각급 학교와 지방에서는 그 지역의 유휴 자재를 동원하여 수영장을 만들어
근로자들과 청소년들 사이에 수영을 보급했다. 평양시의 릉라도, 량각도,
강원도의 송도원, 함남도의 서호 등을 비롯해 전국 각지에서 수영장들과
유영장들이 새로 확장되거나 정비되었다. 근로자들과 청소년들이 '해수욕
과 수영, 조정, 단정, 욧트, 까노' 등으로 체력을 단련하게 했다. 겨울철 체
육종목인 '빙상, 스키, 스케트, 썰매, 빙상호케이' 등도 보급했으며, '설상행
군'을 비롯한 집단적인 체육활동들도 진행했다.[65]

---

63) 『조선중앙년감 1963년판』, 252~253쪽.

64) 『광명백과사전』, 165쪽. 북한에서 체육무용은 "체육과 무용이 결합되어 이루어진
무용"으로 설명한다. 『김정일선집 제10권』, 357쪽. 일정한 주제·사상적 내용에
맞는 체조동작과 무용율동이 결합되어 있는 무용의 한 종류를 말한다. 『조선대
백과사전 제21권』 (평양: 백과사전출판사, 1996), 421쪽.

65) 당시 평안남도 문덕군 룡담중학교에서는 학교 옆에 흐르는 수로를 막아 수영장
을 만들었다. 8월 마지막 주 토요일마다 분단 대항 수영경기대회를 조직하여 학
생들에게 수영기술을 익히면서 집단주의 정신과 인내력을 배양했다. 그 결과 이
학교 학생들은 1961년부터 해마다 군 대표로 각종 '수영경기대회'에 출전해 1965
년까지 계속 1위를 차지했다. 한편 당시 자강도 랑림고등농업학교는 '스키집단행

학교체육도 활발해졌다. 평안북도 정주군 동문고등중학교에서는 군 병원의 협조 아래 전체 학생들에 대한 '신체검사'를 실시했다. 이를 토대로 학생마다 적합한 체육활동을 보급했다. 과외시간에는 학급별로 체육활동을 실시했다. '체육의 날'에는 여러 종목의 '학급대항경기'를 조직했다. 이때 모든 학생들이 한번은 꼭 참가하도록 했다. 경기 종목은 '달리기, 헤엄, 체육무용, 뜀줄운동, 바줄당기기, 수류탄던지기, 현수, 등반봉운동, 송구, 호케이' 등이었다. 또 '하루 1시간' 체육활동과 교내 '체육의 날'을 정상적으로 운영했다.[66] 학교체육이 활발해지면서 수많은 체육선수후비들이 배출되었다. 1962년도에는 '전국고등기술학교체육대회'와 '전국대학생체육축전'에 5,000여 명의 선수가 참가했다. 이 가운데 대다수가 3급 선수 이상의 기준을 돌파했다.[67]

1967년부터는 국방체육 중심의 과외체육을 강화했다. '등반봉오르내리기, 수영도하훈련, 강행군, 산야횡단, 군사체육유희' 등 국방체육을 기본으로 하는 체육종목들을 전체 학생에게 보급했다. 각급 학교에서는 명절과 기념일을 계기로 체육경기행사를 1년에 1~2회 조직하게 했다. 체육소조도 매주 2~3회 정도 운영하게 했다.[68] 1968년에도 각급 학교에서 '혁명전적지달리

군'을 하는 도중에 벼랑, 올리막, 외나무다리 등 어려운 지형지물들을 극복하도록 했다. 목적지에 도착하면 '고지점령유희', 바줄당기기, 작식경기 등 국방체육종목을 포함한 학급대항 체육경기와 함께 급회전, 급정지, 장애물극복 등 스키타기를 진행했다. 돌아오는 길에도 소대간 스키활주경기를 했다. 이들은 일정한 시간 간격을 두고 출발한 소대가 한 사람의 낙오자도 없이 제일 빠른 시간 안에 도착하는 차례대로 순위를 결정했다. 이 학교 학생들은 전국 스키경기대회에서 54개의 메달과 종합우승기 3개, 종목별 우승기 34개를 획득했다. 랑림군내 학생들은 해마다 인민체력검정에서도 참가자 100%가 합격하는 등 전국적으로 1위를 기록했다. 조남훈, 『조선체육사2』, 187~188쪽.

66) 그 결과 이 학교 학생들은 1960년부터 1964년까지의 인민체력검정에 100% 합격하였으며 같은 해 여름 '군 소년단 야영기간'에 16개 참가 학교 가운데 '지덕체 종합평가'에서 1위를 차지했다고 한다. 조남훈, 『조선체육사2』, 189~190쪽.

67) 『조선중앙년감 1963년판』, 253쪽.

68) 당시 천리마창덕학교, 천리마만경대중학교, 삼흥중학교를 비롯한 많은 학교들에

기, 집단체조, 철봉, 너비뛰기, 높이뛰기, 수영, 스케트, 국방체육' 등을 실시했다. 이들 체육종목들로부터 학생들을 로동과 국방에 튼튼히 준비시키고자 했다.[69] 1969년부터 '생산과 결부된 체육'과 '키크기운동'을 실시했다. '체육이 교육 및 생산과 결부'되어야 한다는 방침에 따랐다. 당시 천리마북청고등원예전문학교, 천리마평양안학중학교, 안변중학교등에서 생산과 결부된 체육활동을 활발히 전개했다. 천리마해주혁명학원, 평양신흥중학교 등은 '키크기운동'으로 학생들의 키가 평균보다 훨씬 높게 되었다. '키크기운동'이 대중적으로 전개되면서, '토요체육의 날,' '국방체육의 날'에도 '철봉, 특목, 배구, 롱구, 예술체조, 체육무용, 달리기운동' 종목들이 장려되었다. '키크기 학년별경기'와 함께, 키 크기 운동에 대한 체육과학 연구사업도 강화되었다.[70] '체육소조'에 학생들이 적극 참여하도록 했다. 학교에서는 '모형항공기, 무선통신' 등 국방체육 종목 소조와 '체조, 륙상, 혜염, 축구, 배구, 롱구' 등 일반체육 종목의 소조들이 함께 조직되었다. 소조는 월별, 주별, 일별 계획에 따라 체육훈련을 실시했다. 학교와 학교 사이, 공장기업소의 체육소조와 학교소조 사이의 경기들을 자주 조직하게 했다.[71]

시 남자들은 '봉체조', 녀자들은 '예술체조'를 매일 30분씩 진행하였다. 『조선중앙년감 1968년판』, 198쪽.

69) 『조선중앙년감 1969년판』, 293쪽.

70) 『조선중앙년감 1970년판』, 301~302쪽.

71) 당시 강원도 원산시 조군실고등기계공업학교에서는 이 학교 축구선수였던 조군실 영웅의 이름을 가진 '축구소조' 등 모두 19개의 체육소조를 운영했다. 축구소조는 1주 3회씩, 1개월에 1차씩 시내 다른 학교나 공장, 기업소의 축구소조와 경기를 벌여 체육기술을 연마했다. 배구, 롱구, 탁구, 야구소조들도 이를 따라 한 결과 야구소조가 전국고등기술학교 체육대회에서 우승했다. 이 학교는 또 '7~8월 수영보급월간'에 해양구락부와 연계하여 바닷가에서 야영을 하며 혜염, 조정, 까누 등 해양체육훈련을 실시했다.. 학교에서는 먼저 청소년학생들에게 혜염을 가르친 뒤 강건느기경기를 많이 조직했는데 여기에는 개인별강건느기, 집단강건느기, 이어달리기식강건느기, 물속의 보물찾기 등의 형식이 있었다. 그 결과 이 학교 해양체육소조원들이 8.15해방 20돐 기념 '해양체육경기대회'에서 우승을 차지했다. 조남훈, 『조선체육사2』, 209~210쪽.

= 학생체육대회 확대

1960년대 후반에는 학생체육대회가 다양하고 규모 있게 진행되었다. 1968년 10월 공화국 창건 20돐 경축 '전국중학생체육대회', 1969년 4월 '전국중학교학생소년체육대회', 1969년 10월 체육절 제정 20돐 기념 '전국대학생체육축전' 등을 진행했다. 대회에서 청소년학생들은 과외체육활동을 통해 단련된 체력과 높은 체육기술을 과시했다. 1969년 10월 5일 평양에서 진행된 '전국대학생체육축전'(1962년 10월 14일부터 시작)에는 전국 대학에서 지구별 예선경기를 거친 전국 대학생 2,500여 명이 참가했다. 국방체육, 민족체육, 자전거 등 11개 종목에서 20명의 선수들이 대학생대회 새기록을 수립했다. "학생들을 지덕체를 겸비한 유능한 사회주의, 공산주의 건설자로 키우며 수령과 당에 끝없이 충실한 혁명가로 키우는데 있어서 커다란 의의를 가졌다"는 말로 그 의미를 설명했다.[72] 1960년대 후반 체육경기 명칭은 전투적, 혁명적 구호를 사용했다. 경기종목들도 국방체육 중심으로 진행되었다. 1969년부터 김일성 생일을 기념하는 '만경대상 경기대회', 인민군 창건을 기념하는 '일당백상 경기대회', 보천보전투 승리를 기념하는 '보천보홰불상 경기대회', 조국통일의 염원을 반영한 '조국통일 마라손경기대회' 등의 종목별 경기대회를 진행했다.[73]

(2) 집단체조 수준 향상

1960년대 초반 집단체조의 규모와 내용, 형식이 크게 향상되었다. 1961년도에 들어서면서 각급 학교에서 당 정책을 반영한 여러 가지 작품들을 창작했다. 1961년 5월 7일 비날론공장 준공을 경축하는 함흥시 청소년학생들

---

72) 조남훈, 『조선체육사2』, 223쪽.
73) 『조선중앙년감 1970년판』, 303쪽.

의 집단체조 〈승리자의 명절〉은 지방 도시에서 처음으로 진행된 대규모 공연이었다. 같은 해 6월 6일 조선소년단 창립 15돐 기념식에 평양시 소년들이 집단체조 〈공산주의건설의 후비대〉를 공연했다. 같은 해 8월 16일에도 8.15해방 16돌을 기념하는 평양시 청년학생들이 집단체조 〈8월의 명절〉을 공연했다. 특히 같은 해 9월 19일 제4차 당 대회를 경축하는 집단체조 〈로동당시대〉는 27,000여 명의 청년학생들이 출연한 대작이었다.[74] 조선체육지도위원회는 각 도 체육지도위원회 일군들과 체육교원들을 대상으로 집단체조 창작과 훈련 방법에 대한 강습회를 열었다. 전국 규모의 집단체조 경연대회도 조직했다. 1962년 중앙과 도 단위에서 47번의 강습회를 실시했다. 여기에 6,200여 명의 지도교원들이 참가했다. 집단체조 교과서와 안무 도안을 만들어 지방에 배포했다.

그 결과 1962년 전국 101개 시·군에서 55만 여명의 청소년들이 집단체조 공연에 참가했다. 3년 뒤인 1965년에는 1,500여 개 학교와 시·군에서 집단체조 공연이 조직되었다. 집단체조 지도자 수가 급격히 늘어나면서, 중앙이나 도뿐만 아니라 시·군 소재지와 각급 학교단위에서도 자체적으로 집단체조를 진행할 수 있게 되었다.[75]

1960년대 후반에는 집단체조에 국방경제 병진노선 등 당의 노선이 형상화되었다. 대표적인 작품으로는 〈천리마조선〉과 〈혁명의 시대〉가 있었다. 〈천리마조선〉은 1963년 9월 공화국 창건 경축 행사와 1967년 10월 체육절

74) 『조선중앙년감 1962년판』, 282쪽; 북한은 김정일이 이 시기 '집단체조의 사상주제적 핵'을 밝혀주었고, 집단체조의 형상 수단들인 체조대, 배경대, 음악에서 혁신을 일으킬 방향과 방도를 가르쳐 주었다고 설명하고 있다. 그 덕에 1961년 9월 조선로동당 제4차 대회를 경축하는 집단체조 〈로동당시대〉와 〈천리마조선〉, 〈혁명의 시대〉 등이 창작 공연될 수 있었다고 한다. 『광명백과사전』, 165쪽; 김정일은 1960년 9월 1일 김일성종합대학 경제학부 정치경제학과에 입학했으며, 당시 김일성의 현지지도 사업에도 동행하였다(1962년 6월 21~30일 평북 일대 창성군과 삭주군 등). 이찬행, 『김정일』, 연대기 1066쪽 참조.
75) 『조선중앙년감 1963년』, 253쪽; 『조선중앙년감 1966년판』, 245쪽.

기념행사, 1968년 9월 공화국 창건 20돐 경축 행사로 진행되었다. 〈혁명의 시대〉는 1965년 10월 10일 당 창건 20돐 경축 행사와 1967년 5월 5·1절 경축 행사로 공연되었다. 특히 〈천리마조선〉은 "당의 경제정책과 인민대중의 통일단결, 그리고 인민의 로력 투쟁 모습을 세련된 체육기교와 고도의 조직성으로 잘 형상화"한 점이 인정되어 '인민상'이 수여되었다.[76] 지방에서도 국가명절이나 기념일에 집단체조를 공연했다. 대표적으로는 청진에서 공화국 창건 14돐을 경축하여 진행한 집단체조 〈빛나는 우리 조국〉, 혜산에서 진행한 8·15해방 18돐 경축 집단체조 〈로동당기치따라〉, 신의주에서 진행한 8·15해방 19돌과 공화국 창건 16돐 경축 집단체조 〈압록강반의 노래〉 등이 있었다. '해양집단체조, 스키집단체조, 빙상집단체조' 등 다양한 형식으로 진행되었다.[77] 1962년 2월 8일 스키집단체조 〈보천보의 횃불〉이 장진스키장에서 처음 공연되었다. 같은 해 8월 27일 신포시 3,000여 명의 청소년학생들이 해양집단체조 〈바다는 청년들을 부른다〉를 공연했다.[78] 1964년 2월 2일에는 당시 평양서성중학교 학생 2,200여 명이 출연한 빙상집단체조 〈로동당시대의 아들딸〉을 공연했다. 같은 시기 함주군 학생 1,500여명도 빙상집단체조 〈자력갱생〉을 공연했다.[79]

북한은 집단체조가 학생들을 집단주의 정신으로 교양하는 수단으로 인식했다. 체력을 단련시키는 한편 근로자들을 교양하기 위한 목적으로도 활용했다. 나라의 대외적인 권위를 높이기 위한 것이기도 했다. 체육과 정치, 체육과 예술이 배합된 종합적인 체육활동으로 인식했기 때문이다. 북한은 각 학교들이 집단체조의 한 부문씩을 맡아 전문적으로 훈련하도록 했다. 청소년학생들이 짧은 기간에 집단체조를 완성할 수 있도록 하기 위해서였

---

76) 조남훈, 『조선체육사2』, 211~212쪽.
77) 『광명백과사전』, 165쪽.
78) 『조선중앙년감 1963년판』, 253쪽.
79) 『조선중앙년감 1965년판』, 191쪽.

다. 훈련은 '기초훈련단계, 기본훈련단계, 종합훈련단계' 등 3단계로 진행되었다. 먼저 학교들이 '기초훈련'을 진행하도록 했다. 이어 그들이 담당한 부분에 대한 '기본훈련'을 하게 했다. 최종적으로 전체 학교들이 참가한 '종합훈련'에서 집단체조가 완성되도록 했다. 체조대를 맡은 학교는 기초훈련을 할 때 '대열훈련'과 함께 온 몸을 발달시키는 '체조동작'을 익히도록 했다. '대열훈련'은 줄 맞추기, 행진, 간단한 대형변화, 표식점훈련, 걸음맞춤 등이 기본이었다. 체조동작' 훈련에는 여러 부위별 맨손운동, 각종 기재운동, 기계체조, 간단한 체육유희, 걷기와 달리기 등이 포함되었다. 1969년 조선체육지도위원회는 각 도별로 집단체조 전문가들을 위한 강습회를 열었다. 지방과 학교들이 자체적으로 집단체조를 진행하도록 했다.[80] 이후 기념일과 명절에 학교단위로 집단체조가 진행되었다. 전국 195개 시·군의 2,209개 학교에서 총 1,178,500여 명의 청소년학생들이 참가했다. 특히 1969년에는 유치원에서도 집단체조가 보급되었다. 김일성 생일을 계기로 평양시와 개성시에서 '유치원집단체조'가 소개되었다.[81] 집단체조는 1969년도에 이르러 해마다 도·시·군·학교들에서 100여 만 명이 참가하는 대규모 행사로 발전하게 되었다. 1968년 7월부터 10월 말까지 공화국 창건 20돐 경축 '전국중학교 집단체조경기대회'가 진행되었다. 중학교 단위로 모든 학생들이 참가하도록 했다.[82]

집단체조는 군사학교와 군인들에게도 보급했다. 군사학교 학생들과 군인들이 집단체조를 통해 '심신을 단련하고 대담성과 용감성, 집단주의 정신'을 배양하고, '일당백의 전투력'을 지니게 하기 위해서였다. 1966년 5월 1일 인민군의 한 부대에서 부대 창립을 기념한 집단체조 〈당의 품속에서 20년〉을 공연했다. 1968년 5월 1일 인민군경비대의 한 부대에서도 부대 창립을

---

80) 이상의 내용은 조남훈, 『조선체육사2』, 210~211쪽.
81) 『조선중앙년감 1970년판』, 301쪽.
82) 『조선중앙년감 1969년판』, 293쪽.

기념한 집단체조 〈당의 보위자〉를 선보였다. 1965년 10월 11일 당 창건 20돐
경축 만경대혁명학원생들의 집단체조 〈혁명의 후비대: 만경대의 아들딸〉이
공연되었다. 특히 만경대혁명학원은 자체의 힘으로 집단체조를 조직하고
진행했다. 1967년 10월 12일에도 이 학원 학생들이 학원 창립 20돌을 기념
한 집단체조 〈혁명의 후비대〉를 공연했다. 1968년 9월 2일 남포, 해주혁명
학원 창립 10돐을 기념한 만경대, 남포, 해주혁명학원학생들의 집단체조
〈대를 이어 혁명의 꽃을 계속 피우자〉가 남포혁명학원 운동장에서 진행되
었다.[83] 1960년대 북한에서 공연된 집단체조 현황은 [표 5-12]와 같다.

[표 5-12] 1961~1970년 집단체조 공연 현황

연도	제 목	장 소	인원	비 고
1961.5.7	승리자의 명절	함흥시경기장	11,600	2.8비날론공장 준공
1961.6.6	공산주의 후비대	모란봉경기장	11,000	조선소년단창립 15돐
1961.8.15	8월의 명절	모란봉경기장	17,000	광복 16주년
1961.9.21	로동당시대	모란봉경기장	28,000	당 제4차 대회 우리식 집단체조 원형
1962.2.8	보천보의 횃불	함남장진군스키장	1,400	인민군 창건 첫 눈우(스키)집단체조
1962.8.27	바다는 청년들을 부른다	함남신포시	3,000	첫 물우(해양)집단체조
1962.9.9	빛나는 우리 조국	청진시경기장	27,000	공화국창건 14돐 청진화학섬유공장준공
1963.8.15	로동당의 기치따라	혜산		8.15해방 18주년
1963.9.9	천리마조선	모란봉경기장	37,000	공화국 창건 15주년
1964.2.	다시 한번 비약	평양		얼음우(빙상)집단체조
1964.5.2	독로강반의 새 노래	자강도	17,000	
1964.9.9	압록강반의 새 노래	평북	20,000	
1964.10.11	천리마조선	모란봉경기장	45,000	체육절 제정 15돐 첫 인민상계관작품(1965)
1964.	황금의 북청벌	북청군	12,000	
1964.	풍년든 과수산	북청군	9,000	
1964.	로동당시대 아들딸	평양서성중학교	2,200	비상집단체조
1964.	자력갱생	함남함주군	1,500	비상체조
1965.10.6	혁명의 시대	모란봉경기장	41,000	당 창건 20주년

83) 이상의 내용은 조남훈, 『조선체육사2』, 213~214쪽.

1965.10.11	혁명의 후비대 만경대의 아들딸	만경대혁명학원 운동장	10,000	당 창건 20주년
1965.	동해의 노래	함남신포시	15,000	군 단위 집단체조 전형
1967.4.12	혁명의 후비대			만경대혁명학원 20돐
1967.5.2	혁명의 시대	모란봉경기장		5.1절 기념
1968.4.	김일성원수님의 위대한 혁명사상을 따라배우자			김일성 생일 56주년
1968.9.10	천리마조선	모란봉경기장	45,000	공화국 창건 20주년
1968.	대를 이어 혁명의 꽃을 계속 피우자			남포/해주혁명학원 창립 10주년
1968.7~10.	전국중학교 집단체조 경 기대회			공화국 창건 20주년, 도별 경연 방식
1969.4.15	혁명의 요람, 만경대	평양 만경대구역	8,000	김일성 생일 57주년
1969.4.15	수령님께 충성을 맹세 합니다	평양 천리마혜산 고등의학교		김일성 생일 57주년, 스케이트 집단체조
1969.4.	김일성원수님 고맙습니다	평양		평양시 선교구역 유치원 집단체조
1970.6.1	세상에 부럼 없어라	모란봉경기장	5,000	6.1 국제아동절 20주년, 유치원 집단체조
1970.8~10.	전국중학교 집단체조 경 기대회			당 제5차 대회 도별 경연 방식
1970.11.8	로동당의 기치따라	모란봉경기장	75,000	당 5차 대회

출처: 『조선중앙년감 1962년판』, 282쪽; 『조선중앙년감 1963년판』, 253쪽; 『조선중앙년감 1965년판』, 191쪽; 『조선중앙년감 1966년판』, 245쪽; 『조선중앙년감 1969년판』, 293쪽; 『조선중앙년감 1970년판』, 301쪽; 『광명백과사전』, 165쪽; 조남훈, 『조선체육사2』, 210~211쪽, 213~214쪽; 박영정, 『21세기 북한 공연예술 대집단체조와 예술공연 <아리랑>』.

(3) 인민체력검정 발전

인민체력검정에 적극적으로 참가시키기 위한 조치들도 취해졌다. 1961년 9월 19일 내각수상 비준 제599호에 의해 인민체력검정 기준이 개정되었다. 체육이 대중화되고 체육 기술이 발전함에 따라 검정 기준을 전반적으로 높였다. 검정기준이 높아졌음에도 1961년도 인민체력검정에서는 전년보다 31,9354명이 증가한 699,420명에 이르렀다. [표 5-13]에서 보는 것처럼, 1961년 인민체력검정에는 1,080,479명(그 중 녀자 433,776명)의 근로자와 청소년 학생들이 참가했다.[84] 1963년에는 인민체력검정은 연중 사업이 되었다. 검정 결과는 합격자가 전년보다 22% 증가했다. 이들 가운데 1급과 소년급 합격자만 328,588명에 이르렀다.[85] 1964년에는 인민체력검정이 '체육의 군중화를 실현하는 육체교양체계의 기본'으로 부각되었다. 전체 근로자와 청소년들이 빠짐없이 참가하도록 했다. 합격자 수도 크게 증가했다. 1964년도 1,2급 합격자 수는, [표 5-14]와 같이, 1960년에 비해 156% 증가했고, 소년급 합격자 수도 160%로 증가했다.[86]

1965~66년에는 200여 만 명의 근로자와 청소년들이 개정된 인민체력검정에 합격했다. 당시 인민체력검정은 근로자와 청소년학생들의 체력을 보다 균형적으로 발전시키기 위해 종전의 종목과 기준을 다시 개정했다.[87] 1967년도에는 북청군 송화군을 비롯한 수많은 시·군들에서 인민체력검정 대상자 90%가 전년도보다 기준이 높아진 급들에서 합격했다. 인민체력검정에 100% 참가해 100% 합격한 학교, 기관, 기업소들이 전년에 비해 급격히 늘어났다. 북한은 당시 인민체력검정 사업의 중요성과를 "체육훈련을 국방체육활동과 밀접히 결부시켜 수검자들을 조국보위에 더욱 튼튼히 준비"시켰기 때문으로 설명했다.[88] 각급 체육지도기관들과 근로단체들은 인민체력검정 종목의 체육훈련이 인민들의 하루 일과 속에서 중요한 부분으로 정착되도록 했다.[89] 1968년도에도 생산기업소와 로동계급 속에서 인민체력검정 합격자가 크게

---

84) 『조선중앙년감 1962년』, 283쪽; 『조선중앙년감 1963년판』, 253쪽.
85) 『조선중앙년감 1964년판』, 223쪽.
86) 『조선중앙년감 1965년판』, 191쪽.
87) 『조선중앙년감 1966~67년판』, 245쪽.
88) 『조선중앙년감 1968년판』, 198쪽.
89) 각급 체육지도위원회와 근로단체들은 전국 각지의 공장, 기업소, 농촌 학교들이 북청군 사례를 모범으로 삼고 일터, 휴식터, 주택지구에 인민체력검정 종목에 해당하는 달리기구간, 너비뛰기, 높이뛰기, 수류탄던지기, 철봉, 평행봉, 등반봉 등의 설비와 기자재를 설치하도록 해서 검정 대상자들이 언제 어디서나 훈련을 할 수 있게 했다. 또 작업반과 학급 단위로 훈련조를 조직하게 하고 그 조직의 책임자 역할을 높이도록 했다. 그 결과 1966년도 인민체력검정에서 검정 종목과 기준이 대폭 상향 조정되었음에도 불구하고 1961년도에 비해 64.8% 많은 합격자를 배출했다. 조남훈, 『조선체육사2』, 199쪽.

늘어났다. 학생들은 참가자 전부가 인민체력검정 해당급에 합격했다.[90] 1969년도 검정 합격자는, [표 5-15]와 같이, 1968년에 비해 151.1%, 1967년에 비해 203% 증가했다.[91]

1968년부터 '인민체력검정집단경기대회'가 열렸다. 조선체육지도위원회는 도(직할시)내 시·군(구역)경기와 대항경기, 그리고 시·군(구역)부문별 경기를 조직했다. 시·군(구역)부문별 경기는 인근 공장, 기업소, 협동농장, 중학교, 고등기술학교, 사무기관들 사이나 규모가 비슷한 단체들 간에 경기를 진행하도록 했다. 채점방식은 단체들 간의 '상호 판정검열'이었다. 도(직할시)내 시·군(구역)경기와 대항경기에 대한 채점도 같은 방식이었으며 그 구체적인 평가 항목은 [표 5-16]과 같았다. 조선체육지도위원회는 도(직할시)에서 제출한 보고 내용을 근거로 시, 군(구역)과 부문별로 성적을 종합해 순위를 결정했다. 전국적으로 우수한 성적을 받은 단위들에는 상장과 순회우승기가 수여되었다. 순회우승기를 3회 획득하면 해당 단체가 이를 소유하도록 했다.[92]

---

90) 『조선중앙년감 1969년판』, 293쪽.
91) 1969년 만경대인민학교, 천리마길주녀자중학교, 성천교양원대학 등 수많은 학교들에서 전체 학생의 100%가 검정에 참가해 100% 합격했다. 특히 천리마북청고등원예전문학교에서는 10년간 인민체력검정에 모든 학생의 100%가 합격했으며, 1969년까지 세 번이나 전국 1위를 차지했다. 로동자와 농민들 속에서도 합격자가 해마다 늘어났다. 1969년도에 자강도, 함흥시, 평양시의 수많은 공장, 기업소, 협동농장들에서 인민체력검정 대상자 90% 이상이 합격했다. 『조선중앙년감 1970년판』, 302쪽.
92) 1960년대 후반 황해남도 과일군에서는 군내 공장, 기업소, 학교들에서 직장, 작업장별로 휴대용 인민체력검정 '기재함'과 '기재 주머니'를 만들도록 했다. 기재함에는 높이뛰기대받치개, 수류탄(3개), 거리표식기, 자, 결승끈, 호각, 이어달리기봉 등이 들어있었다. 기재 주머니에는 조립식등반봉, 높이뛰기대, 높이뛰기가름대, 너비뛰기발판(이상은 조립하기 전 한 매듭의 길이가 1m 30cm를 넘지 않게 하였다), 수기를 보관하도록 했다. 조남훈, 『조선체육사2』, 216~218쪽.

[표 5-13] 1961~1966년 인민체력검정 현황

	1961	1962	1965~1966
참가자 수	1,080,479	1,532,770	
합격자 수	699,420	924,015	200만 명

출처: 『조선중앙년감 1962년』, 283쪽; 『조선중앙년감 1963년판』, 253쪽; 『조선중앙년감 1964년판』, 223쪽; 『조선중앙년감 1966~67년판』, 245쪽.

[표 5-14] 1961~1964년 인민체력검정 참가자/합격자(1960=100%)

	1961	1962	1964
참가자 수	81	116	128
합격자 수	105	140	170

출처: 『조선중앙년감 1965년판』, 191쪽.

[표 5-15] 1967~1969년 인민체력검정 합격자(1967=100%)

	1967		1969
합격자 수	100		203

출처: 『조선중앙년감 1970년판』, 302쪽.

[표 5-16] 1968년 인민체력검정 집단경기대회 점수 기준

인민체력검정 관련 평가	
-참가자에 대한 채점	검정참가수종업원수 100
-합격자에 대한 채점	종합수종업원수 100
-지도원 양성 정형(작업반/직급별)	지도원양성수작업반 또는 학급수
체육기자재/시설 설치 정형	
-철봉, 평행봉 50명당 1개인 경우	2점
-너비뛰기, 높이뛰기장 100명당 1개인 경우	1점
-종합체조대 200명당 1개인 경우	3점
-수류탄(600개)과 단봉 100명당 3개인 경우	1점
-수영장(간이 또는 규격)이 단체당 1개인 경우	10점
-국방체육시설과 각종 체육시설 1개당	2점
국방체육을 위주로 하는 군중체육	
-메달 국방체육 위주로 체육행사 진행	5점
-작업 전 체조를 정상화	5점
-국방체육의 날 운영	5점
-종목별 체육소조 조직 운영 1개 종목당	3점

출처: 조남훈, 『조선체육사2』, 216~218쪽.

(4) 집단달리기 확산

근로자와 청소년학생들 사이에 전국적으로 진행된 '집단달리기' 운동도 이 시기 군중체육의 중요한 형식이었다. 집단달리기는 "언제 어디서나 많은 사람들이 동시에 할 수 있는 대중운동"으로 온몸을 발달시키며, "조직성과 규율성, 집단주의 정신 등을 길러주는데 적합"했다. 근로자들과 청소년학생들은 "아침달리기로부터 시작해 일별, 주별, 월별 집단달리기, 만경대, 백두산, 보천보 등 혁명전적지, 혁명사적지에로의 달리기"를 진행했다. 이를 통해 "몸을 튼튼히 단련하였을 뿐 아니라 당의 혁명전통으로 더욱 튼튼히 무장"하게 했다.[93]

1961년 혁명전적지와 명승고적지에로의 답사, 야영, 행군에는 3만 여명의 근로자와 청소년들이 참가했다. 각 도·시·군(구역)에서 선발된 160만 명의 소년단원들이 참가한 '평양-보천보-백두산 달리기'가 진행되었다.[94] 1964년에는 아침체조, 업간체조와 함께 '집단달리기' 운동이 전체 근로자들 사이에 생활화되었다. 특히 '평양-부산 달리기' 행사에는 평양시내 청년학생 3만 여명이 참가했으며, '만경대달리기', '혁명전적지에로의 체육려행,' '우리나라 명승 고적지, 고산 지대로의 등산', '행군'에는 수십만 명의 근로자와 청소년학생들이 참가했다.[95] 1966년에 열린 '조국통일달리기', '우승기쟁탈 전국통신경기'에는 200여 만 명의 근로자와 청소년들이 참가했다.[96] 1968년에도 전국 각지의 공장, 기업소, 사무기관, 인민반에서 아침체조, 업간체조와 함께 집단달리기를 진행했다. 이처럼 북한의 집단달리기는 혁명전통교양과 밀접히 결부되어 진행되었다. 여러 기념일에 실시했다. '혁명전적지 달리기'를 통해서 자신들을 "수령의 참된 혁명전사로 무장하며 몸과 마음을 튼튼히 단

---

93) 『광명백과사전』, 166쪽.
94) 『조선중앙년감 1962년판』, 281쪽.
95) 『조선중앙년감 1965년판』, 190쪽.
96) 『조선중앙년감 1966~67년판』, 244쪽.

련"하도록 했다.97)

집단달리기는 전체 근로자와 청소년학생들의 일상운동으로 대중화되었다. 특히 '사상교양 수단으로 발전'되었다. 1969년 체육절 20돌을 기념해 열린 '4천만 조선인민의 위대한 수령 김일성동지께 드리는 편지전달 계주'는 전국의 도·시·군에서 전군중적 규모로 진행되었다. '혁명전적지에로의 달리기'(만경대-봉화리-보천보)가 일 년 내내 계속되었다. 특히 혁명전적지에로의 달리기, 등산과 체육행군, 야영 등이 '당 정책교양과 혁명전통교양, 공산주의교양 수단의 하나로 정착'되었다고 한다.98)

2) 체육기술 향상, 국방경기, 생산경기

(1) 체육기술 향상

1960년대 북한에서는 군중체육 확대와 함께 모든 종목의 체육기술도 빨리 발전시키고자 했다. 사회주의국가와 신생 독립국가들과의 교류가 확대되면서 이 나라들과의 체육교류도 빈번해졌다. 종목별 국제체육기구에 가입함으로써 국제경기에 참가할 기회도 많아졌다. 1950년대 사회주의 기초건설 시기에 이룬 성과가 바탕이 되었다. 많은 종목들에서 "우리 민족의 강의하고 재빠르고 날랜 체질적 우월성을 전면적으로 발양시킬수 있는 갖가지 묘기"를 창안하도록 했다. 교수훈련에서 땀을 많이 흘리도록 했으며, '사상적 준비를 확고히 앞세우면서 육체, 기술, 전술 준비를 밀접하게 결합'시키도록 했다. 특히 '주체적인 전술'을 연마하고 독창적인 훈련 방법을 개발

---

97) 『조선중앙년감 1969년판』, 293쪽.
98) 1969년 집단달리기는 봄철 체육개막행사를 계기로 열렸다. 강계시에서 3만여 명, 함경북도 길주군에서 2만여 명이 참가했다. 평안남도에서는 도내 '현지 교시 단위들에 이르는 집단달리기'가 새로운 형식으로 발기되어 진행되었다. 『조선중앙년감 1970년판』, 302쪽.

보급하도록 했다. 대중적인 기술혁신 운동도 진행되었다. 당시 북한의 '속도전' 전략은 북한 선수들의 '전술적 우세'로서 다른 나라의 '기술적 우세'를 제압하려는 나름의 계산에 의한 것이었다.[99]

체육기술의 발전은 해마다 진행된 체육경기대회에서 증명되었다. 1963년 8월 11일부터 9월 15일까지 진행된 제2차 인민체육대회에서는, 7,900여 명의 선수들이 참가한 가운데 31개 종목의 경기가 진행되었다. 1964년에는 대규모 중앙경기대회를 비롯한 중소규모의 중앙경기와 지방경기가 2,576회 개최되었다. 여기에 32,005개 단체의 로동자 342,340명과 농민 137,127명, 사무원 93,209명, 학생 377,635명, 기타 2,226명이 참가했다. 국방체육기술의 발전도 여러 경기대회에서 확인되었다. 1964년 10월 체육절 제정 15돐 기념 전국체육대회에서는, 소구경권총사격종목에서 세계기록이 나왔다. 1968년에 진행된 공화국 창건 20돐 기념 제3차 인민체육대회에서는, 활쏘기, 락하산, 모터찌클 등 종목에서 공화국새기록이 수립되었다. 1969년에는 〈만경대상〉 체육경기대회, 〈보천보횃불〉 체육경기대회에서만, 모형항공, 락하산, 사격, 무선통신, 모터찌클, 활쏘기, 격검 등 종목에서 공화국새기록이 나왔다. 모형항공, 활공기 종목에서는 세계기록이 수립되었다.[100]

(2) 국방체육 종목 확대

1960년대 후반 북한에서는 당의 '국방경제 병진노선'에 따라 여러 가지

---

99) 1968년 8월에 진행된 제3차 인민체육대회에서부터 효과가 나타나기 시작했다. 축구의 경우는, 거의 모든 선수단들이 종전의 3+2+5 선수대형에서 벗어나 '4+2+5 또는 4+3+3 대형'으로 경기를 운영했다. '중장거리 연락에 의한 속공전술과 전면 공격, 전면방어에 의한 경기운영 전술'을 활용했다. 권투의 경우는, 선수들이 주로 떨어진 상태에서 경기를 운영하던 방식에서 '중거리나 근거리에서의 연결타격과 반공격 전술'을 적용하면서 속도전으로 진행했다. 조남훈, 『조선체육사2』, 220~224쪽.

100) 이상의 내용은 『광명백과사전』, 166~167쪽.

국방체육 종목들이 보급되었다. 김일성의 '항일무장투쟁시기 군사체육활동의 경험'을 살렸다는 당시 국방체육 종목들이 근로자와 청소년들 사이에 확산되었다.[101] 특히 맨몸으로 하는 국방체조는, '쉬우면서도 씩씩하고 절도가 있으며 박력 있도록 구성'되었다.[102] 국방체육 종목은 인민체력검정에도 포함되었다. 국방체육 종목을 통해서 유사시 대처할 수 있는 육체적 준비를 검증하도록 했다. 〈국방체육의 날〉에는 전국적으로 국방체육 활동을 벌이도록 했다. '모형항공, 무선통신' 등 국방체육종목 소조에 청년들이 적극 참여하도록 했다. 또한 '국방체육구락부'를 기반으로 국방체육 종목 국가선수 후비들도 체계적으로 양성했다. 국방체육구락부는 주로 '사격, 모형항공, 모터찌클, 자동차, 무선통신' 등의 훈련을 실시했다. 이들은 1969년 4월 처음으로 개최된 '국방체육구락부 지구별경기대회' 등에 참가했다 '무선통신, 사격, 모형항공, 활쏘기, 격검 등 7개 종목'의 경기가 진행되었다. 근로자들과 청소년학생들의 '체력증진과 완강한 투지, 집단주의 정신 배양'을 목적으로 '국방집단체력경기'가 보급되었다. 국방체력집단경기는, '2.8절, 4월 25일 항일유격대창건기념일, 6월 4일 보천보전투승리기념일에 군중체육행사'의 일환으로 진행되었고, 수많은 근로자와 청소년학생들이 참가했다.[103]

1964년 진행된 '교종별 국방집단체력경기'에는, 평양시내 기계, 경공업, 교통운수, 보건, 상업유통 부문과 학교 부문에서 50여 만의 근로자들과 청

---

101) 당시 국방체육 종목은, '벽오르기, 바줄을 리용하여 건너뛰기, 담벽넘어내리기, 외나무다리건느기, 중량물메고 달리기, 경사사다리오르내리기, 경사진담벽오르내리기, 도랑건너뛰기, 벼랑에서내려뛰기, 봉을짚고도랑건너뛰기, 벼랑에서내려뛰기, 등반봉오르기, 바줄로벼랑오르내리기, 산야횡단달리기, 각종 장애물뛰여넘기, 신변기재를 리용하여 강을건느기, 각종장애물을극복하기, 수류탄던지기 등이었다. 국방조, 무기분해 및 결합, 강행군' 등이었다. 『조선중앙년감 1968년판』, 197~198쪽.
102) '제자리걷기로부터 시작하여 전투준비, 앞으로치기, 옆으로치기, 수류탄던지기, 앞뒤로찌르기, 아래우로치기, 노젖기, 뜀뛰기, 앞으로 전진, 숨쉬기' 등이었다. 조남훈, 『조선체육사2』, 204~205쪽.
103) 『광명백과사전』, 166쪽.

소년 학생들이 참가했다. 행사를 계기로 근로자와 청소년학생들이 체력을 단련하고 투지와 집단주의 정신을 키웠다고 한다.[104] '국방집단체력경기'는 공장과 공장, 학교와 학교, 구역과 구역들 사이에 서로 합의된 날짜와 기간에 집체적으로 실시했다. 중앙과 지방에서는 국방체육종목을 포함시켰다. 경기대회에는 '미국놈 찌르기, 창격전, 고지점령을 위한 강행군, 부상병 나르기' 등의 국방체육 종목과 함께 롱구, 배구 등 구기 종목 경기도 포함했다.[105]

(3) 생산경기 확산

생산 활동과 연결된 대중체육도 확산되었다. 농촌에서는 한 단위에서 모범을 창조하고 그것을 전국에 일반화했다. 각지 공장, 기업소, 학교들이 농촌지역의 '협동조합 문화사업'을 지원하는 운동을 전개했다. 협동농장들에 체육시설을 꾸려주고 다양한 체육종목을 보급했다. 체육열성자들을 양성하는 등의 지원 사업으로 농촌체육을 활성화시켰다. 근로자들에게는 휴식시간과 작업 후 시간에 '인민보건체조, 아령운동, 체조, 달리기' 등을 생활화하도록 했다. '축구, 롱구, 배구' 경기도 함께 진행했다. 근로자들의 육체적 기능을 발달시켜 생산성과를 올리고자 했다. 공장뿐만 아니라 협동농장에서도 '생산경기'를 진행했다. '당의 농업정책 관철'과 '씨뿌리기, 모내기, 풀베기, 풀운반, 낟알운반과 낟알털기' 등 계절적으로 진행되는 작업에 적용했다.[106]

---

104) 『조선중앙년감 1966~67년판』, 244쪽.
105) 1967년 9월 10~13일 평안남도가 조직한 '국방체육종합경기'에는, 39개 단체에서 2,500여 명의 남녀선수들이 참가했다. 경기는 실전처럼 진행되었다. 강선제강소에서는 1967년도에만 28차례의 국방체육경기를 조직했다. 이를 모범으로 강선지구 공장들이 '미국놈찌르기, 수류탄던지기, 바줄당기기, 헤엄치기, 강건느기' 등의 종목으로 직장과 지구 사이에 국방체육경기를 실시했다고 한다. 『조선체육사2』, 205쪽.
106) 『광명백과사전』, 165~166쪽.

1961년에 진행된 '기경 통신 경기'는, 115개의 농기계작업소와 27개의 국영 농목장에서 7,990대의 뜨락또르가 참가했다. 그 결과 봄갈이와 파종 계획을 15~20일간 앞당겼다. 평균 5~10%의 연유를 절약하는 성과도 있었다고 한다.[107] 1962년에 진행된 '생산체육경기'는, '여섯 개 고지 점령'에 중심을 두었고, 전국 규모의 경기체계를 세웠다. 북한 경제의 모든 부문과 단위들에서 직업적 특성과 육체적 조건에 맞게 다양한 방법과 형식으로 진행되었다. 근로자들의 체력을 증진시키고 새로운 로동 기준량을 창조했다. 선진 작업 방법 도입과 창의 고안 운동을 촉진시키는 데 기여했다고 한다.[108] 협동농장에서도 생산과 연결된 체육활동을 진행했다. 구장군 '운룡협동농장'의 경우는 1965년 여름에 '풀베기 생산경기'를 조직했다. '농장관리 일군들과 체육열성자들로 구성된 평가위원회에서 경기요강을 작성하여 발표'했다. 평가 항목은 '풀을벤량, 작업량, 작업간/작업후/휴식일의 체육활동, 창의고안' 등이었다. 생산경기 속에서 농장원들이 '집단주의 정신과 동지적 우애심을 증진'시켜서 체육도 잘하고 생산성과를 높이고자 했다.[109]

1960년대 후반에는 '생산경기'가 새로운 군중체육 형식으로 발전했다. 룡성기계공장에서는 천리마 시대에 상응하여 '지표별 생산자들의 체육경기'를 조직하였다. 서로 연결된 부문에서 선수들을 선발해 출전하는 형식의

---

107) 『조선중앙년감 1962년판』, 282쪽.
108) 『조선중앙년감 1963년판』, 253쪽.
109) 이 농장의 제8작업반 농상원들은 하루 한 사람당 '400kg 돌파운동'을 벌였다. 이 때 '미국 놈 잡기운동'(40kg씩 풀을 베였을 때마다 미군 한 사람씩 잡은 것으로 하기), '분대, 소대 몰살운동' 등으로 풀베기에서 '섬멸전'을 벌였다. 그 결과 하루 풀베기량이 개인별로 2배 이상 증가했다. 베어 놓은 풀을 퇴적장까지 운반하는 경기에서도 경기자들이 청천강을 이용해 뗏목에 풀을 묶어 나르거나 풀단을 끌고 헤엄치는 등의 방법으로 평소 11일 걸리던 것을 8일로 단축했다. 이외에도 '10리 호박굴조성하기,' '퇴비구뎅이파기' 등의 생산경기를 통해 호박 70t을 생산해 가축사료를 해결했다. 그 결과 농장원들은 1/4분기 자급비료생산과 농사차비, 2/4분기 씨뿌리기와 모내기, 3/4분기 풀베기, 4/4분기 낟알운반과 낟알털기 등의 농산물증산 경쟁운동에서 분기마다 1등을 차지했다. 작업반원들이 인민체력검정에도 100% 합격했다고 한다. 조남훈, 『조선체육사2』, 197~198쪽.

이 경기의 목적은 "서로 련대적인 책임성을 높여가며 생산에서 걸린 고리를 풀어나가고 집단주의정신을 발휘할 수 있게 하기 위한 것"이었다. 탄광과 광산, 농촌에서도 생산경기가 확산되었다. '생산경기'에는 '정치사업, 굴진속도 또는 생산량, 체육활동, 생산문화, 생산준비' 등이 포함되었다. 체육활동은 '인민보건체조, 집단달리기, 웃몸을 발달시키기 위한 팔운동, 허리운동과 갱내 업간체조'를 실시했다. 갱에서 나온 후에는 '롱구, 배구, 수류탄던지기, 장애물극복' 등을 실시했다.[110]

3) 국내 행사대회 기록

= 국내 체육행사대회 기록이 크게 향상되었다.

1961년에 진행된 각급 체육대회에 72만 명의 로동자, 농민, 학생 등 각계각층의 선수들이 참가했다. 1961년에만 221명의 선수가 289회에 걸쳐 공화국 신기록을 수립했고, 306명의 선수가 334회에 걸쳐 공화국 체육명수 기준을 돌파했다. 이밖에도 19명의 명수, 658명의 1급 선수, 3,049명의 2급 선수, 6,747명의 3급 선수들이 배출되었다.[111] 1962년에도 전국 규모의 대회와 축구, 롱구, 배구, 탁구, 투구, 송구, 체조, 륙상, 자전거, 권투, 력기, 레스링, 궁술, 예술체조 등 15개 종목에서 1급 선수단 체육대회에 연인원 4,656명의

---

110) 생산경기는 양과 질에 따른 점수제였다. 개별 또는 집단으로 평가되었다. '생산 굴진경기'는 교대 또는 일별로, '고속도굴진경기'는 일별, 월별로 진행했다. '탄광지도부'가 생산경기 전반을 통일적으로 지도했다. '갱전투지휘부'는 부문별 책임 일군들로 구성되었고, 경기 중에 발생하는 문제들을 해결하도록 했다.
평안남도 숙천군 계관근위 열두삼천리벌협동농장은 '뜨락또르기술전습'과 '개인별 연간 수송경기'를 연결시켜 생산경기를 조직했다. 농촌의 기계화 방침에 따라 기계화작업반의 뜨락또르운전수 후비 양성의 일환이었다. 그 결과 100여 명의 뜨락또르 운전수를 자체의 힘으로 양성했다고 한다. 조남훈, 『조선체육사2』, 214~216쪽.
111) 『조선중앙년감 1962년판』, 283쪽.

선수들이 참가했다. 각 도와 115개 시·군에서 진행된 총 2,257회의 각종 경기에 42,857명의 선수들이 참가했다.[112] 1963년에는 제2차 인민공화국체육대회, 제1차 전국대학생체육대회 이외에도, 6회에 걸친 협회, 도 선수단 체육대회, 2,626회의 체육경기대회에 1,520,508명의 선수들이 참가한 가운데 중앙과 지방에서 열렸다. 제2차 '인민공화국체육대회'와 제1차 '신흥세력경기대회(가네포)'를 비롯한 많은 국내외 경기들에서 11개의 세계기록과 229개의 국가기록이 갱신되었다. 64명의 선수들이 73회에 걸쳐 명수급 기록을 갱신했다.[113] 1964년에는 '체육절 15주년 전국체육대회'를 비롯한 중앙 경기대회와 중소 규모의 중앙경기, 지방경기가 모두 2,576회 진행되었다. 여기에 참여한 선수단 수는 32,005개, 참가자 수는 1,312,539명(그 중 로동자 332,340명, 농민 137,127명, 사무원 93,208명, 학생 747,635명, 기타 2,226명)이었다.

= 1964년부터 근로자와 청소년학생들이 한 가지 이상의 체육기술을 배우도록 했다.

중앙이나 도 단위로 진행하는 경기대회 이외에 학교나 단체 단위로도 각종 체육대회를 조직하도록 했다. 그 결과 연인원 10명의 선수들이 세계신기록을 수립했고, 연인원 852명이 공화국 신기록을, 연인원 160명이 공화국 명수급 기준을 돌파했다.[114] 1965년과 1966년에 체육기술이 더욱 향상되었

---

112) 『조선중앙년감 1963년판』, 253쪽
113) 『조선중앙년감 1964년판』, 223~225쪽.
114) 『조선중앙년감 1965년판』, 190~192쪽. 체육절 15주년 기념 '전국체육대회'에서는 대회 참가자 1,734명 가운데 40% 이상이 신인들이었다. 이 가운데 많은 선수들이 1, 2급을 비롯한 유급선수 기준을 돌파하거나 대회 기록을 능가하였다. 녀자 400m 달리기와 56kg급 용상, 소구경 권총속도사격에서 각각 세계 기록을 세웠다. 륙상, 사격, 력기, 조정, 바이다르까 등 31개 종목에서 (남자 26개, 녀자 10개) 36명의 우수한 남녀선수들이 연 41회에 걸쳐 공화국 기록을 갱신했다. 이 대회 륙상 분야에서만 10명의 선수들이 공화국 신기록과 명수급 기준을 돌파했다. 대회 참가자의 63.3%가 명수급 또는 1, 2급 기준을 돌파했다.

다. 체육의 대중화를 토대로, 녀자속도빙상, 남자탁구, 녀자배구, 축구, 녀
자롱구, 륙상 권투 레슬링, 유술 등 수많은 종목에서 독특한 체육기술을 세
계에 과시했다. 1965년에는 륙상을 중심으로 70여 개의 개별종목들에서 94
명의 선수가 연인원 148회의 공화국기록을 돌파했다. 1966년에는 궁술에서
세계기록을 수립한 것을 비롯해 14개 종목에서 146명이 180회에 걸쳐 공화
국기록을 돌파했다. 또 10개 종목에서 89명이 96회에 걸쳐 명수급 기준 기
록을 돌파했다.115) 1967년도에는 제3차 '전국학생스키경기대회' 등 중앙체육
대회와 중앙체육단 및 도 강습소 체육대회 등이 진행되었다.116) 1968년에
는 공화국 창건 20돌을 기념하는 김일성에 전달하는 '편지전달 계주,' '제3
차 공화국체육대회'를 비롯한 중앙급 체육대회와 각 도·시·군 체육경기들
이 개최되었다.117) 1969년에도 중요 기념일을 계기로 조직된 경기대회와 선
수들의 기록 갱신, 그리고 체육기술 향상을 위한 경기대회가 진행되었다.118)

1960년대 후반부터 국방체육 경기들이 활성화되었다. 1967년 2월 8일 '조
선인민군종합군사경기대회'가 열렸다. 인민군 창건 20돌을 맞아 부대의 전
투력 강화와 군인들의 군사기술 수준 향상, 그리고 전투정치훈련에서 새로
운 혁신을 일으키기 위한 행사였다. 북한은 당시 '군사경기대회'가 "김일성
동지의 현명한 령도 하에 일당백의 전투력을 다져온 인민군대의 불패의 위

---

115) 『조선중앙년감 1966~67년판』, 245쪽.
116) 이 가운데 여러 차례 진행된 국내 축구련맹전 경기에서는, 2·8선수단, 압록강
선수단, 평양시선수단, 제비선수단이 각축을 벌였다. 롱구부문에서는 중거리투
사를 위주로 한 속도전술 체계를 더욱 완성하여 이를 공고히 하는 방향에서 훈
련을 진행했다. 그 결과 1968년 진행된 롱구경기에서 로동자선수단, 2·8선수단,
압록강선수단(이상 남자), 2·8선수단, 압록강선수단, 평양시선수단(이상 녀자)
이 우수한 성적을 거두었다. 이와 함께 이미 세계적인 수준에 도달한 북한 남자
탁구선수들은 1968년에 주로 새로운 기술을 련마하는 데 중점을 두어 훈련을
진행했다. 그 과정에서 평양시선수단, 압록강선수단, 로동자선수단에서 많은 탁
구선수후비들이 배출되었다. 『조선중앙년감 1968년판』, 199~200쪽.
117) 『조선중앙년감 1969년판』, 293~295쪽.
118) 『조선중앙년감 1970년판』, 303~304쪽.

력과 당이 인민군대 앞에 제시한 군사적 과업 수행에서 인민군 장병들이
이룩한 빛나는 성과에 대한 일대 시위"였다고 설명했다. "당과 수령을 목숨
으로 보위하며 미제침략자들을 짓부시고 우리 세대에 반드시 조국을 통일
할 수 있는 만단의 전투준비가 되였음을 여실히 보여주었다"는 것이다.[119]

= 공화국기록과 세계기록은 1960년대 중반 집중적으로 나타났다.

1950년대 후반부터 체육기술 향상에 집중해 온 결과였다. 1960년대 초반
륙상, 속도빙상, 배구, 축구, 탁구 등 일부 종목은 이미 세계적인 수준이었
다. 1960년부터 5년 동안 국내 경기대회에서만 37번에 걸쳐 세계기록이 나
왔다. 이외에도 공화국 기록을 1,639회, 체육명수급 기록을 1,018회를 수립
하는 등 괄목할만한 성과를 이뤘다. 1965년에는 륙상을 비롯한 70여개 개별
종목에서 94명의 선수가 148회에 걸쳐 공화국기록을 갱신했다. 1966년에도
활쏘기 종목에서 세계기록이 나오는 등 14개 종목에서 146명의 선수들이
180회에 걸쳐 공화국 기록을 수립했다, 10개 종목에서 89명의 선수들이 96
회에 걸쳐 명수급기록도 달성했다.[120] 1960년대 후반부터 기록이 큰 폭으
로 떨어지기 시작했다. 1960년대 초반부터 국방경제 병진노선이 추진되면
서 전문적인 종목체육에 대한 투자가 감소했기 때문이다. 국방체육 중심의
대중체육으로 체육사업의 중심이 이동한 결과였다. 국가발전 시기 주요 체
육경기대회 현황과 기록은 [표 5-17], [표 5-18]과 같다.

---

119) 대회에는 조선인민군 육해공군 각 부대 연합부대와 군부대들의 경기대회에서
     선발된 군인들이 참가한 가운데 10일간에 걸쳐 진행되었다. 경기 종목에는 군
     종별 보병경기, 포병경기, 전차경기, 통신경기, 공병경기, 화학경기 등과 군중체
     육경기들이 포함되었다. 군중체육경기에는 국방체육 종목을 기본으로 축구, 배
     구, 롱구, 탁구, 100m, 1500m, 10000m, 력기, 레스링, 권투, 수구, 물에뛰여들기 등
     수십 가지 종목들이 포함되었다. 〈월비산〉 선수단이 1위, 〈묘향산〉 선수단이 2위,
     〈매봉산〉 체육단이 3위를 차지했다. 조선중앙년감 1968년판』, 198쪽.
120) 『조선중앙년감 1966~67년판』, 244~245쪽.

[표 5-17] 1961~1970년 북한의 국내 주요 체육행사대회 현황

연도	행사대회
1961.5.1~10	전국로동자체육대회
1961.6.4~9	보천보전투 승리 24주년 기념 전국민족경기
1964.4.26~5.2	제18차 올림픽선수선발 전국종합체육대회(제1차)
1964.8.23~9.13	1964년도 조선(종목별) 선수권대회
1964.10.1~31	체육절 15주년 기념 전국체육대회
1967.6.4	제7차 전국민족체육대회
1967.3.26~4.15	5·1절기념(종목별)경기대회
1968.8.12~10.6	경애하는 수령 김일성동지께 편지전달계주(보천보/중강/1211고지/두만강 로동자구/판문점/평성), 6개지구 출발
1968.1.28~2.8	인민군 창건 20돐 경축 인민군종목별체육경기대회 =1위(탁구/매봉산, 권투/제비, 레스링/반룡산, 유술/묘향산, 력기/월비산, 롱구남자/제비, 롱구녀자/초병,배구남녀/반룡산체육단
1968.8.1~11	공화국 창건 20돐 경축 공화국체육대회 체육단경기, 공화국 신기록 70개 수립
1969.2.1~15	일당백상 쟁탈경기대회 (2·8절 기념)
1969.4.15~5.2	만경대컵 쟁탈경기대회(김일성 생일50돐기념)
1969.6.4~12	보천보해불상 쟁탈경기(6·4보천보승리기념),
1970.2.	조선인민군 창건 스물두돐 기념 일당백상 쟁취를 위한 체육경기대회
1970.4.15	만경대컵 쟁취를 위한 체육경기대회

출처: 『조선중앙년감 1962년판』, 283쪽; 『조선중앙년감 1963년판』, 253쪽; 『조선중앙년감 1964년판』, 223~225쪽; 『조선중앙년감 1965년판』, 190~192쪽; 『조선중앙년감 1966~67년판』, 244~245쪽; 『조선중앙년감 1968년판』, 199~200쪽; 『조선중앙년감 1969년판』, 293~295쪽; 『조선중앙년감 1970년판』, 303~304쪽; 『조선중앙년감 1971년판』, 272쪽.

[표 5-18] 1961~1966년 북한의 공화국기록과 세계기록 현황

	1961	1962	1963	1964	1965	1966
공화국기록(회)	289	498	229	852	148	180
세계기록(회)		17	11	10		1

출처: 『조선중앙년감 1962년판』, 283쪽; 『조선중앙년감 1963년판』, 253쪽; 『조선중앙년감 1964년판』, 223~225쪽; 『조선중앙년감 1965년판』, 190~192쪽; 『조선중앙년감 1966~67년판』, 244~245쪽; 『조선중앙년감 1968년판』, 199~200쪽; 『조선중앙년감 1969년판』, 293~295쪽; 『조선중앙년감 1970년판』, 303~304쪽.

3. 국가발전 시기 대외 체육활동

북한은 1959년 3월 내각직속 체육지도위원회에 대외사업을 전문적으로 맡아보는 '국제부'를 신설한 데 이어, 체육지도위원회를 '조선체육지도위원회'로 명칭을 변경해 대외적인 체육사업에 대비해 나갔다. 1962년 10월 15일에는 내각 결정 제57호를 통해 국제체육조직들과의 사업 확대와 세계적으로 우수한 팀들과의 국제적인 교류를 체계적으로 조직해 나가도록 했다.[121] 1960년대 북한체육은 국제경기대회에서 본격적으로 경쟁을 시작했는데, 사회주의국가와 신생독립국가들과의 체육교류 확대, '유일팀(단일팀)' 구성을 위한 남북체육회담 개최, 올림픽 참가를 위한 '북조선' 명칭 문제 등에 집중했다.

1) 사회주의국가와 신생독립국가들과의 체육교류

(1) 사회주의국가들과의 체육교류 강화

북한은 이전처럼 사회주의나라 체육조직들과의 연계를 강화하고 이들 국가들과의 체육교류를 확대해 나갔다. 당시 북한 선수들은 륙상, 체조, 탁구, 력기, 권투, 배구, 속도빙상 등의 종목에서 두각을 나타냈다.[122] 북한 선수들은 사회주의나라들에서 진행된 여러 종목의 국제경기대회에 대거 참가했으며, 교류경기를 통해 사회주의나라 체육인들과 친선단결을 도모하는 한편 체육기술을 향상시켜 나갔다.

1960년대 전반 북한의 핵심 종목은 육상이었다. 구소련 모스크바에서 진행된 '즈나멘스끼형제상 쟁탈 국제륙상경기대회'에 1960~1967년 사이에 다섯

---

121) 조남훈, 『조선체육사2』, 225쪽.
122) 『광명백과사전』, 168쪽.

번 참가했는데, 1961년 여자 400m, 800m 달리기에서 신금단 선수가 세계신기록을 수립한 데 이어, 1963년 7월에도 400m 세계신기록과 800m 1위를 달성했다. 신금단 선수는 1967년에도 400m와 800m에서 각각 1위를 차지했다.[123]

당시 우수한 체조 선수들은 군인들 속에서 나왔다. 1961년 7월 구소련 모스크바에서 열린 '사회주의나라 친선 군대체조선수권대회'에서 북한 선수가 평행봉 규정종목에서 9.50으로 1위를 차지했다. 레스링, 권투, 력기 등 중경기종목들도 국제경기에 적극적으로 참가했다. 1963년 9월 '사회주의나라 친선 군대레스링선수권대회'에서 51kg급에서 2위, 70kg급에서 3위를 차지했다. 1963년 10월 '사회주의나라 친선 군대권투선수권대회'에서는 60kg급 2위, 59kg급, 63.5kg급, 75kg급 경기에서 각각 3위를 차지했다. 1961년 3월 구 소련 모스크바에서 진행된 '모스크바상 쟁탈 국제력기경기대회'에서는 60kg급 경기에서 3위, 56kg급 추겨올리기경기에서 1위를 차지했으며, 1963년 3월에 열린 같은 대회에서는 56kg급 추겨올리기경기에서 140.5kg으로 세계신기록을 수립하고 종합성적 3위를 기록했다. 탁구, 배구, 축구 등 구기종목의 기술도 크게 발전했다. 1963년 3월 루마니아 뷰꾸레슈띠에서 진행된 '국제탁구경기대회' 남자단체경기에서 북한 선수들은 속공전술로 우승을 차지했다.[124]

청소년들의 국제체육경기대회 참가 기회도 확대했다. 1964년 가을에 열린 '사회주의나라 체육지도기관대표자회의'에서 청소년들을 위한 국제경기 체계를 세움으로써 자라나는 새 세대들에게 프롤레타리아국제주의 교양과 체육기술 경험을 서로 나누자는 데 의견을 모았다. 이어 1965년부터 사회주의나라들 사이에 종목별 '청소년국제경기대회'를 진행하기로 합의했다.[125]

---

123) 『조선중앙년감 1962년판』, 383쪽; 『조선중앙년감 1963년판』, 254쪽; 『조선중앙년감 1968년판』, 200쪽.
124) 『조선중앙년감 1962년판』, 283쪽; 『조선중앙년감 1964년판』, 225쪽.
125) 조남훈, 『조선체육사2』, 228~229쪽.

1969년 10월 평양에서 열린 사회주의나라 '청소년친선국제축구경기'에서 북한의 축구 1조, 2조 선수들이 각각 1위와 3위를 차지했다. 이외에도 1968년 9월 쿠바에서 진행된 '국제녀자배구경기대회'에서 1위를 차지한 것을 비롯하여, 1969년 8월 구소련 모스크바에서 진행된 '국제체조경기대회'에서 금메달 6개, 은메달 1개, 동메달 5개, 1970년 1월 독일 베를린에서 진행된 '국제속도빙상경기대회'에서 금메달 4개, 은메달 2개, 동메달 3개를 차지했다.[126] 이처럼 1960년대 초반 북한체육은 사회주의국가들과의 체육교류를 확대하였으며 그 속에서 세계적인 수준에 도달한 다양한 종목의 경쟁력을 대내외에 과시했다.

(2) 신생독립국가들과의 관계 강화: '가네포' 운동

1960년대 초반 비동맹국가들과의 체육교류도 활발하게 진행되었다. 1965년 4월 9~21일 인도네시아에서 개최된 '반둥회의' 10돐 기념행사에 참석한 김일성은 대회 기간 동안 진행된 국제체육행사를 참관하기도 했다.[127] 김일성은 대회 기간에 인도네시아 〈알리 아르함〉 사회과학원 초청 강의에서 '주체확립을 위한 당의 령도'를 강조했다.[128]

북한은 '가네포' 운동에도 적극적이었다. 1963년 11월 인도네시아 자카르타에서 진행된 '가네포'(발전도상국가들의 경기대회)에서 북한은 신금단 선

---

126) 『조선중앙년감 1969년판』, 295쪽; 『조선중앙년감 1970년판』, 304쪽; 『조선중앙년감 1971년판』, 272쪽.
127) 북한 선수들은 남자롱구경기에서 인도네시아팀을 81:61, 캄보쟈팀을 62:56, 파키스탄팀을 82:59, 기네팀을 82:54로 이기고 2위를 차지하였다. 력기경기에서는 75, 90kg급에서는 각각 1위, 56, 80, 67.5kg급에서는 각각 2위를, 유술경기 68, 80kg급과 무차별급 등에서 각각 1위를 차지하는 등 두각을 나타냈다. 『광명백과사전』, 168쪽.
128) "조선민주주의인민공화국에서의 사회주의건설과 남조선혁명에 대하여: 인도네시아 〈알리 아르함〉 사회과학원에서 한 강의, 1965년 4월 14일," 『김일성저작집 제19권』, 278쪽.

수가 여자 800m와 400m 달리기 결승경기에서 각각 51초 4, 1분 52초 1의 기록으로 세계신기록을 갱신하는 등 모두 143개의 금, 은, 동메달을 따냈다.[129] 1963년 11월 시작된 가네포 운동은, 인도네시아가 반제반식민지의 기치 아래 '발전도상국가들의 경기대회(가네포)'를 조직하면서 시작되었다. 인도네시아 정부가 제4차 아시아경기대회를 조직하면서 대만과 이스라엘 선수단의 참가를 거부하자 국제올림픽위원회(IOC)가 1964년 도쿄 올림픽의 인도네시아 참가 권한을 박탈했고, 이에 반발한 인도네시아가 1962년 11월 국제올림픽위원회(IOC)를 탈퇴한 것이 직접적인 원인이었다. 1965년 9월 중국 베이징에서 있었던 '아세아가네포련맹 창립회의' 결의에 따라, 1966년 11월 25일부터 12월 6일까지 캄보디아 프놈펜에서 '제1차 아세아가네포'가 진행되었다. 제1차 아세아가네포에는 북한을 비롯한 아시아 17개 국가 대표단이 참가했다. 가네포 운동은 그러나 련맹 소재지인 인도네시아에서 일어난 정변으로 활동이 제한되면서 더 이상 진전되지 못했다.[130] 북한은 당시 국제스포츠계가 "국제올림픽위원회와 일부 국제 체육기구 내 제국주의 반동들의 전행을 반대하는 발전도상국가들의 투쟁이 어느 때보다 격화된 상황"이었다면서, "낡고 반동적인 국제적 규정을 무기로 세계 체육계를 좌지우지"하던 "국제올림픽위원회와 륙상, 력기를 비롯한 일부 국제 체육련맹들"을 상대로 "자주성과 민주주의를 지향하는 발전도상나라 체육조직들이 맞서 투쟁"한 것이 가네포 운동이었다고 평가했다.[131]

---

129) 『조선중앙년감 1964년판』, 225쪽.
130) 제1차 아세아가네포에서 북한은 력기, 레스링, 유술, 권투, 륙상, 체조, 격검, 조정, 사격, 축구, 배구, 롱구, 탁구 등 종목에서 금메달 40개, 은메달 38개, 동메달 41개를 차지했다. 조남훈, 『조선체육사2』, 235~236쪽.
131) 조남훈, 『조선체육사2』, 231~232, 238쪽.

(3) 국제경기연맹 가입 현황

이 시기 북한 선수들은 동계올림픽경기대회를 비롯한 종목별세계선수권
대회, 세계청년학생축전 등에 참가했다. 이를 위해 북한의 경기단체들은,
[표 5-19]에서 보는 것처럼, 1961~1969년 사이 16개 국제체육기구에 가입했
다. 북한은 이미 1950년대에 13개의 국제체육기구에 가입했기 때문에 1960
년대 말까지 모두 29개의 국제경기단체 회원 자격을 확보했다.[132)

[표 5-19] 1961~1969년 북한의 국제체육기구 가입 현황

가입연도	체육기구
1961.7.10	국제활쏘기련맹
1962.9.17~18	국제아마츄어륙상련맹
1963.7.14	국제빙상호케이련맹
1963.11.25	가네포련맹
1963.12.12	국제돛배련맹
1964.4.23	국제엇젓기배련맹
1964.4.27	국제아마추어수영련맹
1964.7.8	국제유술련맹
1964.7.8	아세아유술련맹
1965.6.11	국제스키련맹
1965.8.30	국제대학생체육련맹
1965.9.1	가네포아세아대륙위원회
1967.11.3	아세아아마츄어레스링위원회
1968.5.22	국제격검련맹
1968.10.1	민족올림픽위원회협회
1969.4.14	국제조정련맹

출처: 조남훈, 『조선체육사2』, 236쪽.

---

132) 조남훈, 『조선체육사2』, 236쪽.

2) 남북체육회담과 '북조선' 명칭 문제

(1) '유일팀(단일팀)' 구성을 위한 남북체육회담

이 시기 북한은 올림픽 경기대회 참가를 위한 남한과의 유일팀(단일팀) 구성 문제에도 적극적이었다.[133] 북한의 유일팀 구성을 위한 대남 공세는 1950년대 후반부터 본격화되었는데, 이 문제를 둘러싼 북한의 공세는 [표 5-20]에서 보는 것처럼 끊임없이 이어졌다. 1962년 6월 5일부터 8일까지 모스크바에서 진행된 국제올림픽위원회 제59차 총회에서 남북 유일팀(단일팀) 구성에 관한 결정이 채택되었다. 이에 앞서 북한은 1956년 국제올림픽위원회 제56차 총회에 유일팀 구성 문제를 제기했다. 이에 근거해 1962년 7월 28일, 8월 12일, 9월 26일, 10월 19일 등 네 차례에 걸쳐 유일팀 구성을 위한 실무 회담을 요구하는 전보문을 남한에 전달했다. 1962년 11월 평양에서 진행된 '전국체육열성자대회'에서도 남북 체육교류와 유일팀 구성을 요구하는 편지를 채택하는 등 대남 공세를 멈추지 않았다.[134]

1962년 11월 28일 조선올림픽위원회 홍명희 위원장은 대한올림픽위원장과 국제올림픽위원회 서기장 앞으로 서한을 보냈다. 1962년 12월 25일 국제올림픽위원회 서기장이 근무하는 스위스 로잔느에서 남북한 올림픽위원회 대표와 실무자들의 회의를 열자는 것이었다. 이에 대해 남측이 동의함으로써 해방 후 처음으로 1963년 1월 24일 국제올림픽위원회 본부가 있는 스위

---

133) 『조선중앙년감 1964년판』, 225~226쪽.

134) 제59차 IOC 총회 결정 내용은, "북조선올림픽위원회는 잠정적으로 블레찐의 공식 명단에 오르게 되었으며 국제올림픽위원회는 남조선올림픽위원회에 북남조선을 대표하는 유일팀을 구성하여 올림픽경기대회에 참가할 데 대한 자기 의견을 요구하는 편지를 보내기로 하였다. 그 회답은 1962년 9월 1일 전으로 주게 되었다. 만약 부정적인 답변인 경우에는 북조선올림픽위원회가 하나의 독자적 팀으로 1964년 도쿄올림픽경기대회에 참가할 수 있을 것이다." 국제올림픽위원회 불레찐, 47쪽; 조남훈, 『조선체육사2』, 237쪽 재인용.

스 로잔느에서 북남유일팀(남북단일팀) 구성을 위한 남북한 올림픽위원회 대표들의 회담이 진행되었다. 오전과 오후 두 번에 걸쳐 진행된 회담에서는 유일팀 구성 문제와 국가 문제, 대표단 단장에 대한 임명 방법 등 중요 문제들에 합의가 이뤄졌고, 토의 후 공동 코뮤니케를 발표했다.[135] 그러나 다음날 계속된 2차 회담에서 진전을 이루지 못했다.[136]

1963년 2월 7일과 8일 국제올림픽위원회 집행위원회 특별회의가 남측에 15일 이내로 단기 문제에 대해 회답할 것을 결정함에 따라 1963년 5월 17일부터 6월 1일 홍콩에서 유일팀(단일팀) 구성을 위한 남북한 올림픽위원회 대표 회담이 진행되었다. 회담은 1963년 1월 스위스 로잔느에서 합의한 원칙에 근거하여, 예선경기 장소와 시일 문제 등 실무적 문제를 토의하기 위한 것이었다. 회담에는 선수 선발 등 23건의 문제들이 상정되었다. 이 가운데 '심판, 운동기구, 예선경기, 재정 등 9건'의 문제에 합의했다. 6월 1일 쌍방 대변인들이 이번 첫 회담에서 합의를 보지 못한 '호칭 문제, 예선경기 장소, 예선경기 시일, 선수선발 후 훈련, 유일팀(단일팀) 인원 구성, 올림픽경기대회 참가에 따르는 행정적 절차' 등의 사항을 다음 회담 의제로 택해 재

---

135) 북한이 주장하고 있는 당시 코뮤니케 내용은, (1) 정치적으로 분렬되어 있는 북남 두 조선을 체육 및 올림픽분야에서 1964년 올림픽경기를 위하여 하나의 대표단(유일팀)을 구성하는 데 합의하였다. (2) 국기 선택에 대하여서는 합의를 보지 못하였으므로 쌍방대표들은 2월 7일에 진행될 국제올림픽위원회 집행위원회 회의에서 해결책을 발표하도록 하였다. (3) 국가에 대하여 량대표단은 1945년 이전부터 불러오던 민요를 선택하는 데 동의하였다. 그 노래는 '아리랑'이다. (4) 대표단 단장은 1964년 동기 및 하기올림픽경기대회를 위하여 선발된 선수들을 가장 많이 낸 대표단에 의하여 임명된다. 매 경기종목 책임자들에 대해서도 동일하다. 『로동신문』, 1963년 1월 26일자; 조남훈, 『조선체육사2』, 238쪽 재인용.
136) 북한은 당시 "남조선측이 이미 전날 회담 시 결론된 국기문제를 다시 제기하면서 이 문제가 자기들의 주장대로 해결되기 전에는 실무적문제의 토의에 들어갈 수 없다고 생트집을 부렸다"고 주장하고 있다. "남조선측이 유일팀 구성과 관련한 실무적 문제해결을 종전과 같이 국제올림픽위원회를 경유하여 하자고 고집하면서 일체 회담을 회피하다가 끝내 로잔느를 떠났다"는 것이다. 조남훈, 『조선체육사2』, 239쪽.

검토하기로 하고 회담을 마쳤다. 1963년 7월 26일 제2차 홍콩회담이 열렸다. 본격적인 회담에 앞서 오전부터 본회담을 위한 쌍방 연락자들의 회의가 진행되었으나 회담은 결렬되었다.[137]

북한은 국제올림픽위원회에 제60차 총회에서 북한 대표단의 올림픽경기대회 참가 문제를 다시 토의할 것을 제기했다. 1963년 10월 독일 바덴바덴에서 진행된 제60차 총회에서 국제올림픽위원회는 북한 올림픽위원회를 정식 회원으로 인정하고 올림픽에 독자적으로 참가하도록 결정하고 북한 선수단의 명칭은 '북조선'으로 결정했다. 그러나 이러한 결정에 대해 북한이 반발하며 올림픽 참가를 거부함에 따라 북한의 '명칭 문제'는 또 다른 쟁점으로 부상했다.[138]

[표 5-20] 1960년대 남북체육회담 관련 제의 및 주장

연도		제의 및 주장
1960.8.14 김일성, '8.15해방 15주년 경축대회 연설'	북측	<남북연방제 실시 제의> 중 ● 남북간 문화교류 및 인민들의 자유래왕이 실현되어야 함. -남북간 문화사절 교환, 남북 간 모든 분야에서의 교류 실시 -과학·예술·체육 분야 등 -부모형제·친척·친우간의 편지거래 실시 -인민들의 자유왕래 실시
1960.11.22 최고인민회의 제2기 제8차 회의	북측	'대한민국 국회 및 제정당·사회단체들과 인민들에게 보내는 편지' <남북협상회의 소집제의> 중 ● 연방제의 최고민족위원회 또는 경제위원회를 통해 다음과 같은 당면한 강령적 과업들을 수행할 것을 제의함 중 -체육 분야의 남북교류실현과 국제무대 공동진출
1961.5.3 서울대학교·'민족통일 연맹대의원회 성명'	남측	<남북학생회담 제의> ● 학생회담과 학생기자 교류, 학술토론회, 모든 예술·학문·창작의 교류, 학생친선체육대회 등을 단시일내에 실현할 것을 제의함.

---

137) 조선올림픽위원회는 1963년 6월 11일 평양 총회에서 조선올림픽위원회 대표단 단장으로부터 홍콩회담에 대한 보고를 듣고, 유일팀 선수 선발문제 토의를 위한 남북 체육회담의 조속한 해결을 위해 모든 노력을 기울이겠다는 입장을 표명했다고 한다. 조남훈, 『조선체육사2』, 240~241쪽.

138) 조남훈, 『조선체육사2』, 241~242, 248쪽.

1961.5.13 조국평화통일위원회 결성대회 성명	북측	<남북 간 다자간 첩촉과 협상 실현> 중 ● 평화적 통일을 실현하기 위하여 남북간 접촉과 협상 및 교류를 실현해야 함. -남북조선 정권당국이나 최고인민회의와 대한민국 국회 간, 남북 정당·사회단체 및 실업계·교육계·문화예술계·체육계와 개별적 인사간 접촉협상 -남북학생회담 개최 -기자교환 및 각계층의 시찰·견학 조직 -서신왕래 실현 및 문화예술단체·체육단체 교환 -과학연구발표회·학술토론회 공동조직 -공업·농업분야의 경험 교환 -남북 간 경제적 교류협조 도모
1962.7.28 조선올림픽위원회, '대한올림픽위원회 앞 전문'	북측	<제18회 동경올림픽경기대회 남북단일팀 구성관련 체육회담 제의> ● 제59차 IOC총회 결정에 근거, 1964년 동경올림픽대회에 참가하기 위한 남북조선 유일팀 구성문제를 토의하기 위해 남북조선 올림픽위원회 대표들간의 회담을 제의함 -일시: 1962.8.20 -장소: 판문점
1962.8.14 대한올림픽위원회	남측	<IOC에 남북단일팀구성 동의통보> ● 제18회 동경올림픽 경기대회에 남북한 단일팀을 구성·출전할 것을 권고한 제59차 IOC 총회(62.6.4, 모스크바)의 결정에 동의함. *북한을 직접 상대하지 않고 IOC를 통해서만 접촉한다는 입장 천명
1962.10.19 조선올림픽위원회, '대한올림픽위원회 앞 전문'	북측	<남북체육회담 개최 촉구> ● 남북조선 유일팀 구성을 조속히 실현하기 위한 남북조선올림픽 위원회의 대표회담 개최를 거듭 제의하는 바임. -일시: 1962. 11월말 이전 -장소: 판문점이나 평양 또는 서울
1962.11.28 조선올림픽위원장 홍명희	북측	'대한올림픽위원장 및 국제올림픽위원회 서기장 앞 서한' ● 북남유일팀을 구성하려는 우리의 제의에 대해 귀위원회로부터의 회답이 도착하지 않았음. ● 국제올림픽위원회 서기장 소재지 로잔느에서 1962.12.25, 남북조선올림픽위원회 대표와 실무회의 개최를 제의함.
1963.1.24 로잔느 남북체육회담 (로잔느 IOC본부)	남측	● 단기: 태극기 *1963.4.19 IOC측과 협의후 '5륜마크 밑에 KOREA'(IOC안)로 결정 ● 단가: '아리랑'
	북측	● 단기 -1안: 전면에 태극기, 후면에 북한기 -2안: 한반도 중심부에 5륜표식 ● 단가 -전반 25초 한국국가 -후반 25호 북한국가

		• 1964년 동경올림픽대회에 남북단일팀 구성·참가
	합의 사항	• 단가는 '아리랑'
		• 동·서독사례 준용에 의한 선수선발
		• 단기는 IOC 집행위원회에 일임
		[대표단 명단]
		-남측;
		수석대표 김진구(대한체육회이사)
		대표 월터정(대한체육회사무장) 대표 손기정(대한체육회임원)
		대표 민용식(대한체육회대책위장) 대표 김정연(동계올림픽참가선수)
		-북측:
		단장 김용황(조선올림픽위원회부위원장)
		대표 김기수(조선올림픽위원회부위원장 겸 조선체육지도위원회 부위장)
		대표 김화영(조선올림픽위원회위원) 대표 양성욱(조선올림픽위원)
		대표 김용구(조선체육지도위원회위원)
1953.5.17~6.1 제1차 홍콩남북체육회담 (홍콩페닌슈라호텔) 14차례 본회의 및 2차례 연락대표 접촉 진행	남측	• 호칭: '남북한단일팀'(1차 본회의), 全韓팀'(2차 본회의)
		• 선수선발 방법: 본회의에서는 원칙만 논의한 후 종목별 경기단 체가 접촉하여 세부 절차를 결정토록 위임
		-선발전 시기: 각 경기단체 대표들이 결정
		-선발전 심판: 국제심판을 원칙으로 하고 장소가 국외일 경우 해 당국 심판
	북측	• 호칭: '전조선유일팀'(제1차), '남북단일팀'(제2차 본회의)
		• 선수선발 방법: 본회의에서 종목별 세부절차까지 결정
		-선발전 시기: 축구·배구는 9월 이전에, 동계올림픽은 12월 중에, 기타는 64.6월 중에 실시
		• 선발전 심판: 남북한 심판으로 하고 장소가 국외일 경우 해당 국 심판
	합의 사항	① 올림픽경기 전종목에 걸쳐 선발전 실시
		② 신발전은 가 경기단체의 합의에 따라 쌍방 올림픽위원회 위원 장의 승인을 받으며, 이를 위해 조속한 시일내에 각 경기단체별 접촉
		③ 선발전에 사용할 용기구는 동경올림픽 규격에 맞거나 국제경 기련맹이 공인한 것을 사용
		④ 심판은 제3국의 국제심판이 맡되, 국제경기련맹에 배정의뢰
		⑤ 경비는 각기 부담
		⑥ 합의사항은 63.6.20 이내에 쌍방 올림픽위원회 위원장의 승인 을 거쳐 발표
		[대표단 명단]
		-남측:
		수석대표 정상윤(대한올림픽위원회위원)
		대표 민용식(대한올림픽위원회대책위원겸대한체육회이사)
		대표 황 엽(대한올림픽위원회대책위원겸대한축구협회회장)
		-북측:

		단장 김기수(조선체육지도위원회위원장겸조선올림픽위원회부위원장) 대표 고상준(조선체육지도위원회부위원장) 대표 이일성(조선육상협회위원장)
1963.7.26 제2차 홍콩남북체육회담 (홍콩페닌슐라호텔) 연락대표접촉 1차례 회담 결렬로 남북단 일팀 구성 실패	남측	● 본회의의 원활한 진전을 위해 본 접촉에서 필요한 문제를 다룬 후 즉시 본회의를 개최할 것을 제의 ● 북측의 남측 회담대표단에 대한 왜곡·비난 선전 공개 사과 요구 -북측대표단은 1차 홍콩회담 종료후 단장 김기수의 귀환보고 (6.13일자 로동신문 등)를 통해 남측대표단에 대한 비방·중상 선 전 전개 [연락대표 명단] 대표 민용식(대한올림픽위원회상임위원) 대표 주석범(대한올림픽위원회상임위원) *김득모 수석대표 외 대표 6명 현지파견
	북측	● 북측대표단은 본회의에서 모든 문제를 다룰 수 있는 전권을 위 임 받고 나왔다고 주장 ● 남측의 공개사과 요구 거부 [연락대표 명단] 대표 고상준(조선체육지도위원회부위원장) 대표 서원준(조선탁구협회위원장)
1963.12.10 최고인민회의 상임위· 조국전선중앙위· 조국평화통일위 합동회의		'남조선 인민들과 정계인사들 및 사회활동가들에게 보내는 호소문' <남북평화협정 체결 및 교류·협력 실현> 중 ● 남북간 서신거래와 인사래왕을 실현해야 함 -전신·전화 등 통신연락과 우편물 교환조치 강구 -기자·언론인 래왕 -예술단·체육단 교류 -학술연구·관광을 위한 인사래왕 보장

출처: 통일원 남북회담사무국, 『남북한 통일·대화 제의 비교 제1권<1945~1987>』 (1993), 47~73쪽.

(2) '북조선' 명칭과 '가네포' 참가 문제: 국제올림픽위원회(IOC) 논의 과정

1963년 10월 제60차 IOC 총회에서 북한의 명칭이 '북조선'으로 결정된 다음부터 1969년 6월 제68차 IOC 총회에서 '조선민주주의인민공화국'으로 최종 결론되기까지 일련의 과정에서는, [표 5-21]에서 보는 것처럼, 다음과 같은 쟁점들이 거론되었다. 북한은 "국제체육기구들이 민족단체들의 명칭을 비롯한 그의 권리를 침해하는 행위는 국제체육기구들의 규약정신에 위배"되며 "어떤 민족단체도 다른 모든 단체와 같은 권리가 동등하게 부여"되어

야 한다고 주장했다.139)

한편 '국제아마츄어륙상련맹'은 가네포에 참가한 신금단 선수 등을 1964년 도쿄 올림픽경기대회에 참가할 수 없다고 발표했다. 이에 대해 1964년 10월 3일 국제올림픽위원회와 민족올림픽위원회 대표들의 합동회의에서 가네포 참가선수들에 대한 제재 조치를 철회할 것을 요구했으나 받아들여지지 않았다. 1964년 10월 9일 북한올림픽 대표단은 대회 참가 거부 성명을 발표하고 철수했다.140) 그로부터 4년이 지난 1968년 7월 불가리아에서 진행된 제9차 '세계청년학생축전' 체육행사에서도 '국제력도연맹'이 가네포에 참가한 북한 선수들의 경기 배제 방침을 발표했다. 1968년 8월 5일 북한 청년학생대표단은 현지에서 성명을 발표하며 반발했다.141) 북한은 1967년 4월 14일 프라하에서 진행된 제5차 '세계녀자롱구선수권대회'에서도 아시아 대표팀으로 남한 선수단이 결정된 것을 인정하지 않았다. '국제아마츄어롱구련맹'은 서울에서 진행된 '제1차 아세아녀자롱구선수권대회'를 지역예선경기로 인정한 것에 반발한 것이다. 쿠바도 북한을 지지하며 대회 참가를 취소했다.142) 이보다 앞선 1967년 1월 일본 도쿄에서 진행된 제5차 '세계녀자배구선수권대회'와 같은 해 8월 '국제대학생체육경기대회'와 관련해 일본배구협회가 북한 선수단의 명칭을 '북조선'으로 하고 참가국들의 국기게양과 우승팀의 국가 연주를 하지 않기로 결정하자 북한배구협회는 선수단파견을 취소했다.143)

---

139) 조남훈, 『조선체육사2』, 249쪽.

140) 『로동신문』, 1964년 10월 6일, 11일; 조남훈, 『조선체육사2』, 242~245쪽. 북한의 신금단 선수는 가네포에서 2개의 세계신기록을 수립했다. 1964년 동경올림픽에 남한은 육상, 복싱, 사이클 등 15개 종목에 224명의 선수단을 파견했다. 레스링 밴텀급에서 장창선이 은메달을, 복싱 밴텀급에서 정신조와 유도 중량급에서 김의태가 각각 동메달을 차지했다.

141) 『로동신문』, 1968년 8월 9일; 조남훈, 『조선체육사2』, 246쪽.

142) 조남훈, 『조선체육사2』, 253쪽.

143) 당시 '국제대학생체육경기대회' 집행위원회의는, 1956년 10월에 진행된 국제올림픽위원회 제63차 총회 결정에 따라, 개막식과 폐막식 행진에 사용하는 표말

1967년 4월 21~22일 이란에서 개최된 '국제체육련맹대표회의'는 북한의
주장을 반영한 공동 결의를 국제올림픽위원회 제65차 총회에 제기했다. 그
러나 1967년 5월 3일 국제올림픽위원회 제65차 총회와 1968년 2월 1일 프랑
스에서 열린 국제올림픽위원회 제66차 총회는 북한의 주장을 받아들이지
않았다. 1968년 2월 3일 북한올림픽위원회 대표단은 제10차 동계올림픽경
기대회 참가를 거부했다.[144] 1968년 10월 3~5일 멕시코에서 진행된 국제올
림픽위원회 집행위원회와 조정위원회 위원(12명), 96개 민족올림픽위원회
대표(167명)들의 연합회의는, "국제올림픽위원회가 사용하는 민족올림픽위
원회의 호칭은 그들이 사용하는 자기의 명칭과 일치"되어야 하기 때문에
"민족올림픽위원회를 자기들이 부르는 호칭으로 부를 것"을 국제올림픽위
원회에 권고하는 결의안을 채택했다. 이어 10월 7~12일 멕시코에서 진행된
국제올림픽위원회 제67차 총회는, 북한이 '북조선' 명칭으로 멕시코 올림픽
경기대회에 참가하면, 1968년 11월 1일 이후 모든 올림픽경기대회에서 북한
이 'D.P.R.Korea' 명칭을 사용할 수 있게 했다. 그러나 북한 올림픽위원회는
국제올림픽위원회 총회 결정을 반대하는 성명을 내고 철수했다.[145]

1969년 6월 6~10일 폴란드 바르샤바에서 열린 국제올림픽위원회 제68차
총회에서 사회주의국가 대표들이 '제67차 멕시코 총회 회의록 승인' 조항을
그대로 통과시킬 것을 주장했다. 국제올림픽위원회 위원장은 집행위원회
결의문에 대한 찬반 투표권을 멕시코 총회 출석 위원들만 가진다고 선포했

의 국명표시를 다음과 같이 결정했다. (1) 국명: 서독-Germany, 동독-East Germany,
한국-Korea, 북조선-North Korea. (2) 국기: 독일은 올림픽대회에서 사용하는 '독
일유일기', 조선은 '한국기'와 '북조선기'. "체협시보, 1966년 10월호, 21쪽; 조남훈,
『조선체육사2』, 255쪽 재인용.
144) 1964년 제9차 동계올림픽대회에서 북한은 '여자빙속' 3,000m 에서 2위를 차지했다.
145) 이상의 내용은 조남훈, 『조선체육사2』, 251쪽. 1968년 10월 12~27일 멕시코에서
열린 제19차 올림픽경기에 남한은 10개 종목, 74명의 선수단을 파견했으며, 복
싱 라이트플라이급의 지용주가 은메달, 복싱 밴텀급의 장군길이 동메달을 획득
했다.

다. 투표 결과 45명의 참가 위원 가운데 28명이 찬성, 15명이 반대, 2명이 기권하면서 집행위원회 결정문이 그대로 채택되는 형식으로 가결되었다. 이로서 이후 모든 올림픽경기대회에서 북한의 명칭을 '조선민주주의인민공화국'으로 부르기로 최종 결정되었다.[146)]

[표 5-21] 1963~1969년 '북조선' 명칭과 '가네포' 참가문제 논의 과정

연도	논 의	내용
1963.10.18	제60차 IOC 총회	-북한 올림픽 선수단 명칭을 '북조선'으로 결정
1964.	1964년 도쿄올림픽	-국제아마추어육상연맹, 가네포 참가 신금단 배제 -북한 올림픽대표단, 도쿄올림픽 철수(64.10.9)
1968.7.	제9차 세계청년학생축전	-국제력도연맹, 북한 선수 배제 결정 -북한 대표단, 력도경기 무효 주장 성명(68.8.5)
1967.4.14	제5차 세계녀자롱구선수권	-북한, 서울 제1차 아세아녀자롱구선수권대회 예선무효 주장, 불참 선언, 쿠바 동조 불참
1967.1.	제5차 세계녀자배구선수권	-일본배구협회, '북조선' 명칭 결정 -북한, 적대시 주장 불참
1966.9.9~11	국제대학생체육경기대회 집행위원회	-일본, 북조선 명칭 결정
1967.4.7~9	국제대학생련맹 집행위원회	-1967.5. IOC 제65차 총회 결정에 따라 명칭 사용 -1967.8.16, 북한 불참 선언, 쿠바 등 파견 취소
1967.4.21~2	국제체육련맹 대표회의	-21개 국제체육련맹대표 공동 결의문, 북한 지지
1967.5.3	제65차 IOC 총회	-북조선 명칭 불변
1968.2.1	제66차 IOC 총회	-북조선 명칭 불변
1968.2.3	북한올림픽위원회	-북조선 명칭 불변이면 제10차 동계올림픽 불참 선언
1968.10.3~5	IOC 집행위/조정위/ 민족올림픽위원회 대표	-북한 주장 수용, IOC에 권고 결의문 채태
1968.10.7~12	제67차 IOC 총회	-북조선 명칭 멕시코올림픽 참가 후 11월 1일 허용 -북한 올림픽위원회 반대 성명 발표 철수
1969.6.6~10	제68차 IOC 총회	-북한/사회주의국가, IOC 67차 총회 조항 통과 시도 -남한, 조건부 조항 첨가 주장 -위원장, 멕시코총회 출석위원 찬반투표 결과(찬성28,반대15,기권2) -이후 모든 올림픽경기에'조선민주주의인민공화국' 호칭 사용

출처: 조남훈, 『조선체육사2』, 242~252쪽.

---

146) 조남훈, 『조선체육사2』, 252쪽.

3) 국제 경기대회 기록

1960년대 북한의 스포츠기술은, [표 5-22]에서 보는 것처럼 다양한 종목에서 세계적인 수준에 도달해 있었다. 북한 선수들은 국제경기대회에 참가해 수준 높은 기량을 과시했다. 1962년 6~7월 모스크바에서 진행된 '즈나멘스끼 형제상 쟁탈을 위한 국제륙상경기대회'에서 신금단 선수가 녀자 400m와 800m에서 세계 기록을 수립했다. 1962년 제38차 '세계사격선수권대회'에서 북한 선수들이 특별상을 비롯한 여러 메달을 획득했다. '국제사격통신경기대회'에서는 종합 1위를 차지했다.147)

1963년 11월 10일부터 시작된 제1차 '신흥세력경기대회(가네포경기대회)'에서 북한 선수들은 20개 경기 종목 중 13개 종목에 135명이 참가했다. 세계 48개 나라에서 2천여 명의 선수들이 참가한 가운데 북한선수단은 143개의 금은동메달로 우승했다. 신금단 선수가 400m 륙상경기에서 51초 4를, 800m에서 1분 59초 1로 세계신기록을 세웠다. 리홍천 선수도 력기 56kg급 용상에서 141kg을 들어 올려 세계신기록을 수립했다. 이 대회에서 수립한 5종목의 세계 신기록 가운데 3개를 북한 선수들이 차지했다. 부카레스트에서 진행된 '국제탁구경기대회'에서 북한 선수들이 구라파 강팀들을 물리치고 남자 단체전에서 우승을 차지해 우승컵과 5개의 금메달로 우승을 차지했다. 북한 선수들은 1963년 남녀속도빙상세계선수권대회 등에도 참가했다.148)

1964년 1~2월 오지리 인스부르크에서 진행된 제9차 동계올림픽대회에서 북한 선수들은 녀자 3,000m 2위, 1,500m 4위를 차지해 종합성적 제3위를 기록했다. 스웨리예 크리스티네함에서 진행된 '세계녀자속도빙상선수권대회'에서는 종합 제2위를 차지했다. 같은 해 6월 버마 랑군에서 진행된 도꾜 올림픽경기대회 아세아지역 축구 결승전(조선:타이), 9~10월 중국 베이징에서

---

147) 『조선중앙년감 1963년판』, 254쪽.
148) 『조선중앙년감 1964년판』, 223~225쪽.

있은 사회주의 국가 '군사3종선수권대회' 등 국제 경기대회에서도 우수한 성적을 거두었다.[149]

1965년과 1966년에는 북한에서 진행된 아세아 축구 가네포 등 여러 국제 경기에서 우승했다. 1966년 11월 25일부터 2월 6일까지 캄보쟈 수도 프놈펜에서 진행된 제1차 아세아가네포경기에서 북한은 20개 종목 가운데 18개 종목에 참가했다. 북한은 금메달 30개, 은메달 40개, 동메달 33개 등 모두 103개의 메달을 차지했다. 1966년 7월 12~30일 영국 런던에서 진행된 제8차 세계축구선수권대회에도 참가했다. 대회에서 북한 선수단은 이탈리아 선수단과의 경기에서 1:0으로 승리, 칠레 선수단과의 경기에서는 1:1 무승부, 소련선수단과의 경기 결과 8강에 진출했다. 북한은 집단체조 전문가들을 캄보쟈와 꽁고에 파견했다. 축구 전문가들을 캄보쟈에, 유술 전문가들을 기네와 쿠바에 각각 파견했다.[150]

1967년에는 배구, 롱구, 탁구 종목에서도 세계적인 수준에 도달해 있었다. 몽골 울란바다르에서 있은 '사회주의국가 안전기관 배구선수권대회'(11월 23~29일)에서 여자 선수단이 금메달, 남자 선수단이 은메달을 차지했다. 대회에는 쏘련(남녀), 민주독일(남녀), 로므니아(녀), 벌가리아(남), 웽그리아(남녀), 체스꼬슬로벤스꼬(남), 뽈스까(녀) 선수단이 참가해 서로 한 번씩의 경기를 진행했다. 북한은 특히 '중장거리 투사에 의한 속도전'이라는 독특한 롱구 전술을 개발했다. 1967년 4월 11일부터 21일까지 스웨리예의 스톡홀름에서 있은 제29차 '세계탁구선수권대회'에서 남자선수단이 구라파 강자들과의 경쟁에서 2위를 차지했다.[151]

1968년에는 사격, 모형항공 종목과 배구, 권투, 롱구, 체조 등의 기술이 발전했다. 공화국기록 갱신자들이 많이 배출되었으며, 녀자배구, 남자탁구,

---

149) 『조선중앙년감 1965년판』, 190~192쪽.
150) 『조선중앙년감 1966~1967년판』, 245~247쪽.
151) 『조선중앙년감 1968년판』, 199쪽.

녀자빙상, 축구 등에서 세계적인 수준을 과시했다. 1968년에 진행된 제9차 '세계청년학생축전'에서 북한 여자배구선수들이 1위를 차지했다. 쏘련, 체스꼬슬로벤스꼬, 웽글리아 등 강팀들을 물리쳤다. 북한을 방문한 소련 붉은 기녀자배구종합선수단과의 경기에서도 승리했다. 남자배구도 전년에 비해 기량이 향상되었다. 배구선수후비들도 많이 양성되어 각 체육단 배구선수단들이 독립적으로 국제경기에 출전했다. 1969년 8월 25~27일 소련에서 진행된 '사회주의나라 청소년체조경기대회'에서 북한 선수들이 5개 종목에서 1위를 차지했다.[152]

[표 5-22] 1961~1970년 주요 종목별 국제경기대회 성적

종목	경기대회	성적
속도빙상	1964.1.29~2.9, 인스부르크, 제9차 겨울철올림픽경기대회	3000m 2위, 1500m 4위
	1966.2.12~19, 노르웨이, 세계속도빙상선수권대회'	우승
탁구	1961.4.5.~15일, 베이징, 제26차 세계탁구선수권대회,	남자 단체전 12위
	1963.4.5~14일, 프라하, 제27차 세계탁구선수권대회	6위
	1965.4.15~25, 유고슬라비아, 제28차 세계탁구선수권대회	3위
	1967.4.11~21, 스톡홀름, 제29차 세계탁구선수권대회	2위
축구	1960. 북한, 쏘련 크릴리야 쏘베또브 축구선수단 초청	1:0, 1:0, 8:3 승리
	1966.7.11~30일, 런던, 제8차 세계축구선수권대회 16강(칠레1:1, 이태리 승)	8강 진출 포르투갈에 역전패
배구	1965.6 소련, 국제녀자배구경기대회	2위
	1966. 북한, 소련여자배구종합선수단 초청	3:0 승리
청년축전	1968.7. 불가리아, 제9차 세계청년학생축전	1위
	1969.8.27~31, 불가리아, 국제녀자배구경기대회	우승
	1968.7.28~8.6, 불가리아, 제6차 세계청년학생축전	종합우승컵 1개, 금8, 은12, 동9

출처: 『조선중앙년감 1963년판』, 254쪽; 『조선중앙년감 1964년판』, 223~225쪽; 『조선중앙년감 1965년판』, 190~192쪽; 『조선중앙년감 1966~1967년판』, 245~247쪽; 『조선중앙년감 1968년판』, 199쪽; 『조선중앙년감 1970년판』, 304쪽; 『조선중앙년감 1971년판』, 272쪽.

---

152) 『조선중앙년감 1970년판』, 304쪽.

4. 소결: 총화 내용과 평가

= 총화 내용

국가발전 시기 북한의 체육사업은, 1961년 당 제4차 대회에서 김일성이 "청소년들 속에서 체육사업을 군중적으로 힘 있게 벌려 젊은 세대들을 정신적으로뿐만 아니라 육체적으로 끊임없이 단련"시키도록 한 것을 계기로 학교체육을 강화했다. 1966년 '국방경제 병진노선'이 공식화된 이후에는 체육인들 사이에 "당의 유일사상체계를 철저히 세우고 당의 체육정책 관철에로 전체 근로자와 체육인들을 조직 동원"하기 위한 운동을 확산시켰다. 이러한 과정 속에서 북한의 체육사업은 체육지도체계 개편과 체육간부 양성체계 개선, 체육과학과 체육선전 사업 강화, 물질기술적 토대를 마련했으며, '국방체육을 위주로 대중체육'을 전국적으로 실시했다. 이러한 내용은 1969년 전국체육인대회에서 사업보고에서도 확인된다.[153]

먼저 대중체육에서는, '생산경기' 방식을 전국적으로 실시했는데, 천리마운동과 같은 대중적인 생산혁신운동과 결부하여 실시했다. 전체 인민이 '하루 1시간 체육운동'에 참가했으며, 체육활동 속에서 '혁명적인 생활기풍과 집단주의 정신'을 배양했다. 해마다 수백만의 근로자와 청소년들이 참가한 인민체력검정에서는 '편지전달계주, 혁명전적지로의 달리기, 등산, 체육행군, 야영' 등 국방체육 형식이 포함되었으며, 당 정책교양과 혁명전통 교양, 공산주의 교양의 일환으로 실시되었다. 집단체조가 사회주의 체육의 형식으로 발전했는데, 학교체육에서는 교육, 생산, 국방과 결합된 형식에 중점을 두었다. 한편 종목체육에서는, 체육훈련에서 체육인들이 "주체를 철저히

---

153) "체육부문에 주신 경애하는 수령 김일성 동지의 교시를 철저히 관철하며 수령께 끝없이 충직한 붉은 체육전사가 되자-전국체육인대회에서 한 최고인민회의 상임위원회 부위원장인 조선체육지도위원회 강량욱 위원장의 보고," 『로동신문』, 1969년 11월 4일.

세워 우리 민족의 체질적 특성에 맞게 기술과 전술을 발전"시키게 했으며, 배구, 탁구, 축구, 빙상 등 여러 종목에 "우리 민족의 이악하고 재빠르며 투지가 강한 우월성을 최대한으로 이용한 독특한 기술과 전술"을 적용했다. 특히 체육인들에게는 김일성의 혁명사상으로 무장해 수령의 의지대로 사고하고 행동하게 했으며, 수령의 교시와 당의 로선과 정책을 무조건 옹호하고 끝까지 관철하는 혁명가적 기풍을 확립하도록 했다.

체육인대회 총화에서는 '국방체육을 위주로 하는 대중체육'을 더욱 확산시키기 위한 방안들이 제시되었는데, 대중체육에서는 집단달리기, 등산, 야영, 행군 등 군중체육 활동으로 당의 혁명전통을 교양하게 하고, 모든 경기대회를 당 정책교양, 혁명전통 교양, 공산주의 교양과 결부시켜 진행하도록 했다. 근로자와 청소년들도 국방체육을 위주로 체육을 대중화하도록 했으며 인민체력검정으로 체력 향상시키고 국방체육으로 전체 인민을 무장시켜 전국을 요새화하도록 했다. 이외에도 사회주의 경제건설을 촉진할 수 있도록 생산과 결부된 체육을 널리 보급하는 한편으로는, 농촌 체육사업에서 군의 역할을 높이기 위해 시, 군 체육구락부가 적극 협조하도록 했다. 종목체육에서는 모든 종목기술을 전면적으로 발전시키게 했는데, 체육 선전사업 강화와 체육과학 연구사업, 체육간부 양성과 재교육사업을 개선하도록 했다. 이와 함께 국제경기대회에 적극 진출함으로써, 김일성의 혁명사상과 혁명과 건설에서 이룬 성과, 자주적 조국통일 방침 등을 선전하는 것과 사회주의국가와 신생 독립국가들과 연계를 강화하여 반제반미 투쟁 전개 등을 강조했다.

= 평가

이상에서 살펴본 것처럼 1960년대 북한의 체육사업은 사회주의의 전면적 건설을 위한 내부 역량을 총동원하는 차원에서 학교체육을 강화한 데 이어 국방체육을 위주로 하는 대중체육 사업을 중점적으로 전개했다. 이를 위해 국가 차원에서는 체육간부, 선수, 심판 양성 시설 확충, 체육과학 연구 사업에 역점을 두었으며, 인민 차원에서는 체육단체, 체육학교, 국방구락부 활동을 활성화시켰다. 이를 통한 대내활동은 학교체육 강화, 집단체조 발전, 인민체력검정 확대, 집단달리기 확산, 생산체육경기 강화, 국방체육종목 확산 등을 가져왔고, 대외활동은 사회주의국가들과의 교류 강화, 신생독립국가들과의 연계 확대, 올림픽 가입 및 남북체육회담 개최 등이 핵심 사안이었다.

북한은 국제 경기대회 참가를 위해 1950년대 후반부터 스포츠 기술 향상에 큰 힘을 쏟았는데, 1960년대 초반 다양한 종목들에서 세계적인 기술 수준을 과시하는 성과를 가져오기도 했다. 그렇지만 1960년대 중반 이후 국방경제 병진노선을 추진하는 속에서 체육사업도 국방체육으로 기울었으며, 체육인들에게는 당의 유일사상체계 확립을 위한 혁명전통 교양 사업이 강화되었다. 이러한 사업 방향은 1969년 체육인대회에서의 김일성 연설로 총정리되었으며, 1970-80년대 김정일이 주도한 '주체를 위한 체육기술과 사상'의 골격을 이루었고, 2010년대 이후 김정은 시기에 보편화되고 있는 '선군시대 체육사업'의 핵심 내용으로 이어지고 있다.

이상의 내용은 [표 5-23]과 같이 요약할 수 있다. 그 속에서 다음과 같은 경향들도 확인되었다.

첫째, 이 시기 북한체육은 체육기술 발전을 토대로 본격적인 대외경쟁에 뛰어들었다. 1964년 동계올림픽 속도빙상 3000m 2위, 1965년 국제여자배구경기 2위, 1966년 월드컵 8강 진출, 1967년 세계탁구선수권 2위, 1972년 처음 참가한 뮌헨올림픽에서 금1, 은1, 동3개를 획득해 은메달 1개에 머문 남한을 제치는 결과로 나타났다. 둘째, 1960년대 후반부터 북한의 스포츠기술은 정체현상을 보이기 시작했다. 1960년대 초반부터 국가자원이 군사부문에 과도하게 집중되면서 체육활동에서도 기술력보다는 정신력으로 크게 의존했기 때문으로 볼 수 있다. 1963년 가네포대회에 비해 1966년 제1회 아시아가네포대회에서 북한의 기록이 저조한 것, 1966년 월드컵축구 8강 이후 별다른 성과가 없는 것, 1972년 뮌헨올림픽 이후 남한과의 경쟁에서 뒤떨어지는 것 등으로 나타났다. 셋째, 1960년대에도 북한체육은 경제력의 취약성을 정치력으로 극복하고자 했다. 1966년 국방경제 병진노선이 재확인된 이후부터 심화되었다. 국방체육 위주의 대중체육, 생산혁신운동과 결합, 전체인민의 아침체조/인민체력검정 참가, 근로자청소년들의 달리기/등산/행군/야영, 집단체조 발전, 훈련에서의 주체 확립 등으로 나타났다. 마지막으로 이 시기 북한체육은 국방체육을 중심으로 대중체육과 종목체육 사업을 전개했다. 행군, 등산, 집단달리기, 국방체조 등 대중국방체육 활동과 함께 사격, 활쏘기, 수영, 달리기, 락하산 등 국방실용체육 활동이 중심을 이뤘다. 대중체육과 종목체육을 국방체육으로 대체함으로써 나름대로 대중체육과 종목체육의 특성을 상호 보완하고자 했다. 그러나 이와 같은 국방체육 방침은, 물질적인 측면보다 정신적인 측면에 더 의존하는 것이며, 물질적인 토대에 좌우되는 체육스포츠 기술을 지속적으로 향상시키기 위한 조건으로부터 벗어나 있다. 그 결과 1960년 후반부터 국제 경쟁력이 떨어지기 시작했으며, 1972년 뮌헨올림픽에서 남한보다 앞섰던 것과 달리 1974년 테헤란 아시아경기대회에서 종합 5위로 종합 4위인 남한보다 뒤처졌으며, 1976년 몬트리올올림픽에서는 금메달 1개와 은메달 1개에 그쳐 이보다 동메달 4개를 더 따낸 남한과의 차이가 벌어졌다. 이러한 현상을 탈피하고자 북한의 체육사업은 물질적인 부족을 정신력으로 대체하면서 승산 있는 종목을 집중 육성하는 방향으로 크게 기울어져 지금과 같은 군인선수들을 중심으로 하는 선군체육의 방식으로 굳어진 것으로 보인다.

[표 5-23] 국가발전 시기 체육정책의 구조와 동학

체육사업 ＼ 시기		국가발전 시기 (1945~1950)	
국가		정신력 강조 대중국방/국방실용 체육	체육기술 제고 방침, 전인민적 운동 전개 국방체육 강화
인민			체육단체/체육학교 조직 국방체육구락부 설치
↓↑		↓↑	
대내		노동력/국방력	학교체육/인민체력검정/집단체조 강화 집단달리기, 생산체육경기, 국방체육종목
대외		국가위력	사회주의국가 교류/신생국가 관계발전 남북체육회담, 국제경기연맹 가입
↓↑		↓↑	
성과		체육의 유일지도체계 확립 및 국방체육 사업체계 구축 (간부/선수/심판/시설/과학/단체/체육학교/국방구락부/공훈 인민체육인)	
평가		1. 대외경쟁: 확대 경향 2. 강제효과: 체감 시작 3. 내용/형식: 정신력 강조, 대중국방체육 및 국방실용체육 중심 4. 대중/종목: 대체 관계	
↓↑		↓↑	
헤게모니 결과	정치군사	국방경제 병진노선, 유일사상체계 확립	
	경제건설	생산력 발전, 노동력 부족, 경제성장 지체	
	국제관계	남조선혁명론 및 자주통일론, 자주외교 노선 강화	
국가전략		사회주의의 전면적 건설 전략	

1945년~1970년 북한 체육사업의 변화 과정은 [표 5-24]와 같다.

[표 5-24] 북한 체육사업의 변화 과정(1945~1970)

체육사업 ╲ 시기	국가건설 시기 (1945~1950)		국가재건 시기 (1953~1960)		국가발전 시기 (1961~1970)
국가	체육지도사업체계구축, 체육간부, 시설기재	→	체육지도체계 정비강화 군중체육/스포츠 제고		체육기술제고, 전인민 운동, 국방체육 강화
인민	체육단체/소조 조직 경기분과위원회 설치	→	체육협회/구락부 개편 경기종목 보급	→	체육단체/체육학교 국방체육구락부 설치
↓↑	↓↑		↓↑		↓↑
대내	대중화 생활화 학교체육, 국방체육	→	인민체력검정 활성화 체육기술 혁신운동	→	학교/인민검정/집단체 조/생산/국방체육강화
대외	남북체육교류/단절 세계청년학생축전 참가	→	친선교류국제대회 확대, 남북유일팀 추진	→	사회주의/신생국 교류, 올림픽, 남북체육회담
↓↑	↓↑		↓↑		↓↑
성과	체육지도체계 구축 인민체위 향상	→	체육지도체계 강화 군중체육 활성화	→	유일지도체계 확립 국방체육 체계 구축
평가	1. 대외경쟁 확대 2. 강제효과 상승 3. 체력중점/종목우선 4. 대중/종목 대립관계		1. 대외경쟁 확대 2. 강제효과 상승 3. 정신기술/대중종목 조화 4. 대중/종목 보완관계		1. 대외경쟁 확대 2. 강제효과 체감 시작 3. 정신력/국방중심 4. 대중/종목 대체관계
↓↑	↓↑		↓↑		↓↑
헤게모니 결과 — 정치군사	당군정 건설, 전쟁준비 김일성의 권력획득	→	종파투쟁, 당국가 건설, 유일지도체계	→	수령제 유일사상체계 확립
헤게모니 결과 — 경제건설	사회주의경제체제 구축 증산투쟁 전개	→	중공업중심, 대중동원 생산방식 사회주의개조	→	국방경제/노동력부족 경제성장 지체
헤게모니 결과 — 국제관계	민주기지 구축 사회주의 진영외교	→	민주기지/평화통일론 다변화 외교 모색	→	남조선혁명/자주통일론 자주외교 노선 강화
국가전략	반제반봉건 민주주의 혁명 및 사회주의과도기 전략	→	전후 복구 및 사회주의 기초 건설 전략	→	사회주의의 전면적 건설 전략

제6장

결 론

: 선군체육의 기원(1945~1970)

　해방 이후 1970년까지 북한의 체육사업을 국가전략이라는 구조 속에서 살펴보았다. 북한권력이 시기별 대내외 환경 변화에 대응하는 속에서 체육사업을 어떻게 활용하였는지 그 동인을 파악하기 위한 과정이었다. 북한의 체육사업은 해방 직후에는 인민대중의 체위 향상에 주요 목적을 두었지만 점차 사회주의체제로 정착되어가면서 노동력과 국방력, 국가적 위력을 확보하기 위한 목적으로 구체화되었다. 체육스포츠의 내용과 형식에 있어서도 대중체육과 종목체육, 정신력과 기술력 등의 강조점을 시기별로 달리했는데, 1960년대 후반에 이르러서는 '혁명정신을 강조하는 국방체육'의 방식으로 굳어지게 되었다.

　이 책이 다루고 있는 북한의 전반기(1945~1970) 체육사업은 북한체육의 기본 노선과 방침이 이와 같은 '국방을 위한 체육'의 방식으로 고착화된 시기로서, 이후 1970-80년대 김정일이 주도한 '주체적인 체육기술과 사상'의 기원을 파악하는 것과 함께, 2010년대 김정은 시기에 이르러 더욱 일반화되고 있는 '선군체육' 방식의 본질을 규명하기 위한 기본 자료로서의 의미를 지닌다. 앞서 살펴본 것처럼 해방 이후 1970년까지 북한의 체육사업은 인민체육 중심, 군중체육 중심, 국방체육 중심 등 세 번의 변화 속에서 다음과 같은 특징을 보였다.

= 국가건설 시기(1945년~1950년): 인민체육

국가건설 시기(1945년~1950년) 북한은 반제반봉건민주주의 혁명 및 사회주의 과도기 전략 속에서, 정치군사적으로 김일성의 권력 획득 및 전쟁기간 중 권력의 확장, 경제건설 측면에서 인민경제 개혁 조치 및 증산투쟁, 통일외교적으로 민주기지 건설 및 사회주의 진영외교 등의 대내외적 환경 변화를 겪었다. 그런 속에서 북한권력은 권력기반을 다지기 위한 목적에서, 전인민인 체육 방침을 표방하였는데, 전국가적 차원에서 지도체계 확립, 체육간부 양성, 체육시설기재 확충, 전인민적 차원에서는 체육단체와 체육소조 조직, 종목별 분과위원회 설치 등의 조치를 취했다. 이를 위해 당 단체, 특히 민청 조직을 적극 활용했다.

이 시기 인민체육 방침은 전체 인민을 대상으로 하는 체육의 대중화, 생활화에 집중되었다. 1948년 중앙체육지도위원회, 인민체력검정, 인민보건체조, 체육절 등 체육사업의 기본 체계가 마련되었으며, 1949년도부터 체육단체, 체육시설기재, 강습회, 체육대회 등으로 체육사업의 기본 토대가 구축되었다. 1949년 중반부터는 종목체육과 국방체육을 확산시키기 위한 방안이 함께 추진되었는데, 종목체육으로 체육에 대한 인민대중의 관심을 높이고 국제경기에서 국가위력을 과시하면서 국방체육으로 전쟁에 필요한 군사기술을 준비해 나갔다. 이 시기 북한의 체육사업은 국가건설에 필요한 인민의 체력을 향상시키기 위해 인민체력검정과 인민보건체조 등 대중체육을 활성화시키려고 했지만, 이에 대한 인민의 호응도가 높지 않자 종목체육 기술을 먼저 보급해 인민대중의 관심을 이끌었던 것으로 설명할 수 있다.

= 국가재건 시기(1953년~1960년): 군중체육

국가재건 시기(1953년~1960년) 북한은 전후 복구 및 사회주의 기초 건설 전략 속에서, 정치군사적으로 전후 당, 국가 정비 및 종파투쟁, 김일성 중심의 유일지도 체계 형성, 경제건설 측면에서 생산방식에서 사회주의적 개조 및 대중동원 방식의 전개, 통일외교적으로 평화통일 및 다변화 외교 모색 등의 대내외적 환경 변화를 겪었다. 그런 속에서 북한권력은 전후 분산되어 있는 인민대중을 효과적으로 결집하기 위한 목적에서, 전국가적 차원에서 내각직속 체육지도위원회 조직과 1개년 사업계획 진행, 각종 규정 정비, 전인민적 차원에서 종목별분과위원회 및 체육협회 복구, 하부 단체 조직과 체육구락부 설치에 힘을 쏟았다. 1950년대 후반에는 전국가적 차원에서 체육지도위원회 정비와 간부양성 체계 개선, 군중체육발전과 스포츠 기술 제고, 전인민적 차원에서 체육협회 정비, 경기종목 보급과 시설 확충에 역점을 두었는데, 이는 인민대중의 일상을 대중동원의 사회주의 노력경쟁 방식으로 유도해 나가기 위한 것이었다.

이 시기 대내활동은 군중체육 활성화, 국방체육종목 보급, 민족체육 장려, 체육기술 혁신 등으로, 대외활동은 사회주의국가와의 연계 강화, 국제체육기구 가입, 남북 유일팀 추진 등으로 나타났다. 대중체육에서는, 전반기에 인민체력검정 활성화 및 하루 1시간 운동 의무화, 인민보건체조 보급에 이어, 후반기에는 국방체육 보급 및 민족체육 장려, 체육활동의 정치사상과의 결부 등에 집중되었다. 종목체육에서는, 국제경기에 참가하기 위한 체육기술 혁신 운동을 전개하면서 일반 노동자들 속에서도 사회주의 경쟁 방식인 생산체육경기를 활성화시켜 나갔던 것으로 설명할 수 있다.

= 국가발전 시기(1961년~1970년): 국방체육

국가발전 시기(1961년~1970년) 북한은 사회주의의 전면적 건설 전략 속에서, 정치군사적으로 국방경제 병진노선 및 유일사상체계 확립, 경제건설 측면에서 생산력 발전과 노동력 부족 및 경제성장 지체, 통일외교적으로 남조선혁명론 및 자주외교노선의 강화 등 대내외적 환경 변화를 겪었다. 그런 속에서 북한권력은 1960년대 초반 전인민적 체육을 위한 학교체육을 강화하는 것과 함께 국제경기를 위한 체육기술 향상에 역점을 두었다. 그러나 국방경제 병진노선이 확정된 중반 이후부터는 국방력 강화와 유일사상 체계 확립이 체육사업의 일차적인 목적이 되었으며, 이를 위해 전국가적 차원에서 국방체육을 위주로 하는 대중체육 강화, 유일사상 확립을 위한 사상교양 강화 등으로, 전인민적 차원에서 체육단체와 체육학교 정비, 국방구락부 설치 등으로 변형되었다.

이 시기 대내활동은 학교체육 강화, 집단체조 발전, 집단달리기 확산, 인민체력검정 확대, 생산체육경기 강화, 국방체육종목 발달 등으로, 대외활동은 사회주의국가들과의 교류 강화 및 신생독립국가들과의 연계 확대, 올림픽 가입 및 남북체육회담 개최 등으로 나타났다. 이 가운데 특히 대중체육은 편지전달계주, 혁명전적지로의 달리기, 등산과 체육행군, 야영 등의 체육활동이 당정책교양, 혁명전통교양, 공산주의교양의 수단으로 활용되었고, 사회주의 체육의 한 형태로 집단체조 형식이 발전했다. 종목체육에서도 체육훈련에서의 형식주의와 교조주의를 배격하고 주체를 철저히 세우도록 하였으며, 민족의 체질적 특성에 맞는 기술과 전술을 개발해 배구, 탁구, 축구, 빙상 등 여러 종목에 적용하도록 했다. 이처럼 1960년대 후반 북한의 체육사업 국방체육을 위주로 대중체육을 활성화하면서, 국방실용체육을 중심으로 종목체육의 기술을 향상시키고자 했던 것으로 설명할 수 있다.

= 북한체육의 특징

해방 이후 1970년까지 전개되어 온 북한의 체육사업 속에서 정신력 강화, 대중체육 강조, 대내외활동 연결 등 다음과 같은 세 가지 특징을 확인할 수 있었다.

첫째, 정신력을 강화했다. 북한체육의 내용적인 측면에서 기술력보다 정신력을 더 강화해온 것은 특히 기술력 향상의 전제가 되는 경제력이 취약한 시기였던 해방 직후, 전후 복구, 1960년대 후반에 두드러진 현상이었다. 당시 북한권력은 경제력에 의존하는 스포츠 기술력의 부족을 보완하려는 목적에서 전문선수들의 정신력을 강화하기 위한 수단들을 동원해 나갔다. 국가건설 시기에 정치교양, 사무능률 및 보고체계, 지도검열, 물자애호 등으로, 국가재건 시기에 반당종파분자들에 대한 사상투쟁, 당의 통일단결 보장 등으로, 국가발전 시기에 체육을 통한 문화혁명, 군중적 체육활동과 혁명전통 교양의 병행, 생산과 결부된 체육활동 등으로 굳어져 지금도 북한체육의 기본 내용을 이루고 있다.

둘째, 대중체육을 강조했다. 북한체육의 형식적인 측면에서 종목체육보다 대중체육을 더 강조해 온 것은 체육으로 인민대중의 체력 향상으로 혁명과 건설에 필요한 노동력과 군사력을 배양하고자 하는 북한권력의 기본 의도와 관련이 있었다. 그러나 대내외 환경이 변화하는 속에서 '국방체육 중심의 대중체육'의 방침 아래 '대중국방체육' 형식으로 변형되었다. 그 과정을 보면 국가건설 시기에 인민체력검정 실시와 각종 체조가 보급되었지만, 종파투쟁을 겪은 국가재건 시기에는 인민체력검정 개선, 집단달리기 등 군중체육의 방식으로 변형되었고, 국방경제 병진 노선이 본격화된 국가발전 시기부터는 하루 1시간 운동, 집단체조 활성화, 혁명전적지달리기, 등산 행군야영 등 국방체육 중심의 대중체육으로 굴절되어 지금까지 북한체육의 주요 형식으로 이어지고 있다.

셋째, 대내외활동을 연결했다. 북한체육에서 국내정치 차원의 대내활동과 국제외교 차원의 대외활동이 서로 유기적으로 연결되었던 것은 북한권력의 의도와 관련되어 있다. 대내적으로 인민대중의 체력을 향상시켜 노동력과 군사력 강화하고 이를 바탕으로 체육기술을 향상시켜 각종 국제 경기대회에서 우승함으로써 정치, 경제, 군사, 문화 등 북한이라는 국가의 위력을 대내외에 과시하고자 했기 때문이다. 구체적으로는 국가건설 시기에 종목별 기술 보급으로 체육을 대중화하는 속에서 세계청년학생축전에 참가해 기량을 과시했으며, 국가재건 시기에 군중체육 활성화와 체육기술 발전을 바탕으로 사회주의국가들과의 친선교류를 확대한데 이어, 국가발전 시기에도 학교체육과 국방체육을 강화하는 속에서 신생독립국가들과의 친선교류와 올림픽 등 국제대회 참가를 본격적으로 준비해 나갔다.

= 북한체육의 경향

해방 이후 1970년까지 북한체육은 크게 인민체육, 군중체육, 국방체육 등 세 번의 변화 과정 속에서 다음과 같은 흐름을 형성하였다.

첫째, 대외경쟁을 확대했다. 북한체육은 해방 직후부터 다른 국가와의 경쟁, 특히 남한과의 경쟁을 넘어 다른 사회주의국가들과의 경쟁, 전 세계적 차원의 각종 국제경기대회에서의 경쟁 등 다른 나라와의 스포츠 경쟁의 공간을 점차 확대했다. 각종 경기대회에서 우승함으로써 사회주의 북한의 위력을 대내외에 과시하고자 하는 목적에서였던 것으로 보인다.

둘째, 대외경쟁력이 하락했다. 국가자원이 군사부문에 집중되면서 북한의 체육사업은 정신력에 집중했다. 특히 1960년대 초반부터 물질적인 지원보다 정신적인 측면이 강조되면서 체육기술이 지속적으로 발전하지 못했다. 그 결과 북한체육의 대외경쟁력은 1963년 가네포대회보다 1966년 아시아가네포대회 기록이 떨어졌으며 1972년 뮌헨 올림픽 경기대회 이후부터 본격적으로 하락했다.

셋째, 내용형식을 대체했다. 북한의 체육사업은 1960년대 초반부터 경제적인 부족분을 정치력으로 극복하고자 했다. 이를 위해 종목체육의 기술적인 발전을 정치사상교양을 통한 정신력으로 대체하고자 했다. 그동안 북한 체육이 전개방식인 '기술력과 종목체육, 정신력과 대중체육'의 내용과 형식의 조합을 '정신력과 종목체육'으로 무리하게 대체한 것이었다. 이러한 경향은 1960년대 중반 이후 유일사상체계 확립과 국방체육 중심의 활동 속에서 더욱 심화되었다.

넷째, 국방체육에 집중했다. 북한의 체육사업은 국가건설 시기에 대중체육과 종목체육의 대립 속에서 종목체육을 우선적으로 보급했다. 국가재건 시기에는 대중체육과 종목체육이 서로 보완관계를 이루며 동시에 발전했다. 국가발전 시기에는 대중체육과 종목체육의 형식이 대중국방체육과 국방실용체육으로 변형시켜 국방을 위한 체육사업에 집중했다.

이상에서 살펴본 것처럼, 북한의 체육사업은 해방 직후부터 대외 경쟁을 확대해 왔으며, 체육스포츠 경쟁력 확보를 위해 경제력보다 정치력에 더 의존해 온 경향이 있었다. 그 결과 체육의 내용적인 측면에서 경제력이 바탕이 되는 기술력보다 정치력에 의존하는 정신력에 집중되있다. 체육의 형식에서는 전체 인민의 자발적 참여를 바탕으로 하는 대중체육이 보편화되었지만, 국방경제 병진노선이 본격화된 1960년대 후반부터는 '혁명정신을 강조하는 국방체육' 중심으로 굳어졌으며, 지금도 북한체육의 기본 특성으로 이어지고 있다.

그렇지만 국방체육은 물질적인 측면보다 정신력을 더 강조하는 경향이 있다. 이러한 특성으로 인해 북한 체육은 1960년대 후반부터 국제 경기대회 경쟁력이 떨어지기 시작했다. 이러한 사실은 1950년대 후반에 김일성 중심의 강력한 정치력과 함께 해외원조에 기반한 경제력이 기본 토대가 되어 대중체육과 스포츠 기술을 두루 발전시킴으로써 1960년대 초반부터 몇 년간 국제 경기대회에서 두각을 나타냈던 사실과 크게 비교되는 점이다.

북한 체육사업의 이러한 변화 속에서 주목할 점은 '체력을 기본으로 기술력과 정신력이 보완'을 이룰 때 체육스포츠 경쟁력이 유지될 수 있다는 사실이다. 비단 체육부문에서만 아니라 거시적 차원의 다른 국가사업에 있어서도 '경제력과 정치력이 적절하게 결합' 되었을 때 지속적으로 국가 발전을 담보할 수 있다는 의미를 지닌다. 다시 말하면 국가권력의 강제적 수단이 정치력이나 경제력 가운데 어느 한 쪽에 편중되지 않고 조화롭게 구성되었을 때 이에 따른 인민대중의 동의 수준 또한 안정적으로 유지되어 지속적인 국가발전을 이루게 된다는 의미이기도 하다.

부 록

[부록-1] 북한체육 연표(1945~1970)[1]

연 도	내 용
45.08.15	8.15해방
45.10.10~13	당 창립대회(조선공산당 북조선분국): '반제반봉건 민주주의 혁명' 노선 채택
45.10.14	김일성 환영 평양시민대회
45.10.29	민주청년 열성자대회, 김일성 연설, 공청대신 민청 역설
45.11.01	북조선 체육동맹 결성
45.11.	'5도 행정국' 출범
45.12.17~18	제3차 확대집행위원회, 김일성 책임비서 선출
46.01~03.	경평대항빙상호케이경기대회, 전국빙상선수권대회, 경평대항축구경기대회
46.01.17	민주청년 단체대표자회의, 김일성, 공청 해산 민청 결성
46.02.08	'북조선임시임시인민위원회' 수립
46.03~08.	민주개혁 조치(토지개혁법, 노동법, 남녀평등법, 국유화법)
46.10.04~08	8.15해방 1돐 경축 북조선종합체육대회
46.10.06	체육인대회, 김일성 연설 "체육을 대중화하기 위하여," 전국체육경기대회
46.11.03	도·시·군 인민위원회 선거
46. 12.17~18	당 중앙위 상무위원회, 체육동맹 해산, 인민정권 내 체육전문부서 결정
46.12.	북조선임시인민위원회 교육국, "학교교육체계 관한 규정…조치" 결정
47.	1개년 인민경제계획 실시
47.01.01	북조선체육위원회/각 도·시·군 체육위원회 출범, 국유화 체육시설 보수정비
47.02.17	도/시/군 인민위원회/대회, '북조선인민회의' 창설, '북조선인민위원회' 구성: '과도기' 시작
47.04.22.	민청체육관 개관식
47.06.11	당 중앙위 상무위원회, 각 도 체육시설/경기종목/청소년교육/민청 문화예술체육사업 결정
47.07.	제1차 세계청년학생축전 참가
47.08.24~27	8.15해방 2돐 기념 북조선인민체육축전
47.10~11.	공화국선수권대회(이후 매년 진행)
47.09.31	당 중앙위 상무위원회, 전인민적 체육사업체계 개선 결정
48.	1개년 인민경제계획 실시
48.02.08	'조선인민군' 창건
48.03.27~30	북조선로동당 제2차 대회: '민주기지론'
48.04.	'남북 조선정당사회단체 대표자연석회의' 개최, 인민공화국 수립 결정
48.05.25	조쏘 문화협회연구위원회 산하 체육분과위원회 조직

---

1) 북한의 1차 문헌을 중심으로 작성함.

48.05.29	북조선중앙체육지도위원회/각 도시군 체육지도위원회로 개편
48.07.08.	인민체력검정 실시 발표
48.08.02	체육절 제정(매월 10월 둘째 일요일)
48.	인민보건체조 보급
48.07.29~08.14	런던 올림픽(북한 불참, 남한 복싱3위/역도3위)
48.08.16~18	8.15해방 3돐 기념 북조선인민체육축전
48.08~09.	남북조선 총선거/조선민주주의인민공화국 '최고인민회의' 제1차 회의(헌법 채택)
48.09.09	'조선민주주의인민공화국' 창건 선포
48.10.31~11.03	공화국 수립 경축 조선전국종합체육대회
49.	2개년 인민경제계획 실시
49.01.06~08.	각 도 체육시학 및 시·군 체육시학 연석회의
49.01.24	중앙체육지도위원회 제2차 회의
49.02.15	조쏘 체육분과위원회 제2차 회의
49.02.	『인민체육』 발간
49.	인민체력검정 개정
49.06.10	중앙체육지도위원회 제3차 회의
49.06.26	남/북 통일전선 조직 통합, '조국통일민주주의전선' 출범
49.06.30	남북조선로동당 중앙위원회 연합전원회의, '조선로동당 중앙위원회' 구성
49.07.	심판부 개편, 17개 경기종목별 분과위원회 설치
49.07.15	조국보위후원회 준비위원회 결성
49.08.05	당 중앙위 정치위원회, 조국보위후원회 조직과 발전 방안 제시
49.08.16~17	8.15해방 4주년 기념 전국체육축전
49.08	제2차 세계청년학생축전 참가
49.10.30	제1차 체육절 기념 전국종합체육대회
49.12.	조국보위후원회 제1차 각도대항 사격경기/모형항공기경기대회
50.01.	1949년도 체육사업 총결과 1950년도 과업
50.06·25	6·25전쟁 발발
50.06.26	김일성 연설, "모든 힘을 전쟁의 승리를 위하여"
50.06.26~27	최고인민회의 상임위원회 정령, "군사위원회 조직에 관하여," "전시상태에 관하여"
50.06.27	조국보위후원회 중앙위원회 비상회의, "전시환경…각급 단체들의 당면과업"
50.07.04	최고인민회의 상임위원회 결정, 김일성 인민군총사령관 임명
50.12.	당 중앙위 제3차 전원회의, 무정(연안계) 숙청
51.11.	당 중앙위 제4차 전원회의, 허가이(소련계) 숙청
52.07.19~08.03	헬싱키 올림픽(소련 처음 참가, 북한 불참, 남한 복싱3위/역도3위)

52.12.	당 중앙위 제5차 전원회의, 박헌영(남로당계) 숙청
53.08.05	당 중앙위 제6차 전원회의, 전후 인민경제 복구발전 3개년(54~56) 계획 결정
53~54.	인민경제 복구발전 준비
54~56.	3개년 인민경제계획 실시(중공업/사회주의적 생산관계/공업화 기초)
54.06.23	내각결정 제93호, 내각직속 체육지도위원회/각 도시군 체육지도위원회 설립
54.06.24~07.	내각직속 체육지도위원회 조직/ 사회주의국가 체육지도기관에 출범 통보
54.07.31~08.08	제12차 세계하기대학생체육대회 축구단 참가
54.08.03	체육지도위원회, "공화국체육사업발전을 위한 안' 수립, 1개년 체육사업계획
54.08.16	8.15해방 9돌 기념 전국체육축전
54.10.	각급 체육지도위원회에 비상설 종목별 분과위원회 조직
54.11.	당 중앙위 전원회의(농업협동화 운동 대중화 과업)
55.03.	인민보건체조 전인민적 실시 결정
55.04.01	'4월 테제'(혁명의 성격과 과업에 관한 테제) 발표: 사회주의적 개조 구체화
55.04.07	당 중앙위 정치위원회 제9차 회의, 사회주의 기초건설 체계화(사회주의적 개조/공업화)
55.04.20	체육 규정 제정/개정(인민체력검정 개정/스포츠등급제/심판원자격 규정)
55.06.	체코 해방10주년 기념 전국종합체육대회 대표단 참가
55.07.	제5차 세계청년학생축전 참가
55.08.12~17	8.15해방 10주년 기념 전국체육축전
55.08.19~20	전국체육열성자대회
55.11.01	여러 도에 청소년체육구락부 개설
55.12.28	김일성, '주체' 강조
56.02.24	내각명령 제14호, "체육 및 스포츠사업 개선 강화" (체육명수 칭호 제정)
56.02.11	국제배구연맹 가입
56.04.23~29	당 제3차 대회, 5개년계획(57~61) 결정
56.06.05~14	김정일, 혁명전적지 최초 답사행군 진행
56.08.11~15	아시아지역 사회주의국가 체육지도기관 대표자회의, 친선협조 논의
56.08.30	세계배구선수권대회 참가
56.08.30~31	당 중앙위 전원회의, 8월 종파사건
56.11.02~12.08	멜번 올림픽(북한 불참, 남한 복싱2위/역도3위)
56.12. 02~03	당 중앙위 전원회의, 사회주의건설 총노선(천리마운동), 59.02부터천리마작업반운동으로
57.	5개년 계획(57~61) 실시
57.07.28~08.11	제6차 세계청년학생축전 참가
57.12.18	조선올림픽위원회, 유일팀 구성 제의 대남서한
58.01.16	내각결정 제5호, "내각직속 체육지도위원회에 관한 규정"

58.02.05.	조국의 평화통일에 대한 성명 발표, 외국군대철수/자유선거실시
58.03.03	당 대표자회, 5개년 계획/당의 통일단결 강화 토의
58.03.09	내각결정 제30호 "체육 및 스포츠 보급과 체육간부 양성사업"
58.06.30~07.01	전국체육열성자회의
58.08.	농업/수공업/상공업 협동화 완성
58.12	당 중앙위 상무위원회 결정, "군중체육사업…발전…스포츠기술수준 제고"
59.02.14	내각결정 제15호, "군중체육사업을 발전…스포츠기술수준 제고"
59.03~06.	부문별체육협회/종목별체육협회로 개편
59.06.11	김일성, 해양체육 강조(강원도수산부문 당 열성자회의에서)
59.08.02	내각비준 제791호, 체육지도위원회에 대외사업 전담 '선전 및 국제부' 신설
59.10.22	김일성, 생산체육경기 강조(당 중앙위 상무위원회 확대회의에서)
60.02.	청산리방법
60.07~08.	제1차 인민체육대회(겨울철은 61.02.)
60.08.14.	김일성, 8.15해방 15주년 경축 대회 연설, 남북체육교류 제의
60.08.25~09.11	로마 올림픽(북한 불참, 남한 역도4위/레슬링4위)
60.08.	전국천리마작업반운동선구자대회, 천리마운동을 모든 범위로 확대
60.11.11	최고인민회의 상임위 정령, 공훈체육인 칭호 제정 및 체육과학연구소/체육의료소 설치
61.06.06	조선소년단 창립 15돐 기념 전국학생소년예술축전, 체육무용 개시
61.09.11~18	당 제4차 대회, '사회주의 전면적 건설' / 인민경제발전 7개년(61~67) 계획 결정
61.09.19	집단체조 <로동당시대>
61.09.19	내각수상 비준 제599호, 인민체력검정 기준 개정
61.12.	대안의 사업체계/ 군 협동농장경영위원회
62.10.15	내각결정 제57호, "체육기술을 급격히 제고할 데 관하여"
62.11.01~02	전국체육열성자대회
62.12.	당 중앙위 전원회의, 경제건설과 국방건설 병진 방침
62.05.03	김일성, 청소년 교양사업 강화 강조
62.06.05~08	국제올림픽위원회 제59차 총회, 남북조선 유일팀(단일팀) 구성 결정
62.07.28	조선올림픽위원회, 남북체육회담 제의
63.01.24	남북체육회담(스위스 로잔느)
63.05.17~06.01	제1차 홍콩남북체육회담
63.06.03	조선체육지도위원회로 변경
63.07.26	제2차 홍콩남북체육회담
63.08~09.	제2차 인민체육대회(겨울철은 63.2~3.)
63.09.09	집단체조 <천리마조선>

63.10.	국제올림픽위원회 제60차 총회, 북한선수단 올림픽 참가 결정(명칭은 북조선)
63.11.10~22	가네포 참가(인도네시아 자카르타)
64.01.29~02.09	인스부르크 동계올림픽(북한 처음 참가, 1500m4위/3000m한필화2위)
64.	사회주의나라 체육지도기관대표자회의, 청소년국제경기 합의
64.02.	김일성, 농촌문제에 관한 테제 발표
64.10.10~24	도쿄 올림픽(북한 불참, 남한 레슬링2위/복싱2위/유도3위)
64.10.22	교육 및 체육부문지도일군협의회, 김일성, 체육의 전인민적 운동 강조
65.02.19	내각결정 제7호, "체육사업을 전인민적 운동으로 전개할 데 대하여"
65.04.09~21	김일성, 반둥회의 10돐 기념 행사(인도네시아) 참석
65.10.10	집단체조 <혁명의 시대>
66.07.11~30	제8차 세계축구선수권대회(월드컵) 참가(8강)
66.10.08	최고인민회의 상임위원회 정령, 인민체육인 칭호 채택
66.10.05	당 대표자회, 경제국방 병진노선 재확인/ 7개년 계획 3년 연장 결정/ 자주노선 공식화
67.05.30	당 중앙위 전원회의, 당의 유일사상 문제 제기/국방체육을 위주로 체육을 대중화
67.12.16	최고인민회의 제4기 제1차 회의, 김일성, 자주/자립/자위 강조
68.07.28~08.06	제6차 세계청년학생축전 참가(1957년 제6차 대회 이후 10년 만에)
68.08~11.	제3차 인민체육대회(겨울철은 68.12.~69.1.)
68.10.12~27	멕시코 올림픽(북한 불참, 남한 복싱2위/3위)
69.06.06~10	국제올림픽위원회 제68차 총회, 북한 명칭 조선민주주의인민공화국 호칭 인정
69.10.	사회주의나라 청소년친선국제축구경기, 평양
69.11.03~04	전국체육인대회, 김일성 연설, "체육을 대중화…전체인민들을 로동 국방 준비"
70.11.02	당 제5차 대회, '사회주의 완전 승리'/ 6개년(71~77) 계획 공식화

[부록-2] 주체의 체육 이론 개요[2]

체육에 대한 인식	주체적인 정의	자주적, 창조적 활동의 힘 있는 존재로 되게 하는 것
		문화적 소양을 높여 문화정서생활을 누리게 하는 것
	체육과 국가/민족	나라의 방위력을 강화하기 위한 중요한 담보
		창조적 소유자로 키우며 창조적 노동에 적극 준비
		나라의 위력을 시위하여 조국의 영예, 민족적 긍지를 높임
주체체육의 특징	사명	인민 체력 향상, 노동 국방 준비, 주체의 혁명위업 완성 기여
	역할	국력을 강화하는 담보
		건강과 장수의 좋은 보약
		조국의 존엄과 영예를 빛내고 여러 나라와 친선관계 발전
	기본 원칙	수령의 사상과 영도 구현
		당의 선군혁명 노선 구현
		주체 확립과 민족성 고수
		체육을 과학화
	전략적 목표 (=체육강국 건설)	인민의 체육문화적 요구 반영
		인민의 민족적 긍지, 자부심, 민족성을 지키려는 지향 반영
		나라의 대외적 권위를 높이기 위한 당과 인민의 요구 반영
	기본 방향	체육을 대중화, 생활화
		국방체육 위주로 대중체육 발전
		승산종목 우선적 발전
	경기 원칙	사상전 (사상을 기본으로 상대방 제압)
		투지전 (백절불굴의 혁명정신과 굳센 의지로 경기))
		속도전 (빠른 속도로 공격 위주로 경기)
		기술전 (독특한 기술과 전술로 상대방 제압)
	발전 방안	체육에 대한 사회적 관심 제고
		체육부문에 대한 물질적 보장사업 강화
		체육활동을 위한 대중운동 전개
		체육사업에 대한 당과 국가 지도 강화

---

2) 『광명백과사전20(체육편)』 (평양: 백과사전출판사, 2008), 22~31쪽.

[부록-3] 북한 주체체육 분류표(2008년 현재)[3]

-대중체육활동*			
1. 대중국방체육*	행군	평지대행군	
		습지대행군	
		산악지대행군	
		야간행군	
		겨울철행군	
	등산		
	산들판달리기		
	장애물이겨내기	벼랑오르기	방조자에 의한 벼랑오르기
			벼랑에서 뛰여내리기
			바줄을 리용한 벼랑오르기
		강건느기	기재 리용하지않는 강건느기
			기재를 리용한 강건느기
			물살이 센 여울물건느기
		담벽뛰여오르내리기	
		울타리뛰여넘기	
		철조망뛰여넘기/빠져나가기	
		외나무다리건느기	
	수류탄던지기		
	국방체조		
2. 청소년체육	학교체육	체육수업	
		과외체육	
		학교체육시설	학교운동장/학교체육관
			<모범체육학교> 1984년부터
		종목별전문화체육소조	
	과외교양기관에서의 체육	학생소년궁전/소년회관체육	
		소년단야영소	
3. 집단체조	집단체조 창작	집단체조 창작 준비사업	
		집단체조 종자와 주체선택	
		집단체조 대본 창작	
		집단체조 부문별 창작	

---

3) 『광명백과사전20(체육편)』, 94~141, 203~776쪽.

		: 체조대 창작	대형 및 조형 창작
			체조동작 창작
		: 배경대 창작	기본도안 창작
			확대도안 창작
			배경책형상작업
		: 음악 창작	기성곡 창작
			선률작곡
			편곡
			취주악
			음악적 효과
		: 의상/소도구/기재 창작	체조대 의상 창작
			체조대 소도구/기재 창작
		집단체조작품의 완성과정	
	집단체조 훈련	집단체조 부문별 훈련	체조대 훈련
			배경대 훈련
			음악 훈련
		집단체조 총 종합훈련	
	주요 집단체조 작품	<우리조국만세>	1960.8.15/조국해방15돐
		<승리자의 명절>	1961.5.7/5.1절경축
		<8월의 명절>	1961.8.16/조국해방16돐
		<로동당시대>	1961.9.19/당4차대회경축
		<빛나는 우리 조국>	1962.9.9/공화국창건14돐
		<천리마조선>	1963.9.9/공화국창건15돐
			1968.9.10/공화국창건20돐
		<로동당의 기치따라>	1970.11.8/당5차대회경축
		<위대한 주체의 기치따라>	1975.10.10/당창건30돐경축
		<조선의 노래>	1977.4.25/김일성탄생65돐
		<주체의 조선>	1978.9.22/공화국창건30돐
		<당의 기치따라>	1980.10.14/당6차대회경축
		<자주의 기치따라>	1981.8.30/쁠럭불가담의 날
		<인민들은 수령을 노래…>	1982.4.16/김일성탄생70돐
		<공화국이 걸어온 40년>	1988.9.9/공화국창건40돐
		<오늘의 조선>	1989.7.2/세계청년학생축전
		<일심단결>	1990.10.10/당창건45돐
		<백전백승 조선로동당>	2000.10.12~11.7/당55돐
		<아리랑>	2002.4.15~8.15/김일성90돐
4. 근로자체육	나이별 체육	청장년기 체육	
		중년기 체육	
		로년기 체육	
	업종별 몸단련	로동자들의 몸단련	
		농업근로자들의 몸단련	

		사무원들의 몸단련	
5. 가정체육, 녀성체육	가정체육		
	녀성체육		
6. 대중체조 및 태권도	인민보건체조		1946년부터
	대중률동체조		
	소년률동체조		
	로인률동체조		
	건강태권도		
	소년태권도		
	로인태권도		
7. 체육월간, 체육절, <체육의 날>	<인민체력검정월간>		1948년부터/ 8~9월
	<해양체육월간>		1962년부터/ 7~8월
	<겨울철체육월간>		1982년부터/ 1~2월
	체육절		1949년부터 10월 둘째일요일
	<체육의 날>		1992년부터 1월 둘째일요일

*<참조> 국방체육:
1) 대중국방체육(행군/등산/산들판달리기/장애물이겨내기/중량물나르기/수류탄/수기신호/방위판정 등)
2) 국방실용체육(사격/모터찌클/무선통신/모형함선/활공기/락하산 등)

-종목별 체육*

Ⅰ. 국방체육	1. 사격경기	보총사격	300/50/10m,엎드려/서/꿇어
		권총사격	50/25/10m, 명중/속도
		이동목표사격	50/10m, 목표/목표혼합
		날치기사격	참호대/원형대/쌍발잠호내
	2. 활쏘기경기	과녁활쏘기	(올림픽경기대회 종목)
		들활쏘기	
		기발쏘기	
		멀리쏘기	
	3. 무선통신경기	무선전파탐색경기	단체/개인
		고속도송수신경기	속도/공개급 종목, 송/수신
	4. 방향탐색경기	도보방향탐색경기	고전형/짧은거리/장거리/이어달리기 경기, 개인/단체전
		산악자전거탐색경기	
		스키방향탐색경기	
		추적방향탐색경기	

		야간방향탐색경기	
	5. 락하산경기	정점강하경기	
		교예강하경기	
		산체련결강하경기	
		조형강하경기	
	6. 모형항공경기	자유비행경기	자유비행활공기경기
			자유비행고무동력기경기
			자유비행엔징기경기
		선조종경기	선조종교예기경기
			선조종격투기경기
		무선조종경기	무선조종교예기경기
			무선조종활공기경기
	7. 모터찌클경기	모터찌클산들판달리기	
		모터찌클장애기술	
		모터찌클여러날	
		모터찌클'인내성컵'쟁탈	
		모터찌클원형달림길	
		모터찌클직선달림길	
		모터찌클륜환도로	
		모터찌클자갈달림길	
		모터찌클산간지대도로	
		빙상모터찌클	
		풀밭모터찌클	
		모터찌클축구	
	8. 자동차경기	직선도로자동차속도	
		륜환도로자동차속도	
		경주용자동차	
		<3단>자동차	
		자동차언덕톺아오르기	
		자동차산들판달리기	
		자동차장애물돌기	
		라리경기	
	9. 군사5종경기	사격경기	
		장애물극복경기	

		수류탄던지기경기	
		수영경기	
		산들판달리기경기	
Ⅱ. 민족체육	1. 태권도경기	틀경기	개인/단체
		맞서기경기	
		위력경기	
		특기경기	
		호신경기	
	2. 씨름경기	단체전씨름	
		개인몸질량급별씨름	
		비교씨름	
	3. 널뛰기경기	곧추뛰기	
		엇바꾸어뛰기	
		재주뛰기	
	4. 그네뛰기경기	외그네/쌍그네	
	5. 바둑경기		
	6. 장기경기		
	7. 민속놀이	고누(밭/강/네줄/참)	
		고리던지기놀이	
		공기놀이	
		공던져맞히기	
		공차기놀이	
		공자고달리기	
		공안고 이어달리기	
		다리씨름	
		<돌/가위/보>	
		<말>타고 모자벗기기	
		망차기	
		무릎싸움놀이	
		바람개비놀이	
		바줄당기기	
		발목매고 달리기	
		<보물>찾기놀이	
		사람찾아달리기	

		숨박곡질	
		줄넘기	
		진놀이	
		제기차기	
		팽이치기	
		꼬리잡기	
		연띄우기	
		윷놀이	
	8. 여러나라 민족경기		
Ⅲ. 구기	1. 축구	제1차 북조선축구경기	1946.5.9~8/평양/2,130명
		제1차 세계청년학생축전	1947.8./쁘라하/ 1위
		제8차 세계축구선수권	1966.7./영국/8강
		4·25축구선수단 일본원정	1974.3.4~13
		제13차 아시아녀자선수권	2001.12./중국대북/1위
		제3차세계청년녀자선수권	2006.9.3/모스크바/1위
	2. 롱구	전국남녀롱구경기대회	1946.5.24/평양
		제1차 세계청년학생축전	1947.8./쁘라하/1위
		제17차 아시아남자선수권	1993.11./자까르따/2위
	3. 배구	전국배구선수권대회	1947년부터/1949년6인조로
		세계청년학생축전	1955.8./뽈스까
		제2차세계녀자배구선수권	1956./빠리/미국타승
		세계배구강자대회	1969./벌가리아/1위
		제6차세계녀자배구선수권	1970.
		제20차뮌헨올림픽경기	1972.
		세계군대종합체육경기	1995년부터 4년마다
	4. 탁구	전국남녀탁구경기대회	1946.5.17~19
		세계탁구선수권대회	1963./65./67년, 6/3/2위
		제34차	1977./녀자단식1위/박영순
		제35차	1979./녀자단체2위/박영옥
		제39/40차	1987/89, 남자단체동메달
		제41차	1991./유일팀/녀자단체1위
		제44차	1997./녀자단체2위
		제46차	2001./녀자단체2위

	5. 송구	첫 송구경기대회	1947.10.5/김대창립1년대회
	6. 정구		
	7. 바드민톤		
	8. 지상호케이		
	9. 야구/쏘프트볼		
	10. 투구		
	11. 기타 구기	골프/당구	
Ⅳ. 격투	1. 권투	제1차 전국권투경기대회	1946.5.
		제1차 가네포경기대회	1963.11./인도네시아.
		<홈벨트상>국제권투경기	1974.4./마쟈르/리병욱1위
		제4차 <금띠>쟁탈경기	1975.4./로므니아/리병욱1위
		제21차 올림픽경기대회	1976/구영조1위
		제25차 올림픽경기대회	1992./최철수1위
		세계권투/슈퍼플라이	2000.8./홍창수 프로선수권
		국제녀자권투협회/반탐급	2004.10./김광옥 녀자선수권
		세계녀자프로권투리사회	2005.6./김광옥 밴텀급
	2. 레스링	세계자유형레스링선수권	1983/85/김철환 선수권
		세계자유형레스링선수권	1986/87/리재식 선수권
		세계자유형레스링선수권	1986/89/김영식 선수권
		제25차 올림픽경기대회	1992./리학신 선수권
		제25/26차 올림픽경기	1992/96/김일 선수권
	3. 유슬	제1차 가네포	1963/금메달2개
		제20차 올림픽경기대회	1972/뮨헨/63kg급 3위
		제26차 올림픽경기대회	1996/아클랜터./계순회1위
		제11/12/13/14차선수권	2001/03/05/07/계순희1위
	4. 격검		
	5. 여러 나라 무도		
Ⅴ. 륙상/체조/력기	1. 륙상	달리기(짧은거리/중거리/먼거리/이어/산들판/장애/3000m장애), 마라손, 높이뛰기, 너비뛰기, 장대뛰기, 던지기(포환/원반/철추/창), 걷기경기, 륙상다종경기(남자10종/녀자7종)	
		제1차 륙상경기대회	1946.5.
		제6차 세계청년학생축전	1955/800m1500m1위
		<즈마멘스끼형제상>대회	1960/신금단800m세계기록
		3개국륙상경기대회	1960/신금단400m세계기록

		제1차 가네포	1963/신금단5개중2개갱신
		제7차 세계륙상선수권	에스빠냐/정성옥마라손1위
	2. 체조	기계체조(남:마루/안마/륜/조마/평행봉/철봉,녀:조마/고저평행봉/평형대/마루), 예술체조(1/단체, 2/개인종합, 3경기/기재별결승), 교예체조, 탄력망운동, 률동체조, 일반체조	
		제1차 기계체조선권대회	1946.10.
		제16차 세계대학생선수권	1991.7./기계체조단체1위
		제26차 세계체조선수권	1991/김광숙2단평행금메달
		제27차 세계체조선수권	1992/배길수안마금메달
		제25차 올림픽경기대회	1992./배길수안마금메달
		제28/32차 체조선수권	1993/96./배길수안마금메달
		제4/5차예술체조선수권	1969./제5차 리순덕뜀줄1위
		제12차 예술체조선수권	집체2위
		제16차 대학생경기대회	예술체조5개 금메달
	3. 력기	제54차 세계력기선수권	1980/한경시끌어올리기1위
		제54차	허봉철끌어1위
		제63차	1990/김명남끌어1위
		국제력기경기대회	1963/리홍천추커올리기1위
		제20차 올림픽경기대회	1972/박동근추커1위
Ⅵ. 수영 및 해양체육	1. 수영	자유영(50/100/200/400) (800/1500올림픽제외), 배영/평영/나비영, (각 50/100/200), 개인혼영(200/400), 자유영계영(4*100/4*200), 혼영계영(4*100)	
		가네포	녀자자유영400m우승
	2. 물에뛰여들기		
	3. 수중발레	제7차 아시아수영선수권	3위
	4. 수구		
	5, 조정경기		
	6. 카노에경기		
	7. 요트경기		
	8. 물스키경기		
	9. 모터뽀트/모형함선		
Ⅶ. 겨울철체육	1. 속도빙상/ 짧은주로속도빙상	남자(100/500/1000/1500/1만m) 녀자(100/500/1000/1500/3000/5000m) 지치기집단경기(남자8바퀴3200m/녀자6바퀴2400m) 주로속도빙상개인/계주(1500/500/1000/3000)	

		전국속도빙상경기대회	1946.1.
		제9차 겨울철올림픽경기	1964.1./한필화속도 은메달
		제24차 세계녀자속도빙상	1966.2./한필화3000m3등
		세계청년속도빙상선수권	1983/녀자1000m3위
		제14차 세계겨울철대학생	1991/1000m1위,500m3위
	2. 휘거		
	3. 빙상호케이	평양팀:경성팀	1946.1.29./3:0
	4. 스키경기	거리스키/고산스키/조약스키/스키사격/북방형스키복합경기/기타(자유형스키/판스키/스키교예/풀판스키/스키마라손)	
	5. 썰매경기	봅슬레이/류즈/스키보브 경기	
Ⅷ. 기타체육	1. 현대5종경기	마술/격검/사격/수영/산들판달리기	
	2. 자전거경기	원주로자전거경기(속도/1000m시간/개인따라잡기/단체따라잡기/2인용자전거경기),도로자전거경기(개인독주/동시출발개인/단체달리기/여러날도로자전거경기), 자전거산들판달리기경기, 자전거축구경기, 자전거휘거경기	
	3. 마술	마장마술/마장장애물뛰여넘기/마술3종경기	
	4. 보링		
	5. 로라스케트경기	로라스케트속도경기/호케이경기/휘거경기/대경주	

[부록-4] 북한의 주요 종합체육경기대회(2008년 현재)[4]

대 회	주 최	개 요	비 고
조선민주주의인민공화국 인민체육대회	체육지도위원회	1960년 제1차 대회 이후 3~4년 주기로 진행 (여름철/겨울철 경기)	제1차 1960.7~8./1961.2 제2차 1963.2~3/.8~9 제3차 1968.8~11/.12~69.1 제4차 1973.9~10./.12~74.3. 제5차 1978.9~10./79.1~2. 제6차 1983.8~10./84.1. 제7차 1988.10./.12~89.1. 제8차 1993.10./.12. 제9차 1998.10./.12~99.1. 제10차 2003.10/04.2.
조선민주주의인민공화국 선수권대회	체육지도위원회	1947년부터 해마다 진행	공화국창건기념일/당창건기념일/체육절 계기로 진행 개인/단체전 훈련/경기수준 평가 및 목표 설정을 가늠
<만경대상> 체육경기대회	체육지도위원회	김일성 탄생 기념일 (4월 15일) 즈음	1969년부터 단체/개인전
<백두산상> 체육경기대회	체육지도위원회	김정일 탄생 기념일 (2월 16일) 즈음	1978년부터 단체/개인전
<오산덕상> 체육경기대회	체육지도위원회	김정숙 탄생기념일 (12월 24일) 즈음	1997년부터 겨울철종목
<보천보횃불상> 체육경기대회	체육지도위원회	보천보전투 승리의 날 (6월 4일) 즈음	1969년부터 단체/개인전
<전승컵> 체육경기대회	체육지도위원회	전쟁승리의 날 (7월 27일) 즈음	1995년부터 진행되어오다 1999년부터 수영/해양경기만
전국로동자 체육경기대회	조선직업총동맹 중앙위원회	2년에 한번씩 진행 공장/기업소 선발 우수한 남녀로동자선수들 참가	처음엔 5.1절 계기로 진행되어오다 1984년부터 당창건/공화국창건기념일 계기로 진행, 구기/민족/국방종목 도별대전 형식
전국농업근로자 체육경기대회	조선농업근로자 동맹	2년에 한번씩 진행 예선통과 전국 각지 농업 부문 남녀선수들 참가	1984년부터 종합체육경기대회로 진행, 구기/민족/국방종목 도별대전 형식
전국민족체육경기대회			도별대전 단체/개인전
<9월5일상>전국대학생 체육경기대회	교육성 주최 (1979~1996) 김일성사회주의	2년에 한번씩 진행 김일성저작 "사회주의교육에 관한 테제" 발표	처음 <9월5일상> 체육경기대회로 결승경기에서 대학/전문학교/중학교

4) 『광명백과사전20(체육편)』, 777~780쪽.

	청년동맹 주최 (1997~)	(9월 5일) 즈음	부문으로 진행해오다 명칭변경, 조별 승자전/련맹전 방식 구기/수영/국방종목 등
<정일봉상>전국청소년학생 체육경기대회	김일성사회주의 청년동맹 주최 (1975~)	2년에 한번씩 진행	조별 련맹전/승자전 방식 구기/수영/국방/민족종목 처음에는 <4월18일우승컵> 전국청소년학생체육경기대회 중학교 부문과 <장자산상> 전국인민학교체육경기대회 명칭으로, 매년 1회, 2002년부터 지금 명칭

참고문헌

1. 국내 문헌

가. 논문 및 단행본

경남대 북한대학원 편,『남북한관계론』(서울: 한울, 2005).

구영록,『인간과 전쟁: 국제정치이론의 체계』(서울: 법문사, 1977).

_____,『한국의 국가이익: 외교정치의 현실과 이상』(서울: 법문사, 1995).

_____,『한국과 햇볕정책: 기능주의와 남북한 관계』(서울: 법문사, 2000).

그레엄 엘리슨·필립 젤리코 저, 김태현 역,『결정의 엣센스: 쿠바 미사일 사태와 세계핵전쟁의 위기』(서울: 모음북스, 2005).

김갑철, "남북한의 권력투쟁과 정치변동(1955~65)," 김갑철 외,『남북한 체제의 강고화와 대결』(서울: 소화, 1996).

김근식, "김정일 시대 북한의 경제 발전 전략: '3대 제일주의'에서 '과학 기술 중시'로," 경남대학교 북한대학원",『현대북한연구』, 3권 2호, 2000.

김기정, "한국의 대북정책과 관료정치"『국가전략』, 4권 1호, 1998.

김상환, "스포츠, 근대성 그리고 정치,"『철학과 현실』.

김동선,『북한 체육의 기본원리와 특성에 관한 연구』(한양대학교 박사학위논문, 1991).

김순교,『북한 체육의 허상과 실상』(서울: 민족통일중앙협의회, 1984).

김우상 외,『국제정치론 강의』Ⅰ, Ⅱ (서울: 한울, 1997).

김태일, "남북한 통일정책의 변화와 결정요인," 한배호 편,『한국현대정치론』(서울: 오름, 1996).

니코스 풀란차스 著,『정치권력과 사회계급』(서울: 풀빛, 1986).

데이비드 이스튼 著, 李容弼 譯,『政治生活의 體系分析』(서울: 법문사, 1988).

돈 오버더퍼 지음, 이종길 옮김,『두 개의 한국』(서울: 길산, 2002).

로버트 콕스, "사회세력, 국가, 세계질서: 국제관계이론을 넘어서," 김우상 등 편역,『국제관계론 강의 2: 국제정치경제 편』(서울: 도서출판 한울, 2009).

류길재,『북한의 국가건설과 인민위원회의 역할, 1945~1947』(고려대 정치외교학과 박사학위 논문, 1995).

_____, "김일성 김정일의 문헌을 어떻게 읽은 것인가", 경남대학교 북한대학원 엮음,『북한연구방법론』(서울: 한울, 2003).

리영희, "남북한 전쟁능력 비교연구,"『사회와 사상』, 1권 1호, 1998.

미즈노 나오끼 외 지음, 정선태 옮김,『생활 속의 식민지주의』(서울: 도서출판 산처럼, 2007).

미하엘 쿤치크 지음, 윤종석 등 옮김,『국가 이미지 전쟁』(서울: 커뮤니케이션북스, 2008).

박명림,『한국전쟁의 발발과 기원 II』(서울: 나남, 1996).

_____,『한국 1950 전쟁과 평화』(서울: 나남, 2002).

박영옥 등,『남북한 체육환경분석 및 교류확대 방안』(서울: 국민체육진흥공단 체육과학연구원, 2001).

박영정,『21세기 북한 공연예술 대집단체조와 예술공연(아리랑)』(서울: 도서출판 월인, 2007).

박원용, "신체문화에서 선수 양성공장으로: 소비에트 러시아의 체육정책 변화," 한국서양사학회,『서양사론』제91호, 2006.

_____, "소비에트 인간형의 창조: 네프기 신체문화 정책을 중심으로," 임지현 등 엮음,『대중독재 제3권: 일상의 욕망과 미망』(서울: 책세상, 2007).

박주한,『남북한 스포츠교류의 사적 고찰과 전망』(서울: 한국체육대학교 대학원 박사학위 논문, 1997).

박홍규·정홍익·임현진 共編,『스포츠 사회학』(서울: 나남출판, 1994).

배긍찬, "1970년대 전반기의 국제환경 변화와 남북관계," 한국정신문화연구원 편,

『1970년대 전반기 정치사회 변동』(서울: 백산서당, 1999).

백준기, "정전 후 1950년대 북한의 정치변동과 권력 재편,"『현대 북한연구』, 제2권 2호(1999).

서대숙, 서주석 역,『북한의 지도자 김일성』(서울: 청계연구소, 1989).

서대숙, 이완범 공편,『김일성연구자료집, 1945~1948년 문건』(서울: 경남대학교 극동문제연구소, 2001).

서동만,『북조선사회주의 체제성립사(1945~1961)』(서울: 선인, 2005).

서보혁, "정체성 정치와 국제안보의 재구성: 이론, 실제 그리고 시사점,"『국가전략』, 9권 2호(2003).

서재진,『주체사상의 형성과 변화에 대한 새로운 분석』연구총서 01-13 (서울: 통일연구원, 2001).

서중석, "이승만과 북진통일: 1950년대 극우반공독재의 해부,"『배반당한 민족주의』(서울: 성균관대 출판부, 2004).

성문정,『북한의 체육실태』(서울: 통일부 통일교육원, 2008).

세종연구소 북한연구센터 엮음,『북한의 국가전략』(서울: 한울아카데미, 2003).

손호철, "국가자율성 개념을 둘러싼 제문제들,"『한국정치학회보』, 25집 2호(1989), 296~318쪽.

신종대, "북한요인과 국내정치: 1968년 북한요인의 영향을 중심으로,"『한국과 국제정치』(2004년 가을).

_____, "유신체제 수립원인의 재조명: 북한요인의 영향과 동원,"『사회과학연구』, 제13집 1호(2005).

심지연,『남북한 통일방안의 전개와 수렴』(서울: 돌베개, 2001).

_____, "북한연구에 대한 역사적 접근", 경남대학교 북한대학원 엮음,『북한연구방법론』(서울: 한울, 2003).

안토니오 그람시 지음, 이상훈 옮김,『그람시의 옥중수고 1』(서울: 기획출판 거름, 2006).

양성철, "남북한 통일정책의 대립과 의미(1955~65)," 김갑철 외,『남북한 체제의 강고화와 대결』(서울: 소화, 1995).

역사문제연구소 편,『1950년대 남북한의 선택과 굴절』(서울: 역사비평사, 1998).

와다 하루끼,『김일성과 만주항일전쟁』, 이종석 역, (서울: 창작과 비평사, 1992).

渡辺昭夫 외 엮음, 권호연 옮김, 『국제정치 이론』(서울: 한울, 2003).

유영익 편, 『수정주의와 한국현대사』(서울: 연세대학교출판부, 1998).

우철구 · 박건영 편, 『현대 국제관계이론과 한국』(서울: 사회평론, 2004).

이근 · 전재성, "안보론에 있어 구성주의와 현실주의의 만남," 『한국과 국제정치』, 17권 1호, 2001.

이대근, 『조선인민군의 정치적 역할과 한계: 김정일 시대의 당-군 관계를 중심으로』(고려대학교 정치외교학과 박사학위 논문, 2000).

이삼성 · 김태일, "1965~1980년 기간 국제환경 변화와 남북한 통일정책," 이삼성 외, 『평화통일을 위한 남북대결』(서울: 소화, 1996).

이우영, 『전환기의 북한 사회통제 체제』(서울: 통일연구원, 1999).

_____, "문화전략," 세종연구소 북한연구센터 엮음, 『북한의 국가전략』(서울: 한울아카데미, 2003).

이욱열, 『스포츠의 정치학』(서울: 도서출판 21세기교육사, 2004).

이종석, 『현대 북한의 이해』(서울: 역사비평사, 1995).

이정식, "1948년의 남북협상," 『대한민국의 기원: 해방 전후 한반도 국제정세와 민족지도자 4인의 궤적』(서울: 일조각, 2006).

이찬행, 『김정일』(서울: 백산서당, 2001).

이학래 · 김동선, 『북한의 체육』(파주: 한국학술정보, 2004).

임영태, 『북한 50년사』(서울: 들녘, 1999).

정동길, 『북한 체육 스포츠 영웅』(서울: 다인미디어, 2001).

정준영, 『열광하는 스포츠 은폐된 이데올로기』(서울: 책세상, 2005).

조현철, 『남북스포츠교류의 전개에 관한 사적 연구』(중앙대학교 박사학위논문, 2006).

조지프 S. 나이 지음, 홍수원 옮김, 『소프트 파워』(서울: 세종연구소, 2003).

존 J. 미어셰이머/ 이춘근 역, 『강대국 국제정치의 비극』(서울: 나남출판, 2004).

중앙일보 특별취재반, 『秘錄: 조선민주주의인민공화국(상)』(서울: 중앙일보사, 1992).

최완규, 『북한은 어디로: 전환기 북한적 정치현상의 재인식』(마산: 경남대학교출판부, 1996).

최완규 엮음, 『북한도시의 형성과 발전』(서울: 한울아카데미, 2004).

최완규 편,『북한의 국가성격과 변용에 관한 연구』(서울: 한울아카데미, 2001).

최장집, "그람시의 헤게모니 개념,"『한국정치학회보』제18집(1984).

케네스 왈츠 지음, 박건영 역,『국제정치이론』(서울: 사회평론, 2000).

페리 앤더슨 저, 함택영 역,『절대주의 국가의 계보』(서울: 프레스, 1990).

함택영, "주체사상과 북한의 국방정책: 자위노선의 업적 및 한계," 양재인 외,『북한의 정치이념 주체사상』(서울: 경남대 극동문제연구소, 1990).

_____, "국가와 국가이익: 국제정치학의 국가중심성 비판," 구영록 교수 화갑기념 논총,『국가와 전쟁을 넘어서』(서울: 법문사, 1994).

_____,『국가안보의 정치경제학: 남북한의 경제력 국가역량 군사력』(서울: 법문사, 1998).

함택영 외,『북한 군사문제의 재조명』(서울: 한울, 2006).

현성일,『북한의 국가전략과 파워엘리트: 간부정책을 중심으로』(서울: 선인, 2007).

황장엽,『나는 역사의 진리를 보았다』(서울: 한울, 1999).

나. 기타(신문, 잡지, 연감 등)

『김일성저작집 CD롬』(서울: 민족통일연구원, 2001).

『김정일선집 CD롬』(서울: 민족통일연구원, 2001).

『남북한 통일 대화 제의 비교 제1권: 1945~1987』(서울: 통일원 남북회담사무국, 1993).

『북한용어 영문표기집: 英朝 朝英 辭典』(서울: 국가정보원, 1999).

『북한체육자료해제집』(서울: 단국대학교출판부, 2002).

2. 북한 문헌

가. 김일성 · 김정일 문건

김일성, "민주청년동맹을 조직할 데 대하여: 민주청년열성자대회에서 한 결론, 1945년 10월 29일,"『김일성저작집 제1권』.

_____, "학생동맹을 민주청년동맹에 합칠 데 대하여: 학생청년들에게서 받은 질문에 대한 대답, 1945년 12월 28일,"『김일성저작집 제1권』.

_____, "북조선민주청년동맹결성에 즈음하여: 북조선민주청년단체대표자회에서 한 연설, 1946년 1월 17일,"『김일성저작집 제2권』.

_____, "평양학원개원식을 축하하며: 평양학원 개원식에서 한 연설, 1946년 2월 23일,"『김일성저작집 제2권』.

_____, "민주조선건설에서 청년들의 임무: 도당위원회 청년사업부장, 도민청위원회 위원장련석회의에서 한 연설, 1946년 5월 30일,"『김일성저작집 제2권』.

_____, "체육을 대중화하기 위하여: 체육인대회에서 한 연설, 1946년 10월 6일,"『김일성저작집 제2권』.

_____, "혁명군대를 건설하기 위하여: 보안간부훈련소 제1소 1분소 군인들과 한 담화, 1946년 10월 7일,"『김일성저작집 제2권』.

_____, "앞날의 조선은 청년들의 것이나: 세계청년축전에 참가할 대표단 환송체육대회에서 한 연설, 1947년 6월 23일,"『김일성저작집 제3권』.

_____, "평양 제2인민학교 교원, 학생들과 한 담화, 1947년 7월 4일,"『김일성저작집 제3권』.

_____, "생산에 대한 공장당단체들의 지도를 강화할 데 대하여: 북조선로동당 중앙위원회 상무위원회에서 한 결과, 1947년 7월 31일,"『김일성저작집 제3권』.

_____, "참다운 인민의 군대, 현대적인 정규군대를 창건하자: 평양학원 제3기 졸업식 축하연회에서 한 연설, 1947년 10월 5일,"『김일성저작집 제3권』.

_____, "부대의 당정치사업을 강화하기 위하여: 경비대문화일군회의에서 한 연설, 1948년 10월 21일,"『김일성저작집 제4권』.

_____, "인민들의 물질문화생활을 향상시키기 위한 몇 가지 과업: 북조선로동당

중앙위원회 상임위원회에서 한 결론, 1948년 11월 22일,"『김일성저작집 제
4권』.

_____, "모든 힘을 전쟁의 승리를 위하여: 전체 조선인민에게 한 방송연설, 1950년
6월 26일,"『김일성저작집 제6권』.

_____, "조국해방전쟁의 승리를 공고히 하며 인민군대의 전투력을 더욱 강화할
데 대하여: 조선인민군 최고사령관 명령 제00577호, 1953년 8월 28일,"『김
일성저작집 제8권』.

_____, "산업운수부문에서 나타난 결함들과 그것을 고칠 대책에 대하여: 조선로
동당 중앙위원회 전원회의에서 한 보고 1954년 3월 21일,"『김일성저작집
제8권』.

_____, "모범중대육성사업을 더욱 강화할 데 대하여: 조선인민군 최고사령관 명
령 제0221호, 1954년 4월 24일",『김일성저작집 제8권』.

_____, "모든 것을 전후 인민경제 복구발전을 위하여: 조선로동당 중앙위원회 제
6차 전원회의에서 한 보고, 1953년 8월 5일,"『김일성저작집 제8권』.

_____, "특무장의 임무에 대하여: 조선인민군 특무장 강습 필업식에서 한 연설,
1953년 12월 29일,"『김일성저작집 제8권』.

_____, "대학의 교육교양사업과 과학연구사업을 강화할 데 대하여: 김일성종합대
학 교직원, 학생들과 한 담화, 1955년 7월 1일,"『김일성저작집 제9권』.

_____, "올해 국가예산을 정확히 집행하며 건설부문사업을 개선할 데 대하여: 조
선민주주의인민공화국 내각 제1차 전원회의에서 한 결론, 1956년 1월 10일,"
『김일성저작집 제10권』.

_____, "조선로동당 제3차 대회에서 한 중앙위원회 사업총화 보고, 1956년 4월 23
일,"『김일성저작집 제10권』.

_____, "민청 단체들 앞에 나서는 당면한 몇 가지 과업에 대하여: 새로 선거된 민
청 중앙위원회 위원들 앞에서 한 연설, 1956년 11월 9일,"『김일성저작집 제
10권』.

_____, "석탄은 공업의 식량이다: 북부지구 탄광부문 열성자협의회에서 한 연설,
1957년 5월 10일,"『김일성저작집 제11권』.

_____, "철도운수부문에서 규률과 질서를 철저히 세우자: 청진철도관리국 일군들
앞에서 한 연설, 1957년 5월 12일,"『김일성저작집 제11권』.

_____, "시, 군 인민위원회의 당면한 몇 가지 과업에 대하여: 시, 군 인민위원회 위원장 강습회에서 한 연설, 1958년 8월 9일," 『김일성저작집 제12권』.

_____, "우리나라에서의 사회주의적 농업협동화의 승리와 농촌경리의 앞으로의 발전에 대하여: 전국 농업협동조합대회에서 한 보고, 1959년 1월 5일," 『김일성저작집 제13권』.

_____, "원산철도공장 일군들과 한 담화, 1959년 6월 4일," 『김일성저작집 제13권』.

_____, "경제사업에 대한 지도와 문화혁명 수행에서 제기되는 몇 가지 문제에 대하여: 조선로동당 중앙위원회 확대회의에서 한 연설, 1959년 10월 22일," 『김일성저작집 제13권』 (평양: 조선로동당출판사, 1981).

_____, "수산업을 더욱 발전시키기 위하여: 강원도수산부문 당열성자회의에서 한 연설," 『김일성저작집 제13권』.

_____, "사회주의적 농촌경리의 정확한 운영을 위하여: 강서군 청산리당총회에서 한 연설, 1960년 2월 8일," 『김일성저작집 제14권』.

_____, "청소년교양에서 교육일군들의 임무에 대하여: 전국 교육일군 열성자대회에서 한 연설, 1961년 4월 25일," 『김일성저작집 제15권』.

_____, "조선로동당 제4차 당대회 중앙위원회 사업총화 보고, 1961년 9월 11일," 『김일성저작집 제15권』.

_____, "새로운 경제관리체계를 내올 데 대하여: 조선로동당 중앙위원회 정치위원회 확대회의에서 연설, 1961년 12월 15일," 『김일성저작집 제15권』.

_____, "사회주의 기업소들의 경영활동에 대한 재정은행기관들의 통계적 기능을 강화할 데 대하여: 조선민주주의인민공화국 내각 제1차 전원회의에서 한 결론, 1962년 2월 12일," 『김일성저작집 제16권』.

_____, "출판보도 일군과 민청 일군들과 한 담화: 출판사업과 학생교양사업을 강화할 데 대하여, 1962년 5월 3일", 『김일성저작집 제16권』.

_____, "군의 역할을 강화하며 지방공업과 농촌경리를 더욱 발전시켜 인민생활을 훨씬 높이자: 지방당 및 경제일군 창성 연석회의에서 한 결론, 1962년 8월 8일," 『김일성저작집 제16권』.

_____, "보통교육사업을 개선 강화할 데 대하여: 조선민주주의인민공화국 내각 제4차 전원회의에서 한 연설, 1962년 10월 16일," 『김일성저작집 제16권』.

_____, "농촌에 대한 로력 지원사업을 전인민적 운동으로 벌리며 건설에 대한 지

도체계를 고칠 데 대하여: 조선로동당 중앙위원회 정치위원회 확대회의에서 한 결론, 1963년 1월 7일," 『김일성저작집 제17권』.

_____, "사회주의로동청년동맹의 과업에 대하여: 조선민주청년동맹 제5차 대회에서 한 연설, 1964년 5월 15일," 『김일성저작집 제18권』.

_____, "근로단체사업을 개선 강화할 데 대하여: 조선로동당 제4기 제9차 전원회의에서 한 결론, 1964년 6월 26일," 『김일성저작집 제18권』.

_____, "지도일군들의 당성, 계급성, 인민성을 높이며 인민경제의 관리운영사업을 개선할 데 대하여: 조선로동당 중앙위원회 제4기 제10차 전원회의에서 한 결론, 1964년 12월 19일," 『김일성저작집 제18권』.

_____, "워싱톤에 있는 조선문제연구소 소장에게 보낸 회답서한, 1965년 1월 8일," 『김일성저작집 제19권』.

_____, "당 사업을 강화하며 나라의 살림살이를 알뜰하게 꾸릴 데 대하여: 조선로동당 중앙위원회 제4기 제12차 전원회의에서 한 결론, 1965년 11월 15~17일," 『김일성저작집 제20권』.

_____, "당 사업을 개선하며 당 대표자회 결정을 관철할 데 대하여: 도, 시, 군 및 공장 당 책임비서협의회에서 한 연설, 1967년 3월 17~24일," 『김일성저작집 제21권』.

_____, "당면한 경제사업에서 혁명적 대고조를 일으키며 로동행정사업을 개선강화할 데 대하여: 조선로동당 중앙위원회 제4기 제16차 정원회의에서 한 결론 1967년 7월 3일," 『김일성저작집 제21권』.

_____, "평안남도는 사회주의 건설의 모든 전선에서 앞장에 서야 한다: 조선로동당 평안남도 대표자회에서 한 결론, 1969년 2월 15일," 『김일성저직집 제23권』.

_____, "체육을 대중화하여 전체 인민들을 로동과 국방에 튼튼히 준비시키자-전국체육인대회에서 한 연설, 1969년 11월 4일," 『김일성저작집 제24권』.

_____, "청소년들에 대한 공산주의적 교육 교양의 몇 가지 문제: 조선로동당 중앙위원회 제4기 제20차 전원회의 확대회의에서 한 결론, 1969년 12월 5일," 『김일성저작집 제24권』.

_____, "조선로동당 제5차 대회 중앙위원회 사업총화 보고, 1970년 11월 2일," 『김일성저작집 제25권』.

_____, "청년들의 특성에 맞게 사로청사업을 더욱 적극적으로 할 데 대하여: 도,

시, 군, 공장, 기업소, 대학 당위원회 청년사업부장 및 사로청위원장 협의회
　　에서 환 연설, 1971년 2월 3일,"『김일성저작집 제26권』.

_____, "조국통일 3대 원칙에 대하여: 북과 남 사이의 고위급 정상회담에 참가한
　　남조선측 대표들과 한 담화, 1972년 5월 3일,"『김일성저작집 제27권』.

_____, "일본 전국 혁신시장회대표단과 한 담화, 1972년 5월 14일,"『김일성저작
　　집 제27권』.

_____, 『(회고록) 세기와 더불어 1~8』(평양: 조선로동당출판사, 1992~1998).

김정일, "4·25체육선수단 앞에 나서는 과업에 대하여: 4·25체육선수단 성원들과 한
　　담화, 1972년 6월 26일,"『김정일선집 제2권』(평양: 조선로동당출판사, 1993).

_____, "체육을 대중화하며 체육기술을 빨리 발전시킬 데 대하여: 체육부문 일군
　　들과 한 담화, 1986년 5월 19일,"『김정일선집 제8권』(1998).

_____, "체육을 발전시킬 데 대하여: 조선로동당 중앙위원회 책임일군들과 한 담
　　화, 1989년 6월 2일,"『김정일선집 제9권』.

나. 논문 및 단행본

고춘행, 『유술 애국자』(평양: 체육출판사, 2006).

교육도서출판사, 『체육경기규칙』(평양: 교육도서출판사, 1966).

김문관, 『인민체력검정지도서』(평양: 내각체육지도위원회, 1956).

김범하 등, 『우리나라 축구』(평양: 체육출판사, 1963).

김철우, 『김정일장군의 선군정치』(평양: 평양출판사, 2000).

리봉선·권오선 저, 『예술체조』 상·하권 (중국: 흑룡강조선민족출판사, 1988).

박영남, 『프로 권투』(평양: 체육출판사, 2000).

사회과학출판사, 『조선민주주의 인민공화국 대외관계사』 제1권·제2권 (평양: 사
　　회과학출판사, 1985).

장세운, 『재미나는 유희』(평양: 금성청년출판사, 1983).

정재훈, 『절세의 위인과 태권도』(평양: 평양출판사, 2004).

조남훈, 『조선체육사2』(평양: 금성청년출판사, 1992).

조선로동당출판사,『주체체육의 화원을 마련하시려』(평양: 조선로동당출판사,
　　　1979).

조선로동당 중앙위원회 당력사연구소,『조선로동당력사』(평양: 조선로동당출판사,
　　　1991).

조청운,『조선 무술 명인전』제3권 · 제4권 (평양: 체육출판사, 2006).

중앙체육의료소 의료연구실,『체육 의학』(평양: 체육출판사, 1963).

집필위원회,『기계 체조』(평양: 체육출판사, 1963).

체육출판사,『민족 경기』(평양: 체육출판사, 1961)

다. 사전 및 연감

『광명백과사전 제20권(체육)』(평양: 백과사전출판사, 2008).

『정치용어사전』(평양: 사회과학출판사, 1970).

『조선대백과사전』(평양: 백과사전출판사, 1996).

『조선전사』(평양: 과학백과사전출판사, 1981).

『조선전사(년표2)』(평양: 과학백과사전종합출판사, 1991).

『조선중앙년감』.

라. 신문 · 잡지 및 기타

"각급 체육지도위원회 분과위원회 조직운영에 대하여, 중앙체육지도위원회 조직
　　　책임자 변인봉,"『인민체육』, 1949년 제3호.

"공화국 내각에서 군중체육사업을 발전시키며 스포츠 기술수준을 제고할 데 관한
　　　대책을 강구,"『로동신문』, 1959년 2월 27일.

"근로인민대중의 역할에 기초한 혁명의 전략과 전술,"『철학연구』(평양: 과학백
　　　과사전출판사), 2001년 제4호.

"당의 체육정책을 철저히 관철시킬 것을 결의: 전국체육열성자회의 폐막,"『로동

신문』, 1958년 7월 2일.

"대학 내 체육사업의 개선 강화를 위하여, 중앙민청 체육부장 리덕종,"『인민체육』, 1949년 12월호.

"북조선 민청창립 체육인들의 과업: 새해의 청년 체육인들의 과업, 중앙민청 부위 원장 오운식,"『인민체육』, 1950년 제2호.

"사설: 인민체력검정을 대중적으로 실시하자,"『인민체육』, 1949년 제4호.

"사설: 제1차 체육절을 맞으면서 전체 체육인들은 궐기하자,"『인민체육』, 1949년 10월호.

"사설: 조국통일민주주의전선 결성에 있어서의 체육인들의 과업,"『인민체육』, 1949년 제5호.

"사설: 춘기 체육씨즌을 맞이하는 체육간부들의 투쟁 과업,"『인민체육』, 1950년 제2호.

"쏘련체육을 더욱 광범히 섭취-조쏘 체육분과위원회 제2차 총회,"『인민체육』, 1949년 제2호.

"20개 정강,"『조선중앙년감 1950년판』.

"인민체력검정 종목 해설(1)-질주(100m, 60)에 대하여, 조형교,"『인민체육』, 1949년 제2호.

"인민체육을 내면서,"『인민체육』, 창간호 1949년 2월.

"전국체육열성자회의에서 한 조선로동당 중앙위원회 리일경 선전선동부장의 보고,"『로동신문』, 1958년 7월 2일.

"정치노선과 조직확대 강화에 관한 결정서,"『해방일보』, 1945년 11월 5일.

"전국체육열성자대회 진행,"『로동신문』, 1955년 8월 22일.

"조선민주주의인민공화국 사회주의 헌법"『로동신문』, 1972년 12월 28일.

"조선민주주의인민공화국 정부의 정강,"『조선중앙년감 1949년판』.

"조쏘체육분과위원회 사업강화를 위하여, 안룡석,"『인민체육』, 1949년 10월호.

"중앙체육지도위원회 각종 분과위원회 위원장의 담화,"『인민체육』, 1949년 제4호, 1949년 제5호.

"중앙체육지도위원회 사업 총결과 지도부 개선,"『인민체육』, 1949년 제2호.

"중앙체육지도위원회 제3차 회의 개최,"『인민체육』, 1949년 제5호.

"1948년 체육사업 총결과 1949년 과업 토의-각 도 체육과장 및 시 군 체육시학 련석회의,"『인민체육』, 창간호 1949년 2월.

"1949년도 체육사업 총결과 1950년도 과업에 대하여, 교육성 체육부장 궁선홍,"
『인민체육』, 1950년 제2호 (평양: 교육성교육신문사, 1950).

"체육단체의 조직 강화를 위하여, 변인봉,"『인민체육』, 창간호 1949년 2월.

"체육문화사업에 대하여: 북조선로동당 중앙상무위원회 제17차 회의 결정서, 1946
년 12월 17일,"『북한관계사료집 제30권』(서울: 국사편찬위원회, 1998).

"체육 및 스포츠 사업을 개선 강화할 데 관한 내각 명령 시달,"『로동신문』, 1956
년 3월 1일.

"체육 및 스포츠 사업을 개선 강화하자,"『로동신문』, 1956년 4월 1일.

"체육 및 스포츠 사업의 개선 발전을 위하여: 전국체육열성자회의 개막,"『로동신
문』, 1958년 7월 1일.

"체육 및 스포츠 사업을 전군중적 운동으로 발전시키자,"『로동신문』, 1959년 1월
18일.

"체육 및 스포츠의 더욱 급속한 발전을 위하여-내각직속 체육지도위원회 위원장
김기수,"『로동신문』, 1959년 3월 27일.

"체육선전사업에 대하여, 변인봉,"『인민체육』, 1949년 제5호.

"체육시설을 더욱 확장 정비하자, 안룡석,"『인민체육』, 1949년 2호(평양: 교육성,
1949).

"체육인들의 사상교양을 부단히 향상시키자, 김인석,"『인민체육』, 1949년 10월호.

"평화적 조국통일 방책 지지 전국체육인 궐기대회, 김석훈,"『인민체육』, 1949년
10월호.

"흥남본궁화학공장 직장체육단 사업, 전세환,"『인민체육』, 1950년 제2호.

"혁명의 결정적시기를 앞당겨나가는 주체의 전략전술,"『교원선전수첩』(평양: 교
원신문사), 2004년 제3호.

3. 영문 문헌

Godelier, Maurice, "Process of State Formulation" in Ali Kazancigil, ed. *The State in Global Perspective* (Paris: UNESCO press,1986).

Hamm, Taik-young, "National Interest Revisited: Toward a Holistic Approach," *The Korean Journal of International Studies,* Vol.19, 1988.

Hobsbawm, Eric J., "Gramsci and Marxist Political Theory," Anne S. Sassoon, ed. *Approaches to Gramsci* (London: Writers and Readers, 1982).

Huntington, Samuel P., *Political Order in Changing Socities* (New Heaven: Yale University Press, 1968).

Millett, Allan R., Williamson Murray, and Kenneth H. Watman, "The Effectiveness of Military Organizations," Allan Millett and Williamson Murray, eds. *Military Effectiveness, Volumn I* : First World War (Boston: Allen & Unwin, 1988).

Moore, Barrinton, *Social Origins of Dictatorship and Democracy* (Boton: Beacon Press, 1966).

Organski, A.F.K. and Jacek Kugler., *The War Ledger* (Chicago: University of Chicago Press, 1980).

_____, Jacek Kugler, J. Timothy Johnson, and Youssef Cohen, *Births, Deaths, and Taxes: The Demographic and Political Transitions* (Chicago: University of Chicago Press, 1984).

Smith, R. P., "Military Expenditures and Capitalism," *Cambridge Journal of Economics*, Vol.1, 1977.

Tilly, Charles, *Coercion, Capital and European States, AD 990-1990* (Cambridge: Basil Blackwell, 1990).

Weber, Max, From Max Weber: Essays in Sociology. H. H. Gerth and C. Wright Mills, ed. (New York: Oxford University Press, 1946).

찾아보기

저자소개

★ 홍성보 paulsbhong@hanmail.net

충청도 당진에서 태어났다. 서울대에서 농경제학을 전공하였고, 경남대에서 정치학(정치통일 전공) 석사, 북한대학원대에서 북한학(군사안보 전공) 박사를 졸업했다. 박사학위논문으로 「북한 체육정책의 변화과정」이 있다. MBC, YTN, KTV에서 PD, 기자로 일했으며, 가천대, 계명대, 성균관대 등에서 스포츠, 미디어 과목을 강의하고 있다. 북한체육, 남북태권도, 매스미디어 등을 연구하고 있다.